持続可能性とイノベーションの統合報告

非財務情報開示のダイナミクスと信頼性

越智信仁

日本評論社

はしがき

本書の究極的な目標は、より安定した社会の下での持続可能な経済発展への貢献にあり、そのために外部不経済の内部化や企業経営の革新に向け、経営者の規律付けに資する非財務情報開示のメカニズムを中心に、開示情報の信頼性まで視野に入れて研究を進めた。そこでは、「持続可能性」に象徴される社会価値と、「イノベーション」に象徴される投資価値という2つのルートから接近し、非財務情報開示の歴史的経緯や規範生成過程のリアリティを踏まえつつ、両者が「統合報告」という調和的開示均衡に至る非財務情報開示の動態的な道筋と論理、さらには情報の信頼性付与方策について考察した。

本書は、第Ⅰ部「社会価値的側面からの統合ダイナミクス」、第Ⅱ部「投資価値的側面からの統合ダイナミクス」、第Ⅲ部「統合報告書の信頼性と監査・保証業務等」という3部構成となっている（これに序章と終章が加わる）。第Ⅰ部では、社会価値的側面の開示の実効性を高める経済的インセンティブ重視の観点から、逆に第Ⅱ部では、投資価値的側面の拡張により社会価値に接近していく観点から、非財務情報開示のダイナミクスを論じている。そして第Ⅲ部では、両者の調和点である統合報告書に対する信頼性確保に向けた監査・保証問題を論じるとともに、補章として、経営者不正による価値毀損に備えた制度インフラの機能強化にも論及している。

本書の狙いの1つは、社会的要請と市場規律が相互補完的に作用する開示規範形成過程において、事実上の企業規律付けのプロセス（ソフトロー）を分析し、そのメカニズムや特質を明らかにすることにある。企業の規律付けの開示枠組みについては、国や地域によって制度基盤や歴史的経路が異なることはかねてより指摘されており、利害関係者との関係性に基づく社会規制（欧州等）と市場規律（アメリカ等）という2大潮流が識別される中にあって、グローバル資本主義の進展に伴い、関係性に基づく統治から市場規律にシフトしているとの分析結果もある。本書でも、欧州において関係性あるいは社会規制に基づく統治から、開示による規律を活用しようとする流れを同様に観察しているが、国際的なハーモナイゼーションのみならず、規制サイドのプラグマティックな対応（開示規律活用）という各国自律的な歴史的経路からも、社会価値から投資価値への接近を捉えている。

その際、社会的に望ましい開示均衡の実現に向けて、企業の短期的な利潤動機を社会的に補完していく要素として、本書では、製造物責任法理の生成過程でも観察された自律的な市民としての成熟、あるいは組織化された形態であるNPO（NGO）の機能に着目している。そして、そうした視点を社会規制としての開示規範形成のみならず、市民の声を踏まえた機関投資家を生成基盤とする市場型NPO（NGO）という枠組みにまで拡張して、市場規律と接合する形で体系的に位置付けたところが本書の特徴となっている。NPOと企業の関係を研究する科学的方法論は必ずしも確立されていない中にあって、本書では、NPOと企業との相互関係性を考察する理論的なフィールドとして、ソフトローやグローバル・ガバナンスの思考枠組みに立脚している。そのうえで、方法論としてゲーム論的思考の有用性を提示しつつ、非財務情報の開示規範形成過程におけるNPO（NGO）関与に理論的な理解・説明を試みたところに、本書の意義があると考えている。

次に、本書のタイトルにも掲げた２つの分析視角（持続可能性とイノベーション）のうちイノベーションについてであるが、「サステイナブル経営」を含む経営革新に関し、本書では統合報告に盛り込む非財務情報のコンテンツの文脈で論じている。そもそも統合報告にみられるような非財務情報開示を含む事業報告モデルは、前世期後半から国際的に論じられてきている。そうした中にあって、本書の特徴の１つは、開示の推進力となる企業経営において、社会と経済をインテグレートした戦略やビジネスモデルを如何に構築できるかが鍵になるとの視座から、そうしたイノベーションを描写する開示ツールとして統合報告を役立てていくことが、わが国経済社会の現下の文脈においても重要な戦略的意義があると捉えている点にある。

わが国において戦略経営の構築が急務であることは、経営戦略論あるいは企業価値評価論でかねてより指摘されているが、本書では、わが国企業におけるイノベーションの必要性を財務・会計研究の側面からも補強するため、「（自己創設）負ののれん」を生む過少収益力の源泉となる「負のインタンジブルズ」の存在について論究している。先行研究として、海外では1990年代末から「知的負債」というコンセプトが論じられているものの、未だ曖昧な部分が多い研究領域であり、わが国企業を対象に「負のインタンジブルズ」を包括的かつ明示的に取り扱った学術文献は、筆者の知る限り皆無である。こうした状況下、経営力等の人的・組織価値因子に基づく「正」「負」インタンジブルズの内容を明確化することにより、経営力の動態的な統合報告など開示のあり方を考える理論的基礎として、あるいは新しい実証研究（例えば、Accounting & Governance）の開拓に向けた具体的なアイデアの提示として役立てていくところに、本書の今日的意義と規範的研究としての学術的貢献があると考えている。

最後に、統合報告書の開示形態に応じた監査・保証業務のスキームを提示したが、現時点では開示実務の進展を見極めている段階ということもあり、これから学会レベルでも研究が蓄積されていくフェーズにあるとみられる。海外においても、国際監査・保証基準審議会（IAASB）では、統合報告を含む各種非財務報告書等に新たな保証業務基準の開発が必要かどうか、作業グループにより保証ニーズの基礎的研究等が始まったばかりである。こうした中にあって、本書では、統合報告の情報特性あるいは開示特性に着目しつつ、統合報告書の開示形態に応じて監査・保証のあり方を包括的に検討・提示したものであり、今後の本格的な研究に向けた一里塚（あるいは問題提起）として貢献し得るのではないかと考えている。

本書の基礎となる論稿は2008年頃から、他の研究テーマと併行して地道に蓄積してきたものである。社会人の立場での研究ということもあり、また自らの浅学非才をカバーするうえで、学会・研究会等で先生方からいただく啓発が欠かせない糧となったことは、これまでの単著2冊の執筆過程と変わりがない。とりわけ徳賀芳弘先生（京都大学）には、日本銀行金融研究所において客員研究員のお立場でご指導を賜って以来、その後も折に触れ研究テーマ等をご報告申し上げてきたが、「面白そうな研究だから進めてみては」と常に背中を押し続けていただいた。時期は前後するが、社会人大学院博士課程修了（2008年）直後に次のテーマの1つとしてCSR開示規範の研究に着手し始めた当時、それまで指導教官であった弥永真生先生（筑波大学）からは、諸外国のCSR動向を詳述した海外文献をご教示いただきリスタートにもサポートを賜った。

末尾の「初出一覧」にあるように、CSRとソフトローについては、東京大学グローバルCOEプログラムにおける『ソフトロー研究』に寄稿した論稿が基礎であるが、定期的に開催される研究会やシンポジウムにおいても、学際的な研究手法に多くの刺激をいただいてきた。そこで培った問題意識が本書の出発点となっており、とりわけ基礎理論・市場取引部門等を主導されていた神田秀樹先生（東京大学）、神作裕之先生（同）、藤田友敬先生（同）には、門外漢の拙い取り組みを鷹揚に認めてくださり、研究初期に大きな励みとなった。

NGOや社会関連情報開示については、日本社会関連会計学会（全国大会、東日本部会等）において、ベースとなる問題意識の深耕はもとより、先生方から個別にもご教示を仰いできた。上妻義直先生（上智大学）には、学会ご発表に関連した不躾なメールによるご照会に対しても、丁寧なインストラクションを賜り研究の道標を得ることができた。向山敦夫先生（大阪市立大学）には、学会のみならず九州サマーセミナーや研究会などでも、僭越ながら同じ問題意識を共有しつつ、夜の部も含め忌憚のない意見交換の場を頂戴している。学会誌『社会関連会計研究』への投稿時にお世話になった國部克彦先生（神戸大学）には、東京で開催される神戸CSR研究会でもご指導をいただいている。

次に、統合報告を巡っては、職場（日本銀行）の先輩である安井肇顧問（あらた監査法人）からのご案内で、日本で啓蒙が始まったばかりの頃に関連セミナーに出席して以降、様々な形でインプットに努めてきたが、インプットの多さに比してアウトプットになかなか結び付かない研究領域であることに、少し焦りを感じるようになっていたのも事実である。そうした壁を乗り越えるに際し、古庄修先生（日本大学）を主査とする研究会において、古庄先生はもとより、古賀智敏先生（同志社大学）、菊谷正人先生（法政大学）から理論的着眼点や歴史的洞察を学ばせていただくとともに、池田公司先生（甲南大学）からは開示先進国の実務、森洋一先生（IIRC技術作業部会メンバー）にはIIRCの基本的立場や考え方について確認させていただく機会を得た。

また、伊藤邦雄先生（一橋大学）が主宰する研究会や、椛田龍三先生（専修大学）主査の日本インベスター・リレーションズ学会スタディグループにおいても、統合報告をテーマに意見交換する場をいただいた。そうした過程で、加賀谷哲之先生（一橋大学）、円谷昭一先生（同）には、時にアルコールを交えつつ素朴な質問をさせていただく機会を数多く頂戴した。さらに、監査・保証業務の研究に際しては、内藤文雄先生（甲南大学）主査の日本監査研究学会課題別研究部会、あるいは長吉眞一先生（明治大学）主宰の研究会での議論のほか、日本会計研究学会報告時における松本祥尚先生（関西大学）、林隆敏先生（関西学院大学）、町田祥弘先生（青山学院大学）からのコメント等から、多くのご教示をいただいている。銀行監督当局との連携強化に関しては、拙著がご縁で講師にお招きいただいた金融庁金融研究センター主催の庁内勉強会「金曜ランチョン」において、実務的な観点からの知的刺激を受ける機会を得た。

この間、日銀金融研究所勤務の後に昨年6月まで約2年半、主任研究員として出向していた一般社団法人日本経済調査協議会では、実体経済・企業活動にフォーカスした研究・提言活動を行う中で、本書で取り組んだ制度研究の経済的基底として、循環型経済の実現に向けた再生エネルギービジネスの活用、イノベーションに向けたトップリーダーシップのあり方などの調査・研究活動を手掛けた。財界4団体の協賛を得て設立された民間シンクタンクの草分けとして、50年を超える産学連携の実績と伝統をベースに、産業界トップの多くとも身近に接することができる環境を与えられたことが、本書の研究を実体経済面から基礎付けるモメンタムともなった。前田晃伸理事長（みずほFG）、伊藤元重調査委員長（東京大学）、大橋光夫総合委員長（昭和電工）ほか、事務局・委員会等でお世話になった皆様方にお礼申し上げる。

私事にわたるが、この場を借りて家族（妻、長男）にも感謝の気持ちを伝えておきたい。最初の社会人大学院修士課程に入学した当時に生まれた長男も今春には高校生となり、膨大化する資料の山はただでさえ狭いわが家を年々侵食しているが、途中から諦めたのか、私の休日・夜間を問わない研究活動を全面的にサポートし続けてくれている。社会人の立場で研究を日々積み重ねてこれたのも、そのお蔭と思っている。そして、新天地で研究・教育に専念する覚悟を固めるに際し、私の判断を尊重・支援してくれたことにも感謝しておきたい。

最後に、㈱日本評論社の林克行顧問におかれては、2008年に初めての単著出版を先導していただいたご縁をもって、今回の出版も強力に後押し下さった。当時は社長であられたが、その後に会長を経て、今春には退社されるとお聞きしている。第1作は（も？）ガチガチの研究書でおよそ収益に貢献しなかったであろうにもかかわらず、何故か私の著作物に信頼を寄せていただき、今回も学際的な内容を多く含むことからご相談してみたところ、即座に出版の検討を約束して下さった。「商業出版のハードルは正直高いが意義ある内容なので」と社内調整にご尽力いただいたのには、古き良き編集者魂に触れたような感慨を抱いた。あるいは、駆け出しの研究者もどきに対し、退社前に特別なエールを下さったのかもしれないが、今は本書がそのご厚情に報いるものであらんことを祈るばかりである。

2015年1月

越智信仁

[本書は、公益財団法人日本証券奨学財団（The Japan Securities Scholarship Foundation）の助成を受けた。ここに記して謝意を申し上げる。]

目 次

［第Ⅱ部］ 投資価値的側面からの統合ダイナミクス

[第Ⅲ部]　統合報告書の信頼性と監査・保証業務等

［第Ⅲ部補章］　経営者不正に備えた制度インフラ

[序章]

本書の問題意識と貢献

1. 本書の問題意識と研究対象

地球温暖化と金融危機というと一見何の関連性もない事象のようであるが、持続可能な社会の構築と企業経営における行き過ぎた短期主義（short-termism）の是正は、持続的価値創造の文脈では重要な接合領域を生むことになる。本書の主たる問題意識は、持続可能な経済発展に資する外部不経済の内部化[1]や企業経営の革新に向け、「持続可能性」に象徴される社会価値と、「イノベーション」に象徴される投資価値が、開示のうえで「統合報

1　ある経済活動が取引以外の第三者に直接影響し（外部性）、それが環境破壊のような負の外部性（外部不経済）となる場合、多数の利害関係者の契約による解決（コースの定理）が難しければ、意思決定者（企業）による自らの行動の費用負担（外部性の内部化）に向けた方策を考えなければならない。その際、適切な方向付けを行ううえで、市場の力はしばしば市場の失敗に対処する最適な方法となる（Mankiw［2012］（足立ほか［2014］248-253頁））。本書では、こうした視座も念頭に、開示を通じてNPO（NGO）、投資家、経営者のプラグマティックな相互作用を促す道筋と論理を考察している。

告」という均衡に至るダイナミクスの道筋と論理を明らかにすることにある。そこでは、非財務情報開示に関し社会価値的側面と投資価値的側面という2つの異なるルートから接近し、一元化に向けて調和・融合していく動態的なプロセスを主な研究対象として採り上げている。

まず、社会価値的側面からの接近ルートとして、政府などによる社会規制を補完・代替する開示規範形成のダイナミクスを研究対象とする。開示規範の形成は、制度化以前にも多様なステークホルダーとの長期的な関係性をベースに、ソフトローによる事実上の規律付けが行われる。そうした開示規範生成の過程・史的展開の根底にある論理の観察と分析により、企業のプラグマティックな経済的インセンティブを重視したアプローチの有用性と限界、そして限界の克服策を論じる。その際、社会的に望ましい均衡の実現に向け、企業の短期的な利潤動機を社会的に補完していくドライビング・フォースの1つとして、本書では、製造物責任法理の生成過程でも観察された自律的な市民、あるいは組織化された形態であるNPO（NGO[2]）の機能に着目している。

次に、投資価値的側面の拡張により社会価値に接近していくルートとして、財務報告における非財務情報の開示手段である統合報告に考察対象を移す。財務報告分野においては、投資意思決定への貢献が重要視される下で、ともすれば多様なステークホルダーの関心事項である社会価値とは、対立的・競合的な文脈において捉えられる傾向もなかったとはいえない。しかし、金融危機の教訓として行き過ぎた短期主義への反省が強まる中、シェアホルダー・アプローチの弱点を克服する手段として、長期的投資や持続的企業価値が強く意識されるようになってきた。また、NPO等社会による正当

---

2 NGOという言葉は、そもそも国際連合がサンフランシスコ会議（1945年）で使い始めたものであり（平田［2005］107頁）、国連と協議資格を有する民間団体とのことを指しているが、日本では国際協力活動を行う民間非営利組織という意味で広く普及している。世界的にみれば、国内で保健・医療活動や地域開発にかかわる組織もNGOと呼ばれており、NGOはNPOと基本的に同義の組織であるが、日本のメディア等では、政治的・国際的な活動に関わる非政府・非営利組織をNGO、国内の環境や福祉問題等に関わる非政府・非営利組織をNPOと区別して扱う傾向がある（金敬黙［2007］13頁）。本書でも日本国内の用語例・語感を尊重し、グローバルに活動する国際非営利組織についてはNGO、それ以外はNPOないしNPO（NGO）と表記している。

化要求（環境等）が市場評価にも影響することが投資家に認識されるようになり、市場におけるコーポレート・コントロールとして投資家による規律付けが国際的にも浸透してきた。統合報告では、投資家に対する情報有用性として社会の正当化要求も考慮される結果、企業自らが多様な外部費用の内部化を示すレポーティング・システムとして、当該内部化に係る非財務情報の開示を投資家が評価し、資金の流れに反映させる機能を果たし得ることになる。そこでは正当化要求の実現に向けて、投資家と経営者が重要なドライビング・フォースとなる。

このように、社会価値的側面と投資価値的側面の双方がより現実的に変化することによって、それまでの社会規制や投資尺度とも異なる調和的開示ルールにインテグレートされていく媒介項に統合報告が位置付けられ、その調和点は今後とも進化していく可能性がある。例えば新しい環境の下で、再生エネルギーやBOP/BOMビジネスなどにおけるイノベーションは、社会価値にもプラスであると同時に持続的企業価値の論理とも接合し得る。ビジネスの力が社会の問題を解決し、それがまた新たな経済成長をもたらすことにもなる。企業価値を高めるイノベーションは、生産技術や新製品、新市場、新資源の開拓、それらを生み出す経営組織の革新などを通じて、これまでにない資源や方法の組み合わせにより達成されるが、そのためにはトップリーダーシップを基礎とした企業の対応力（革新的経営力）が求められる。

最後に、社会価値あるいは投資価値のいずれの開示ルートにも共通した問題意識として、意思決定の基礎となる開示情報の信頼性を確保するため、統合報告書に対する監査・保証問題を考察対象に採り上げている。同じ非財務情報でも、その報告形態に応じて監査・保証のあり方は可変的であるとともに、マネジメント・アプローチによる開示情報特性に応じた監査人関与のあり方を考えなければならない。その際、価値創造プロセスを描写する統合報告書の監査・保証が情報利用者の価値評価への貢献を高め得るとしても、粉飾事件に遭遇した途端に関係者は多大な価値毀損を被る立場にあることから、情報利用者目線で価値創造過程の信頼性をトータルに論じるため、経営者不正に備えた制度インフラに関する補章を設け、監査人の職業的懐疑心や監督当局との連携策等についても考察対象に付加している。

2. 本書の研究方法と貢献

(1) 研究方法

上記の通り本書の問題意識は、非財務情報の開示を巡り、社会価値と投資価値の統合に至る自律的な開示ダイナミクスの道筋と論理の解明とともに、情報の信頼性確保のスキーム構築に向けられている。そこでの究極的な目標は、より安定した社会の下で持続可能な経済発展を遂げていくために、外部不経済の内部化や企業経営のイノベーションに向けて、経営者規律付けに資する知見を蓄積することにあり、そのために有益と考えられる以下の３つの着眼点から考察を進めている。

① 企業に外部不経済の内部化（レポーティングによる開示）を促し、社会的により望ましい均衡をプラグマティックに実現していくため、市民（消費者）ないしNPO（NGO）、あるいは社会的正当性を踏まえた投資家による事実上の影響力（ソフトロー）が、重要な役割を果たすことを理論的にも基礎付けておくこと。

② 社会的正当性への企業対応を市場規律で促していくには、企業がESG（Environmental, Social, Governance）要因等を巡る市場の声を汲み上げて戦略経営を組み立てることが大前提であり、そうしたプロセスが欠落していると企業経営のイノベーションにもつながらず、統合報告による開示も形骸化してしまう。経営力ないしガバナンス力は企業の重要なインタンジブルズとして、企業価値にプラスにもマイナスにも作用することを、学術概念上も明確化しておくこと。

③ 情報への信頼性付与策のフィージビリティが企業開示のあり方をも左右し得ることから、統合報告書の開示形態に応じた監査・保証業務のスキームとともに、価値創造過程の開示における会計士業務の貢献可能性と限界を明らかにしておくこと。

以下では、観察事実を踏まえ、あるべき姿を念頭においた目標仮説を設定し、現実との乖離、その改善策等について述べる。その際、そもそも上記着眼点自体が目標仮説を先取りしている面もあるが、重複箇所については仮説導出の手法や背景を敷衍する。なお、着眼点③については、今後の実務を展望した研究であり、現状およびその乖離の論述に限界があることから、ここでの研究方法に関する論述は割愛（関連先行研究には(2)で言及）し、そのポイントは「3. 本書の構成(3)」で後述することとしたい。

イ．着眼点①

まず、非財務情報開示を巡る観察事実として、欧州等では政府による社会規制を通じ企業を規律付ける方向性が伝統的にみられてきたが、経験（試行錯誤）の蓄積につれて、プラグマティックに企業のビジネスと整合させていく方策の有効性の高さが規制代替的な開示分野において認識されるようになり、同時に利害関係者の声を代弁するNPOによる規範形成過程への関与が目立つようになってきた。さらに近年は国際資本市場においても、投資家等を生成基盤とする言わば市場型NPO等が、市場規律をベースとして企業にESG情報等の開示を促すようになってきた。

こうした観察事実を踏まえ、目標仮説①は、社会的要請を含む開示規範（ソフトロー）の生成過程で企業行動を規定する誘因として、NPO関与の効用を理論的に基礎付けることにある。そのために、ソフトローやグローバル・ガバナンスの視点で考察フレームワークを設定したうえで、具体的な分析手法としてゲーム論や情報カスケードなど学際的な研究成果にも立脚しつつ、観察した現象の理論的な理解・説明を試みている。ただ、外部不経済の内部化に向けた社会的に望ましい均衡を促すドライビング・フォースが、市民（消費者）やその声を代弁するNPO等の社会的正当化要求だとしても、わが国の現状をみると、企業とNPOにおける良い意味での緊張関係という面では課題が少なくない。同様に、わが国機関投資家による責任投資原則（PRI）への署名数を見る限り、国際的には大きく見劣りする現状も窺われ、投資家においても長期志向が定着していない場合には、市場において市民（消費者）のESG要因を巡る正当化要求が汲み上げられないことにもなりかねない。

わが国では政策提言を行うアドボカシー型のNPOが発展途上であるとすれば、その生成基盤の核である市民（消費者）そのものが自律的に成熟していくことはもとより、NPOの会計・開示制度の中に活動成果測定に資する主要業績評価指標（KPI）の情報を拡充したり、NPOと市民（資金提供者等）とをつなぐインターメディアリ機関や評価機関を整備するなどして、健全なNPOを支える体系的な社会的枠組みを整備していかなければならない。そうしたインフラに立脚して、個別具体的な局面に応じて良い意味での緊張関係を失わず、企業の逸脱をチェックする健全な牽制機能の発揮が社会的に望まれるのである。こうした構図は資本市場においても同様であり、機関投資家による企業への規律付けとして、ESG要因等の社会的正当化要求を踏まえた市場型NPOの関与とともに、日本版スチュワードシップ・コードの実効的な運用などを通じ、投資先企業の持続的成長に向けた対話（エンゲージメント）の積極化が求められる。

ロ．着眼点②

ESG要因等は戦略ガバナンスと密接に関わる問題であり、統合報告では戦略関連情報等の開示も重要なコンテンツとなるが、わが国企業には、そもそも市場との対話を踏まえた経営戦略決定、実行、結果の開示に至る一連のプロセスが十分に構築できていない。グローバル化によるパラダイム変化の下で、わが国では戦略経営が不十分なまま「失われた20年」を経過し、その間に多くの企業が長期的にPBR 1倍割れを余儀なくされた。足許はアベノミクスによる円安やマクロ期待もあって一服しているとはいえ、経営トップのリーダーシップによる経営戦略やビジネスモデルの再構築が急務である先において果断な革新経営が行われないまま、将来的にも資本コストを上回る収益が見込めず、マクロ期待がミクロの企業レベルで現実のものとならないと分かれば、期待の反動もあって投資家の日本離れを再燃することになりかねない。

こうした現状認識から目標仮説②は、観察されたPBR 1倍割れが、経営能力を中心とした人的・組織価値の劣化、リーダーシップ不足に起因することを説明するため、わが国の経営実態に関する経営戦略論等の知見を踏まえつつ、投資家にとっての将来価値毀損の懸念を惹起する「負のインタンジブルズ」の概念を明確に位置付けることにある。PBRの長期1倍割れというわが国固有の稀有な現象を分析対象とするからこそ、新たな研究アプローチを生み出せる余地があると同時に、わが国企業の弱みの源泉の認識と克服に向けた前向きな教訓を得ることにもつながる。そこで焦点となるトップリーダーシップを基礎とした戦略経営力は、ESG要因を巡る市場の声を汲み上げて、ソーシャルイノベーションを生み出す原動力にもなると考えている。

ただ、開示と同期発火で経営革新を促していかなければならないとしても、これまでわが国においては、先進的な指標を取り入れて市場向けに革新的なポーズをとるだけで本質的な経営は不変という実態も垣間見られている。わが国の会社に対する基本的考え方として、安定性・存続重視のガバナンス観があり、あたかも封建社会からの藩や家の存続を願うように、身内の利害関係者の利益あるいは組織としての企業の利益が重視され、リーダーシップが日本的な集団に制約されている（リーダーも集団の一部に過ぎない）下で、グローバルな視点ではガバナンス力が見劣りする状況も生じてきているのではなかろうか。

わが国企業（経営者）におけるガバナンス力の改善に向けては、多様な属性を有する独立社外役員の登用による経営トップのモニタリング機能の強化はもちろんのこと、トップ・マネジメント自体の改善に向けても、その選任のあり方、求める能力要件、外部人材の登用可能性などについて継続的な検討が急務であろう。ガバナンスは「形ではなく実質」との観点もあるが、現状は「実質」に問題を抱えているのであり、日本企業の同質的な集団性を変革し多様な価値観や視座を経営に持ち込むための「形」は、「実質」の改善にも有効であろう。また、主要国で一番低い水準にあるとされるCEO報酬の見直しによるインセンティブ付与とともに、コミット不足の株主の発言力、影響力を時間軸で高める制度インフラとして、長期保有株式に普通株式より多くの議決権を与える種類株式を可能にすることも選択肢として考えられよう。

⑵　先行研究と本書の貢献・特徴

イ．着眼点①に関連して

（①－1）　上記の通り、本書の狙いの１つは、社会的要請と市場規律が相互補完的に作用する開示規範形成過程において、事実上の企業規律付けのプロセス（ソフトロー）を分析し、そのメカニズムや特質を明らかにすることにある。

社会的要請による非財務情報開示として、欧州では1970年代から80年代にかけ社会関連会計が活発化し、これを淵源にわが国でも環境会計及び環境報告などを中心に、企業の社会的な影響力の把握を目的とする会計領域（社会関連会計、環境・持続可能性会計等）における数多くの研究蓄積がある。経営学・法学等においてもCSR開示について多くの研究蓄積があるが、企業経営における開示のあり方に対する共通した考え方として近年は、CSR戦略を企業の競争力につなげていく戦略的CSR論（Porter and Kramer [2006]）が支配的な受け止め方となっており、そこから派生して、社会的企業のような経済価値と社会価値がビジネスにおいて共有され得るCSV（Creating Shared Value：共通価値の創造）という概念も提示された（Porter and Kramer [2011]）。本書におけるCSRとコーポレート・ガバナンスを巡る考え方についても、そうした研究成果に立脚している。

この間、企業の規律付けの開示枠組みについては、国や地域によって制度基盤や歴史的経路が異なることはかねてより指摘されており（例えば、Whittington [2008]、Leuz [2010]）、利害関係者との関係性に基づく社会規制（欧州等）と市場規律（アメリカ等）という2大潮流が識別される。こうした中にあって、世界的にみるとグローバル資本主義の進展に伴い、会計システム、開示規範は、関係性に基づく統治から市場規律にシフトしているとの分析結果もある（例えば、加賀谷 [2014a]）。本書でも、欧州において関係性あるいは社会規制に基づく統治から、開示による市場規律を活用しようとする流れを同様に観察しているが、国際的なハーモナイゼーションの潮流のみならず、規制サイドのプラグマティックな対応（開示規律活用）という各国自律的な歴史的経路からも、社会価値から投資価値への接合の流れを捉えている点に特徴がある。

(①−2)　その際、社会的に望ましい開示均衡の実現に向けて、企業の短期的な利潤動機を社会的に補完していく要素として、本書では、製造物責任法理の生成過程でも観察された自律的な市民としての成熟、あるいは組織化された形態であるNPOの機能に着目している。

NPOの記述的研究は非常に多いが、NPOと企業の関係を研究する科学的方法論は必ずしも確立されていない中にあって、国際的な規範形成の過程については、国際政治学の分野でレジーム理論など関する研究蓄積がある。また、国家権力を対象としない領域においては、グローバル・ガバナンス論のほか、わが国においても法規範形成過程におけるソフトローに関する研究蓄積（東京大学GCOEプログラム等）がある。他方で、経済学におけるゲーム理論は言うまでもなく様々な分野で応用されており、情報カスケードの理論も群集行動メカニズムの説明として派生したもので、国際規範の発展モデル（Finnemore and Sikkink［1998］）にも組み込まれたが、情報カスケードを開示・会計規範の文脈で論じた文献は非常に少ない（国内では、福井［2002］）。

こうした中にあって、本書では、ソフトローやグローバル・ガバナンスの思考枠組みに立脚しつつ方法論としてゲーム論的思考の有用性を提示するなど、NPOと企業との相互関係性を考察する理論的なフィールドを設定し、非財務情報の開示規範形成過程におけるNPO関与に理論的な理解・説明を試みた。そして、NPO関与の視点を社会規制としての開示規範形成のみならず、市民の声を踏まえた機関投資家を生成基盤とする市場型NPOという枠組みにまで拡張して、市場規律と接合する形で体系的に位置付けたところが本書の特徴である。

(①－3)　そこでは、NPOの生成基盤としての市民が、単に経済モデル構築の便宜のために仮定された「合理的経済人」にとどまらない多面性を有することに着目している。

人間の合理的な行動を前提とする伝統的な経済学に対しては疑義も呈せられているが（例えば、行動経済学）、本書で着目した人間像は、経済モデルの中でのみ妥当する合理的経済人ではなく、規範的判断を行いつつ人生を模索する人間そのものの多面性を強調したものである。同様の視点は、「合理的な愚か者」（Sen［1977］）や「潜在能力アプローチ」（Sen［1985］）に象徴される厚生経済学に対する批判的警鐘にも窺われており、制度派経済学の立場から「自己の実現と表現を求める人間像」に光を当てたVeblen［1898］の考え方とも軌を一にする。また、その哲学的基礎という観点からは、ピューリタニズムの天職理念の宗教的基盤を解き明かす中で、「貨幣の獲得を人間に義務付けられた自己目的（天職）とみるような見解が、他のどの時代の道徳感覚にも背反するものだということは、ほとんど証明を要しない」としたWeber［1920^3］、さらに古くは、自分自身を他の人々にとって見えてくるような見方で考察する「公平な観察者」という正義の感覚を洞察したSmith [1759] にも、同様の視座を見出すことができる。本書でも同じ哲学的基礎に立脚しつつも、現代の環境下で社会規制や市場規律を補完する文脈の中で、NPO等関与の説明仮説の起点に多面的な人間観を据えたところに特徴がある。

ロ．着眼点②に関連して

(②－1) 次に、投資価値から社会価値への接近を促すドライビング・フォースとなる、「サステイナブル経営」を含む経営革新（イノベーション）に関し、本書では統合報告に盛り込む非財務情報のコンテンツの文脈で論じている。

そもそも統合報告にみられるような非財務情報開示を含む事業報告モデルの提案については、ジェンキンズ・レポート（AICPA [1994]）をはじめ、1990年代以降の米欧等での様々な取り組みが国内でも多く紹介されている。また、既に1970年代以降のイギリスでも同様の着想から、「コーポレート・レポート」（ASSC [1975]）において、短期志向の会社報告書の弱点を補うために非財務情報の活用という視点が提示されていた。さらに、「ソロモンズ・レポート」（ICAEW [1989]）においては、利害関係者の共通の情報ニーズを収益性と生存性に求め、収益性と生存性は相互関連的な要素であり、生存性があるためには、短期的には損失を被っても長期的には収益性がなければならない一方、収益性だけでは生存性は保証できないとし、生存性は測定できない社会的活動も含む複雑な性質を有するとしていた。

これらの基本的な視点は統合報告書の着想とも重なるが、現代において統合報告を論じる社会的意義は、地球温暖化と金融危機後の今日的な文脈の下で、経済・ビジネス環境や市民生活基盤の変化を踏まえつつ、財務情報を補足・補完する非財務情報の開示を通じて、社会と経済の持続可能な発展に資することにある（同様の視点に基づく統合報告の理論的研究として、例えば、古賀 [2012a] [2012b] [2013]）。

そうした中で、本書の特徴は、その推進力となる企業経営において、如何

---

3 第2版（1905年初版）。

に社会と経済をインテグレートした戦略やビジネスモデルを構築できるかが鍵になるとの視座から、そうしたイノベーションを描写する開示ツールとして統合報告を役立てていくことが、わが国経済社会の現下の文脈における戦略的意義と考えている点にある。Schumpeter［1912］は、「生産要素の新たな組み合わせとなる新結合が経営革新としてのイノベーションであり、新結合の推進者としての経営者が、企業をただ循環的に経営するだけであれば企業者たる性格を喪失する」と、既に100年以上前に指摘していた。現代のわが国の経済文脈に置き直しても、持続的な成長軌道を確かなものとしていくには、イノベーションによる市場の創造と企業経営の活性化が不可欠であり、その概念の重要性は全く色褪せていない。

(②－2)　わが国において戦略経営の構築が急務であることは、経営戦略論（例えば、三品［2004］［2006］）あるいは企業価値評価論（例えば、伊藤［2000］）の先行研究でかねてより指摘されている。本書では、わが国企業におけるイノベーションの必要性を財務・会計研究の側面からも補強するため、「正のインタンジブルズ」が「(正の）自己創設のれん」を生む超過収益力の源泉として、知的資産などが議論されている対比において、過少収益力である「負の自己創設のれん」の源泉となる「負のインタンジブルズ」の存在について論究している。

海外では1990年代末から「知的負債」というコンセプトが論じられ始めており、Harvey and Lusch［1999］、Caddy［2000］が先駆的文献と位置付けられる。この間、わが国における負ののれんに関する先行研究は、企業結合の対価から識別可能な資産・負債の測定額を控除した額がマイナスの値となった場合を対象に、負ののれんの発生原因と会計上の性質を関連付け、それらと会計処理の関係を検討したものが多い。そうした中には、企業結合時の貸方差額に止まらない領域にも論及しているものもみられるが（例えば、山内［2010］、西海［2007］)、わが国において企業結合の土俵を離れ「知的負債」を真正面から扱った数少ない文献として、姚［2009］［2013］が挙げられる。このほか、櫻井［2005］は、海外文献（Cravens et al.［2003］など）も踏まえつつ、レピュテーションが無形のマイナス価値（「無形負債」）を生み得る状況にも論及している。

その意味で呼称は別にして知的資産が存在するとすれば、それに対応する負の領域が存在するはずとの着想自体、とりたてて目新しいものではない。ただ、国内外において知的負債の分類や定義に係る研究が進められてきたが、今のところ、「知的負債」あるいは「負のインタンジブルズ」の概念の解明が十分に進んだとはいえず、レピュテーションやリスクとの異同を含め、未だ曖昧な部分が多い研究領域である。また、わが国企業を対象とした事実観察を踏まえ、「負のインタンジブルズ」を包括的かつ明示的に取り扱った学術文献は、筆者の知る限り皆無である。こうした状況下、人的・組織価値因子に基づく「正」「負」インタンジブルズの内容を明確化することにより、経営力の動態的な統合報告など開示のあり方を考える理論的基礎として、あるいは新しい実証研究（例えば、Accounting & Governance）の開拓に向けた具体的なアイデアの提示として役立てられ得るところに、本書の今日的意義と規範的研究としての学術的貢献があると考えている。

ハ．着眼点③に関連して

統合報告書の開示形態に応じた監査・保証業務のスキームを提示し、会計士業務の貢献可能性と限界を明示することも本書の着眼点の１つである。わが国における保証業務一般に関する文献としては、日本監査研究学会や日本公認会計士協会、金融庁企業会計審議会、環境省、東京証券取引所といった団体に限っても、多くの研究・基準・ガイドラインが発表されている[4]。そのうち日本監査研究学会からは、情報システムや環境報告書などの非財務情報の信頼性に関する共同研究成果が公表されており（日本監査研究学会［1988］、上妻［2006a］、東［2007］、堀江［2009］、山﨑［2010］、内藤［2014］）、特定の非財務領域によっては一定の研究蓄積がある。

他方で統合報告に関し、わが国では開示フレームワークを巡る理論的・実態的な研究は近年少なくないが、情報の信頼性に関しては、現時点では開示実務の進展を見極めている段階ということもあり、これから研究が蓄積されていくフェーズにあるとみられる。学会レベルでは直近の成果である内藤［2014］などで個別に採り上げられているに過ぎず、海外においても、国際

4 1995年から2012年までに48件が発表されているが（廃止され他の指針に引き継がれたものも含む）、それらは内藤［2014］283-288頁において整理・一覧化されている。

監査・保証基準審議会（IAASB）では、統合報告を含む各種非財務報告書等に新たな保証業務基準の開発が必要かどうか、作業グループにより保証ニーズの基礎的研究等が始まったばかりである。こうした中にあって、本書では、統合報告の情報特性あるいは開示特性に着目しつつ、統合報告書の開示形態に応じて監査・保証のあり方を包括的に検討するとともに、その信頼性に関連して監査・監督面での今日的課題にも論及したものであり、今後の議論に向けた一里塚となるのではないかと考えている。

3．本書の構成

本書は、概ね上記の着眼点に沿った形で、第Ⅰ部「社会価値的側面からの統合ダイナミクス」、第Ⅱ部「投資価値的側面からの統合ダイナミクス」、第Ⅲ部「統合報告書の信頼性と監査・保証業務等」という３部構成となっている。第Ⅰ部では、社会価値的側面の開示の実効性を高める経済的インセンティブ重視の観点から、逆に第Ⅱ部では、投資価値的側面の拡張による社会価値への接近の観点から、非財務情報開示のダイナミクスを論じる。第Ⅲ部では、両者の調和点である統合報告書に対する信頼性確保に向けた監査・保証問題を論じるとともに、補章として、経営者不正による価値毀損に備えた制度インフラの機能強化にも論及する。

(1)　社会価値的側面からの統合ダイナミクス

第Ⅰ部「社会価値的側面からの統合ダイナミクス」では、CSR 等非財務情報の開示に関し、多様なステークホルダーにとっての役立ちという社会価値的側面から接近を始め、企業の経済的インセンティブ重視に至る流れの中で、NPO（NGO）関与による開示規範形成の実効化に至るダイナミクスを考察する。まず、第１章「CSR 情報開示規範の役割とコーポレート・ガバナンス」では、CSR を巡る政府の直接的規制を補完・代替する間接的規制（開示規制）とコーポレート・ガバナンス論との関係性を踏まえつつ、開示の目的、開示規範の法益等に応じて、ハードローとソフトローの境界を画す要因、それぞれが規律すべき射程の整理を試みる。また、そこで解明されたソフトローの機能領域において、開示規範のエンフォースメントを巡る諸外国の経験も踏まえつつ、経営者の経済的インセンティブを重視した開示アプローチの有用性を指摘したうえで、利潤追求動機が内包する限界に関し問題提起を行う。

次いで、第2章「CSR規範形成過程におけるNPOの機能」では、前章の問題提起を受け、利潤動機のCSRには株式会社であるが故の固有の制約が内包することを認識の出発点に、外部不経済の内部化に向けて社会的実在としての企業を社会的に規律付けるうえで、その限界をシステマティックにどう克服するかを論じる。そこでは、不法行為責任訴訟を基盤にコモンローの下で結実した製造物責任法理の生成過程にも示唆を得つつ、CSRをより実効的に担保するインセンティブ付与スキームとして、市民社会を基盤に生成するNPOの機能を重視する立場から、規範形成のダイナミクスを巡りゲーム論的思考の有用性を提示する。そのうえで、多元的価値規範の分権的な形成過程（ソフトロー）において、市民社会を基盤に生成したNPOによる企業に対する監視・提言、その相互作用が重要な役割を果たし得ることを指摘する。

さらに、第3章「非政府組織関与による国際開示規範形成の促進」では、前章で論及したNPO関与の正当性に関し、国際開示規範（ソフトロー）形成過程における実際の事例の中で、規範の形成・維持・変容過程や、個々の誘因がどのように相互作用しているかを論証する。そこでは、グローバル・ガバナンスや情報カスケードの分析枠組みを用いながら、非政府組織関与による国際開示規範のグローバルな伝播過程を理論的に基礎付け、そうした知見を基に、温室効果ガス（GHG）の情報開示を巡るCDPの活動を分析・評価する。こうした考察を踏まえ、国際開示規範の分野においてCDPやCDSBなど、グローバル・イッシュー（GHG等）に問題意識を有する投資家を生成基盤とする非政府組織が、開示促進に向けた事実上の影響力を活発に行使するようになってきているのは、単なる偶然が重なっているのではなく、非政府組織の関与が有効な側面を有しているからこそ、様々な分野で広範化してきている現象であることを明らかにする。

⑵ 投資価値的側面からの統合ダイナミクス

第Ⅱ部「投資価値的側面からの統合ダイナミクス」では、投資価値的側面の拡張による社会価値への接近にアプローチを切り替え、統合報告における非財務情報開示のダイナミクスについて論じる。まず、第4章「統合報告の論理とIR・制度開示との関係性」では、第Ⅰ部で検討した成果も踏まえつつ、正当性理論の現実的展開としてのレピュテーション・マネジメントが投資価値とも接合し得ることにより、市場原理（シグナリング理論）と非市場原理（正当性理論）が両立することを明示する。また、そうした開示の理論的基礎に立脚して、投資価値と社会価値を接合した重要性概念や、多様な統合報告実務の収斂の方向性を論じるとともに、財務情報と非財務情報から構成されるIRとの親和性等にも論及する。さらに、統合的思考のインプリケーションを踏まえ、わが国の有価証券報告書において、一定の規律に基づく体系的な報告枠組みとして説明力を高める方向性について論じる。

統合報告の中でESG要因に係る戦略ガバナンスの体系的説明も求められることになるが、第5章「イノベーションを描写する動態的な統合報告」では、わが国においては戦略的非財務情報開示の前に、統合的思考による統合経営が先決問題であり、同期発火で企業経営の動態が改善していかなければならないことを論じる。そこでは、長期間続いたPBR 1倍割れという観察事実を端緒に、近年のグローバル化の下で企業の経営・ガバナンス面の脆弱性がクローズアップされ、人的・組織的な将来価値のディスカウントを惹起している可能性を指摘し、そうした企業価値毀損を理論的に「負のインタンジブルズ」概念で説明することを目標仮説に設定する。そして、そこでの研究成果を分析ツールとし、「経営力」による将来の価値創造（イノベーション）を投資家に訴求していくために、ガバナンスを要とした動態的な統合報告の戦略的意義を強調するとともに、その前提となる統合経営を促すトップリーダーシップやガバナンス面での各種制度インフラの必要性についても論及する。

グローバル化など環境の不連続的な変化は、リスク対応という守りのみならず、従来の延長線上ではなく新たな見方に立って新しい戦略を構想する企業にとっては、攻めの機会（チャンス）をもたらす。ESG要因は、経営戦略決定、実行、結果の開示に至る一連のプロセスを構築する切り口の1つであり、既存のやり方の延長では解決困難なものがあるとしても、経営者は環境変化のなかに新しい事業の機会を発見し、その機会を活用するために、構造改革や新たな事業コンセプトの創造に向けて社内外から多様な資源の動員を図るなど、革新的に事業を展開していくことが必要となる。例えばソーシャルイノベーションとして、グリーンイノベーションやBOP/MOPビジネス等にも近年注目が集まっているが、環境変化に対応したビジネスモデルを軸に戦略を構築し、その戦略を実行していくには、経営者による強力なリーダーシップが必要となることを強調する。

(3)　統合報告書の信頼性と監査・保証業務等

第Ⅲ部「統合報告書の信頼性と監査・保証業務等」では、統合報告書に対する監査・保証問題を中心に、開示情報の信頼性確保に向けた制度インフラのあり方について論じる。まず、第6章「ESG情報の報告形態と監査・保証」では、ESG情報の報告形態に応じた監査・保証の類型・特質を比較検討したうえで、ESG情報等の非財務情報が統合された財務報告の中で制度開示され、かつ監査の対象とされる場合について考察する。そこで制度開示された非財務情報に関しては、財務諸表の理解を補う情報が提供されているかとの観点から、財務諸表情報との関連性や説明性を主眼に据えることにより、全体としての財務報告の適正表示に関する意見表明を行う方向性が現実的と立論する。

また、第7章「任意開示された統合報告書への信頼性付与」では、制度化以前の任意開示段階で、財務諸表情報とは独立してESG情報等の信頼性を保証しようとする場合において、会計士等が信頼性付与に関与し得る領域と限界を考察する。すなわち、会計士等が任開示された統合報告の非財務情報に対し信頼性付与に関与し得る領域としては、適切な準拠基準に基づいて作成された数値に係る合理的保証等のほかは、非財務情報の作成プロセス等の検証を通じた「透明性」に係る限定的保証に止まり、情報内容の「妥当性」に踏み込み形での積極的形式による結論の表明は困難と考えられる。同時に、透明性確保に向けた会計士等関与の実効性を担保するため、情報作成サイドにおいても、新COSOフレームワークの下で非財務情報の作成・開示プロセスに係る内部統制を体系化し、それを自社内で統合的にモニタリング可能な内部監査機能の高度化が必要であることにも論及する。

他方で、非財務情報の開示と監査・保証は、情報利用者による価値評価に寄与する一方、粉飾決算は究極的な価値破壊行為となる。したがって、価値創造過程を描写する統合報告書の信頼性をトータルに論じるには、価値毀損行為に備えた制度インフラまで視野に入れる必要がある。こうした観点から、補章1「不正リスク対応基準と監査人の職業的懐疑心」では、監査人という制度インフラが、経営者不正による重要な虚偽表示リスクに対し有効に機能する方策について論じる。オリンパス事件等も踏まえ2013年3月に「監査における不正リスク対応基準」が策定されたが、職業的懐疑心を具体的にどのように発揮すればよいのかについては、必ずしも明確な共通認識が醸成されているわけではない。こうした状況下、懐疑心の発現態様として不正リスク仮説に基づいた反証的アプローチの必要性を論じ、その適用局面やプロセス等を明確化するとともに、反証的アプローチを用いることの訴訟上の意義について論じる。

また、補章2「銀行監督と会計士業務の連携強化」では、コーポレート・ガバナンス機構を含めて監視する監督当局まで射程を広げ、金融危機後の国内外の見直し論議を踏まえつつ、わが国における銀行監督と会計士業務の連携強化を巡る実務的方策、課題等を論じる。そこでは、わが国における金融検査業務と監査・保証業務の異同を踏まえたうえで、マネジメントレターをベースとした経営者承認による銀行監督・外部監査間の情報共有の促進策や、検査対象への会計士保証業務の拡張による検査機能の補完・代替策について、主として実務的な改善点を念頭に考察する。そうした議論の延長で、監査人の不正発見機能を補完し得るとの観点から、監査役等や内部監査人との連携についても付言する。さらに、監査人の不正発見機能の強化に向けた各種監査制度見直し案のうち、監査契約への第三者機関の介在ないし規制当局による監査の導入について、これまでの議論を若干の私見を交えながら紹介する。

最後の終章「総括と今後の課題」では、本書の研究成果を確認し本書の総括とするとともに、今後の課題に論及する。

第 I 部

社会価値的側面からの統合ダイナミクス

第1章

CSR 情報開示規範の役割とコーポレート・ガバナンス

1. はじめに

近年、株主や利害関係者の意思決定に資する目的で、各種非財務情報に対するディスクロージャー要請が世界的に高まってきた。わが国でも 2003 年から、財務情報の補足・補完情報として、事業等のリスク、経営者による財務・経営成績の分析（MD&A)、コーポレート・ガバナンスの状況等の有価証券報告書への開示が義務付けられてきているが、社会的責任（CSR：Corporate Social Responsibility）報告書、持続可能性（Sustainability）報告書等については、同じ非財務情報とはいえ株主以外の利害関係者をも意識した開示である。広範な利害関係者を念頭に置く CSR 報告書等は、わが国と同様に法令による開示規制（ハードロー）の対象外となっている国が多く、様々なガイドライン、国際的なベストプラクティスに基づく実務が先行するなど、事実上の規範（ソフトロー[1]）が広く機能している領域でもある。

第 I 部では、CSR などの非財務情報を対象に、広範な利害関係者とのダイナミクスを通じて形成される開示規範（ソフトロー）問題を中心に論じる。そうした社会価値的側面を含む開示規範の基礎的考察は、第Ⅱ部において投資価値的側面の拡張による非財務情報開示の論理を掘り下げていくうえでも、有用な思考基盤を提供することになると考えている。そもそもCSRは法的な責任が尽きたところから始まる（竹内［1984a］112-132頁、神作［2005b］19頁）と考えるか、あるいは法令上の義務として一般的な規定を設けるべきかなども過去に議論された[2]が、本章では、そうしたCSRを巡る広範な規範問題まで射程を広げるのではなく、あくまでCSR情報の開示規範問題に焦点を絞って、その社会的役割とコーポレート・ガバナンスとの関係性に基礎的な考察を加える。

情報開示はCSRの重要な要素であり、CSR促進のためにも情報開示のあり方を考えなければならない。CSRに関する会計上の開示問題については、財務報告ないし事業報告の一環として投資家の意思決定有用性を中心とした立論とともに、企業と社会との関係を捉え、企業の社会的な影響力を把握することを目的とする会計領域（社会関連会計、環境・持続可能性会計等）における議論もみられる。また、特定の価値観・倫理感を持つ投資家にとって、仮に経済的充足が得られなくても自らの価値観が充足されることで、本来の投資目的は満たされることもある[3]。さらに、企業が社会的実在であるが故に求められる社会的規律があるとすれば、社会的ニーズの代弁者である規制当局の関心事ともなるはずであり、CSRの直接的な社会規制を補完・代替する開示規範（ハードローないしソフトロー）のあり方を、その目的に応じて多面的に考察する必要が生じる。

1　国際取引法におけるlex mercatoria（国際商慣習法）や、Eugen Ehrlich（1862-1922年）が提唱した「生ける法」とも類似した要素を含む概念であり、「正当な立法権限に基づき創設された規範ではなく、原則として法的拘束力を持たないが、当事者の行動・実践に大きな影響を与えている規範」（Snyder［1993］p.32、神作［2005a］2頁）と定義される。

2　一般抽象的な概念規定を置くことの是非に関しては、1974（昭和49）年の商法改正を契機に多くの論争があったが、一般的規定を置くことなく、具体的に取締役の義務を特定して規定化する扱いで現在に至っている（中村［1999］82-88頁）。

3　例えば、弁護士のラルフネーダーが「キャンペーンGM」運動として、1970年の株主総会で、取締役会の多様性の要求や、社会的責任についての監査・忠告を行う株主委員会の創設などを提案し、会社の行動に影響を与える「株主行動」に対する社会の関心を高める契機となった（河口［2004］3頁）。

一口にソフトローといってもその内容や有する規範性、実効性は多様であり、各国法制によって何がハードローとして規制されているかによって、ソフトローの中身も変わってくる。当初はソフトローとして出発したものがハードローに展開したり、既存のソフトローを補強、その限界を突破する新たなソフトローないしハードローが必要となり得る。こうしたハードローとソフトローのダイナミクスにも留意しつつ、以下では、まず、CSR情報開示を巡る国内外の動向をレビューするとともに、中央集権的な直接的規制を補完・代替する分権的な開示規範との関係性を整理する。次に、CSR情報の開示目的とコーポレート・ガバナンス論との関連を論じたうえで、開示規範の法益等に応じて、ハードローとソフトローの境界を画す要因、それぞれが規律すべき射程の分析を試みる。そうした中で、経営者の経済的インセンティブを重視した開示アプローチの有用性と限界に論及する。

2．　CSR情報開示を巡る国内外の動向

⑴　わが国のCSRを巡る経緯・開示動向

わが国では1960年代後半から70年代に、公害問題に代表される企業活動の矛盾が表面化するとともに企業の社会的責任も議論されたが、当時の議論は企業活動のマイナスの側面に対する企業批判的な姿勢が出発点になっていた。これに対して、近年の議論[4]は、社会的な行動をプラスの企業評価に結び付ける側面に焦点が当てられており、一昔前にみられた企業を敵対視する取り組みとは相違する（向山［2004］36-37頁）。すなわち、現下のCSRは、会社が社会・環境面の関心を、その事業運営及び利害関係者との相互作用の中に自発的に組み込み（European Commission［2001］p.6）、最終的に自らの事業の中核的な戦略に統合する（European Commission［2011a］p.6）という考え方が大きな潮流となっている。

わが国では、環境省の各種ガイドラインによる啓蒙的役割もあって、環境

4　2013年4月に経済同友会から第17回企業白書「持続可能な経営の実現」、同年5月には関西経済同友会から提言「戦略的CSRによる企業価値向上―CSVを通じて持続的成長を目指そう」が相次いで公表された。

報告書を作成する企業が1990年代後半から2000年代初にかけて急増した。その後、国際的に環境報告書からCSR・持続可能性報告書へのシフトが大きく進む中で、わが国でも2003年頃からCSRへの注目が一段と高まり、環境報告書からCSR報告書もしくは持続可能性報告書への転換が進み現在に至っている。なお、実務ベースでは既に多様なCSR情報開示が進行する一方で、有価証券報告書に記載されるCSR情報は基本的に総論的・断片的で、具体的な内容を持たない場合も少なくないが（上妻［2006b］136-137頁）、この点は第4章において制度開示を巡る問題点の中で論及する。

CSRは法律上の要求を超えた企業の自主的な取り組みであり、本質的に後述する「持続可能な開発」（sustainable development）という概念と不可分一体である。このようにCSRを、企業が社会の一員として持続可能な価値生産活動を行う際の規律付けと動機付けのメカニズと捉える考え方によれば、企業経営の効率性・健全性を追求するコーポレート・ガバナンスの枠組みでCSRを分析するアプローチが可能となり、さらにその延長線上に、社会的責任投資（SRI：Socially Responsible Investment）あるいは責任投資原則（PRI：Principles for Responsible Investment）も位置付けられる。CSR情報が企業のレピュテーションリスクや長期的企業価値への関連性を有するリスク情報として位置付けられることにより、経済的インセンティブに沿って開示領域の拡張に資する側面は十分に強調されなければならない。ただ、CSR情報が有する社会価値のすべてが会計情報に対して補完的な関係にあるとはいえず、こうした企業価値とのリンクを前提とした考え方はリンクを前提としない捉え方に比べれば狭義のものであり（首藤・竹原［2007］6頁）、この溝をどのように埋めていくかが、今後、第I部各章において繰り返し通奏低音のように横たわる問題意識となる。

⑵ 国際的なCSR開示動向

先述した「持続可能な開発」という用語は、1987年に国連の「環境と開発に関する世界委員会」（WCED：World Commission on Environment and Development）から発表されたブルントラント委員会報告書「我ら共有の未来」に記述された。持続可能な開発とは、「将来の世代の欲求を満たしつつ、現在の世代の欲求を満足させるような開発」と定義され、そこでは世代間の衡平性の視点が取り入れられている[5]。CSRないし持続可能性に関連して国際機関では、OECD多国籍企業行動指針（1976年策定、79・84・91・2000・11年改訂）や国連グローバル・コンパクト（1999年策定、2004年改訂）などの取り組みも古くからみられている。また、国際標準化機構（ISO）からは、2010年にSR（Social Responsibility）に関する規格「ISO26000」も発行されている。他方で、1997年に設立された民間のGRI（Global Reporting Initiative）では、2000年に持続可能性報告ガイドライン初版（G1）を発行した後、2013年には最新版（G4）を公表しているが、法律・規則によって強制されていないにもかかわらず、民間団体（NGO）が作成したガイドラインを、世界的にみても有力な企業が少なからず自発的に遵守することを表明してきた。

このほか、欧州における継続的かつ実践的な活動も注目される。すなわち、2000年のリスボン欧州理事会の後、欧州委員会から2001年にグリーン・ペーパー「企業の社会的責任に関する欧州の枠組みの促進」が発表され、企業の社会的責任を如何に概念規定するか、それを促進するためにEUレベルでのフレームワークを如何に構築すべきかが問われた。これらに一定の指針を提示したものが2002年に公表された「企業の社会的責任に関するコミュニケーション：持続的発展への企業貢献」である。これを受けてCSRの理解レベルを引き上げ、経営者、労働組合、民間団体、NGO、その他の利害関係者間の対話によりCSRを促進するという目的の下に、CSRに関する欧州マルチステークホルダー・フォーラムが設立され、2004年には勧告を含む最終報告書が公表された。

その後、2005年の欧州理事会ブリュッセル会合において、競争力強化にも重点を置く形でリスボン戦略（2000年）の改訂が行われた。2006年に欧州委員会が公表した「成長と雇用のためのパートナーシップ推進：欧州を

5　同様に、企業がステークホルダーとの関係において、社会・環境に関する配慮を自発的に取り入れようとした概念として、1997年に英国サステナビリティ社のジョン・エルキントン氏によって提唱された「トリプル・ボトム・ライン（経済・社会・環境の3つの収支）」がある。トリプル・ボトム・ラインは、企業の持続可能性を確保するには、経済的収支がプラスでなければならないのはもとより、社会的収支及び環境的収支もプラスでなければならず、トリプル・ボトム・ラインをプラスにしている企業に持続可能性があるとする考え方である。

CSRの極にするために」では、欧州におけるCSRの推進を継続的にレビューするため、フォーラムの定期開催も提唱された。その直後に開催されたレビュー会合を踏まえ、2007年には「企業の社会的責任:新たなパートナーシップ」と題する欧州議会決議が行われた。また、金融危機などの経済環境を踏まえつつ、フォーラムは2009年9月から2010年3月にかけてESGに関する企業の情報開示方法について一連のワークショップを実施した。そうした成果に立脚して、2011年には欧州委員会から「CSRに関するEU新戦略2011-2014」として、CSRに関する新方針が発表された[6]。この間、2003年にEU会計法現代化指令(2003/51/EC)が採択され、各国で制度開示化が進展した後、2014年には開示内容の明確化等に向けて同指令の改訂が行われた[7]。

欧州諸国においては、古くは1970年代から80年代にかけて、企業の社会的側面に関する情報を開示する動きが活発化した経緯があり[8]、欧州における現代的環境会計及び環境報告の淵源は、いわゆる社会会計(社会関連会計、社会貸借対照表)に遡る(宮崎[2006]147頁)。まず企業と社会との関係が問われ始めた1970年代において、特に欧州を中心として情報開示の面で企業が意識した「社会」は、当初、従業員であった。次に1980年代後半の環境事故を契機として、企業を取り巻く新たな「社会」としての深刻度を増したのが地球環境問題である。地球環境問題が世界中の関心を集めるとともに、企業レベルでも環境リスクとしての対処の必要性が高まり、1990年代

---

6 その中でCSRは「企業の社会への影響に対する責任」と新たに定義され、「所有主あるいは株主、広くはその他ステークホルダーと社会全体にとっての共通価値の創造(CSV:Creating Shared Value)を最大化すること」、「それとは逆の企業の潜在的悪影響を識別、防止、軽減すること」が重視されている(European Commission[2011a]p.6)。Porter and Kramer[2011]で提唱されたCSV(第2章で詳しく触れる)を欧州委員会が採り入れた背景には、CSRに積極的に取り組むことは、企業経営や事業計画そのものを見直すことにつながり、その結果、企業内でイノベーションが起これば競争力強化にも貢献するとの考え方が根底にあるとみられる。

7 2003年の指令では、大・中規模会社の個別・連結年次報告書中に、「会社規模・事業特性に応じて、事業の経過と業績及び現況に関するバランスのとれた包括的分析」を開示するよう規定しており、それらの理解に必要な範囲で、財務的指標だけでなく環境や従業員に関する非財務的指標の開示も求めた。加えて2013年には、環境、社会及び従業員に関する事項、人権尊重、腐敗防止及び贈賄に関する事項に関し、会社の方針、方針の実施状況、リスク及び管理方法の開示を要求する改訂案が提出され(European Commission[2013]pp.6-7、KPMGあずさサステナビリティ[2013]1頁)、2014年に成立した。

に至って社会関連情報の中心は環境保護へシフトし（向山［2003］55頁）、90年代の後半から、北欧・中欧諸国を中心に環境を含めたCSR情報に関する法令や開示ガイドライン等が策定されるようになってきた歴史がある。

環境報告書の法制度化は、1995年にデンマークで可決された「環境計算法」が始まりである。また、地理的に、地域的公害問題と地球環境問題の両者に直撃されるオランダでは、1997年に「環境管理法」が改正され、規定された化学物質、廃棄物等の排出量がオランダ全体の総排出量に対し0.1%以上である企業に対して、行政機関提出用と一般公表用の報告書の作成が2001年に義務付けられた（松田［2006］114頁）。その後、2003年のEU会計法現代化指令の前後から、デンマーク（2001年社会倫理報告ガイドライン）、フランス（2001年新経済法による商法改正）、オランダ（2003年年次報告ガイドライン400）、オーストリア（2004年CSR報告ガイドライン）などにおいて、トリプル・ボトム・ラインを志向する統合的なCSR報告ガイドライン等が登場するようになった（日本公認会計士協会［2006］14頁）。

欧州においては、北欧・中欧諸国を中心に、投資家にとっての有用情報というモメンタムとは別に、固有の地理的・風土的要因や社会的・文化的土壌、特有の関係性に基づくコンセンサス形成メカニズム等が、企業という社会構成員に対する規範を歴史的に長い時間をかけて生成・発展させてきた経緯がある。その基盤に立ちCSRについて制度を整備し政府が後押ししようとする点は、アメリカの方向性とは大きく異なっている[9]。アメリカは、欧州と同様にキリスト教の伝統に基づく社会的な活動が古くからみられSRI[10]

8　第4章で詳述するが、イギリスでは、1975年7月にICAEW（イングランド・ウェールズ勅許会計士協会）の下部組織（ASSC：会計基準運営委員会）から「コーポレート・レポート」が公表された。そこでは、財務報告書の基本目的及び利用者のニーズの再検討が不可欠（ASSC［1975］p.7）との観点から、公表財務報告書の範囲と目的を検討する討議資料として、経済組織体の経済活動が最も完全に描写されるすべての種類の情報を包含する報告書（基本財務諸表に加えて付加価値計算書、雇用報告書、将来予測説明書、会社目的説明書など）の作成を勧告していた（ASSC［1975］0.2項）。説明・報告責任の対象範囲を社会一般にまで拡張した「公共的アカウンタビリティ」という概念を導入（ASSC［1975］1.3-1.5項）することによって、各種報告書は広範な利害関係者の情報ニーズを充足するように構築されたのである。会計数値化できる項目・事象ばかりではなく、財務的に数量化できない情報も含まれているのは、企業が社会的存在となった段階における企業の社会的責任であり、「公共的アカウンタビリティ」の履行といえる（菊谷［2002］21、54頁）。

の市場規模も比較的大きいが（首藤［2007］34 頁）、財務報告や事業報告に絡んだ CSR 情報開示に関しては、欧州と異なり政府機関の積極的なイニシアティブはみられない（水口［2004］29 頁）。

こうした背景として、アメリカでは、「ビジネスの社会的責任は利益を増大すること」（Friedman［1970］）との考え方もみられたように、株主利益の最大化を図ることを通じて企業を規律するとの考え方が欧州等に比してより強く浸透しており、投資家にとっての有用性や市場規律等の観点が重視される土壌があるためであろう。CSR の理念が社会に強く根付いている欧州の立場とアメリカ型の株主価値中心主義の立場の違いを反映したものとも言えるが、近年はグローバル化の進展に伴い国際的な会計・開示規範の取り組みにおいて、関係性による統治から市場規律にシフトする傾向もみられている（加賀谷［2014a］35 頁）。こうした潮流は、後述するように、欧州において直接的な社会規制をよりプラグマティックにエンフォースしていくうえで、企業の自律的な経済的インセンティブを活用した開示規制の動きとも無縁ではないと考えられる。

3．　CSR 情報開示の社会的役割

(1)　CSR 開示の目的と機能

経済的インセンティブを活用した開示規制を論ずる前提として、ここでは

9　Whittington［2008］pp.497-500 では、各国における会計制度枠組みの相違として、欧州では、多様な利害関係者とのスチュワードシップに基づいて企業統治が行われており、資本市場による企業統治が行われているアメリカとは異なる伝統があるとしたうえで、欧州では市場規律ではなく直接的な規制、さらには株主へのアカウンタビリティを超えたより広いコミュニティへのスチュワードシップなどがみられるとする。同様に Leuz［2010］pp.237-252 では、報告規制を巡る２つのアプローチとして、アメリカ等では投資家などの外部者に対し透明性の高い報告システムを要求しているのに対し、欧州等では、銀行など内部者による関係性を基盤としたシステムの下で、ディスクロージャーではなく相対の関係によって情報の非対称性を解消しようとする伝統があるなど、報告開示のレジームは国によって異なる点を指摘している。

10　SRI の発祥は諸説あるが、1920 年代のアメリカで、教会の基金を酒、タバコ、ギャンブル産業へ投資することが、キリスト教倫理に反すると忌避したことに始まると言われている（筑紫［2004］9 頁）。

広くCSR情報開示の社会的役割という観点から、まずCSR開示の目的と機能について、開示規制の要否と絡めて整理しておきたい。同じ企業活動に関するディスクロージャーであっても、その目的や機能が異なるときは、求められる開示内容の規範・基準も当然に異ならざるを得ない。したがって、CSR情報を含めディスクロ－ジャーの有する目的と機能を整理し[11]、その射程と限界を十分に把握しておくことが、望ましい開示規範の考察のために必要である（神崎［1978a］435-436頁）。

一般に企業におけるディスクロージャーの目的には、①株主・投資家等の意思決定に役立てる会社の現状に関する情報の提供とともに、②公正な競争条件の確保や不公正取引の排除・消費者保護等に資する側面がある。これらに加えて、③企業の自己規制策や広く社会の理解・信頼を得るために行う開示があり（竹内［1984b］140-141頁）、CSR等の社会・環境関連情報の開示もこの要請を含んでいる。すなわち、投資判断材料の提供のためだけではなく、企業行動を社会的な監視にさらし、企業の経営が国民の十分な理解の下に行われる環境を確保することで、企業の社会的責任の履行に向けて、経営者の行動を適切ならしめることにつなげるのである。こうした自己抑制機能の端的な表現として、「太陽の光は最良の消毒剤である」、「電気の光は最も有能な警察官である」とのルイス・ブランダイス判事の有名な言葉（Brandeis［1914］p.92）がしばしば引用される。これは「情報インダクタンス」（information inductance）とも呼ばれ、実際に情報を伝達する以前に、情報のフィードバック効果の予測に基づいて、経営者の行動に変化が生じることを期待しているのである（Prakash and Rappaport［1977］pp.29-32）。

こうした中で、そもそも法による開示規制が必要であるか否かについては争いがある。不要論は、法による開示規制がなくても、開示に熱心に取り組んでいる企業は積極的に自発的な開示を行い、そうでない企業は何も開示できないので、支障はないとの理解もみられる（野田［2005］42頁）。しかし、

11　同一のディスクロージャーが複数の機能を発揮し、複数の目的を達成する手段として要請されることもある。しかし、そのことは、ディスクロージャーが発揮する機能を内容的に分析し、それぞれのディスクロージャーの機能が有効に発揮されるようにするための条件を、それぞれのディスクロージャーの機能に応じて検討することを不必要とするものではない（神崎［1978a］438-439頁）。

自発的な開示では企業にとって都合の良い情報提供に止まるうえ、経営者による情報操作・隠蔽の可能性は常に存在する。開示主体に都合の良い情報だけ選り分けて提供するのは宣伝であっても開示ではなく、むしろ都合の悪い情報も提供しなければならないところに開示制度の意義がある[12]。情報を入手するうえで限られた権限・能力・資料しか持たない利害関係者（情報受取人）にとっては、企業の経済活動に関する主たる情報源を法により強制開示される情報に依存せざるを得ないのである（弥永［2001］2-4頁）。

金融商品取引法、会社法における開示目的は、主として情報等の平等を強制的に実現することにある（弥永［2001］3-4頁）。一方、経営者の自己抑制効果をも目的にした社会的情報開示の場合、こうした要請をどの法律で律するか、あるいはソフトローとするかについては、各国法制度の違い、投資意思決定情報としての位置付けの有無、開示対象の法益の性格、開示情報の硬度等によって固定的なものではなく、各国の実情に応じても異なり得る。例えば、アメリカにおいて州会社法では企業行動のコントロール手段としての開示には十分な関心が払われてこなかったが、連邦証券規制においては、経営者報酬の開示要求が古くからみられる[13]。これは、投資家への有用情報というよりは、経営者に対する過度の報酬支払を抑制しようとの考えによるものとされている。また、米国証券取引委員会（SEC）が会社の違法な支出の開示につき、たとえそれが少額であったとしても、経営者が不正に関与したことを示す重要な事実として開示を要求するのは、将来における同様の支出を思い止まらせる効果を期待してのことである（神崎［1977］13頁）。

(2) 開示規制と直接的規制の関係性

開示による社会的規律付けは、企業の行動に関与する私人に対して、その私人が関与する事項を合理的に判断するのに必要な情報を提供し、その情報を基礎に私人をして自由な判断と責任において企業に対応させようとするも

12 情報の公共財的属性の結果として、情報生産の私的インセンティブが社会的インセンティブよりも下回ることによる情報の過少生産（不効率）を引き起こし、情報の非対称性は情報入手力の差異による情報分配の不公正をもたらす（松尾［1990］73頁）。

13 アメリカでは、州法である青空法（Blue Sky Law）による証券の直接的な規制から、連邦法である証券法・証券取引所法による情報公開と自己責任に基づく市場メカニズムによる規制へと推移してきた流れがある。

のである。これは企業を市場で分権的に規制するための手段といえる。これに対し、社会規制手段には、国または地方公共団体の直接的規制もあり、その場合の判断と責任は、それを行う国または地方公共団体に集権化される。しかし、このような集権化した直接的な社会規制は、時として企業のイノベーションを殺ぐリスクがある。企業行動の社会的規制のためのディスクロージャーの要請は、国または地方公共団体が一定の行為を禁止する代わりに、企業に対して特定の領域の行動を公衆に明らかにさせ、企業が公衆の非難を浴びるような行動を自主的に抑制するようにさせるものである（神崎［1978a］436-438 頁）。

企業の規制に関し、開示による抑止効果で対処するか、直接的規制で対処するかは立法政策的な問題である。開示は、人によって判断が異なり得るような問題について行うものである一方、違法性や反社会性が明らかな事柄は、それ自体は誰が判断しても結果は異ならないのであり、開示制度で補完するにしても第一義的には、直接的規制、行為規制等によって規律されるべきであろう。企業の細部にまでわたって国家が直接に規制を加えることは、私的自治を大幅に制約し企業の創意と市場の活力を減殺する危険を伴い、規制のための費用も高くつくが、それだけのコストを払ってもなお達成しなければならない目的のためには、社会のコンセンサスを得て直接の規制を加える必要がある。それだけのコストを払うことには抵抗がある場合、あるいは価値観が対立するような場合、しかも全く放任することには国民の多くが賛成しない問題については、直接的規制ではなく開示規制の代替的利用が有効となる。

そうした問題においては、企業に対し判断に必要な情報を提供させ、受け手の賢明な行動が集積することによって、社会の評価という形で緩やかな分権的規制により解決を図ることが望まれる（龍田［1982］128-129 頁）。そのような類型の１つに CSR 情報の開示も位置付けられる。CSR に対する社会の価値観・評価は固定的なものではなく、国によって異なり、時代とともに変遷する性質を有するので、社会意識に伴って規範性が生成・変化し得るソフトローの機能する余地が大きい。例えば、過去に、アメリカのダウ・ケミカル社がナパーム弾の原料を製造していることを理由に多くの学卒者が同社への就職を拒否したため、同社はナパーム弾原料の製造を中止した一方、同社がセント・クレア河を汚染しているということを理由に学卒者、投資者が同社との関係を拒否することはなかった。このことから、ナパーム弾原料の製造の開示はディスクロージャーのもつ社会的規範としての機能を発揮したが、セント・クレア河の汚染の事実の開示についてはそのような機能を伴わなかったとされる（神崎［1978a］449頁）。

社会的規制について、企業への環境規制を例に、規制手段ごとの特徴を整理・敷衍しておくと、以下の通りである。

イ．直接的規制

公害・環境問題等の外部不経済が生む社会的コストに対応していくため、政府による直接的規制が求められる。直接的規制の環境法規としては、アメリカの包括環境対策補償責任法（CERCLA：スーパーファンド法、1980年）、オランダの土壌保護法（1986年）、イギリスの土壌汚染地法（1995年）、ドイツの連邦土壌保全法（1999年）などがある。特にスーパーファンド法は、1980年CERCLAに加えて、1986年に同法に大幅な修正が加えられて成立したスーパーファンド法修正再授権法（SARA）でも規定され、土壌・地下水汚染の汚染者責任を厳格に問う法律となっている。わが国でも、スーパーファンド法のように、過去の土壌汚染の責任を追及する土壌汚染対策法が2003年に施行された。

ロ．経済的手段

直接的規制には、環境関連法規の遵守を監督・監視する公的機関が必要であり、相当額のモニタリングコストを社会が負担しなければならない。また、直接的規制は強制力の点では優れているが、状況変化に迅速に対応することが難しく、硬直的あるいは画一的な適用、いわば「規制のための規制」に陥る危険性が存在している（向山［2003］157頁）。直接的規制の場合には汚染者は定められた排出限度まで排出量を削減すればよく、それ以上に削減を図ろうとするインセンティブは存在しない。しかし、経済的インセンティブに訴える経済的手法であれば、汚染物質の排出が続く限り経済的にマイナスに作用するので、汚染排出を一層削減する継続的なインセンティブを汚染者に与える（清村［2006］20頁）。

例えば、「税・課徴金」方式として、欧州諸国でいち早く導入された炭素税や排出課徴金等が挙げられる。これらは、環境を破壊したり、汚染したりする物質・行為に対して金銭的な負担を求め、マイナスのインセンティブを与えることによって、汚染行為を止めさせ、汚染物質の排出量を削減しようとするのである。このほか、「助成措置」では、例えば低公害車に対する自動車取得税の軽減、公害防止施設など特定資産の特別償却や準備金のように、環境の破壊や汚染を抑制（削減）する物質・行為に対して補助金、税制上の軽減措置、低利融資を与え、プラスのインセンティブを与えることによって汚染物質の排出量を削減しようとする。また、「デポジット制」では、製品本来の価格に預託金（デポジット）を上乗せして販売し、製品の使用後、それが所定の場所へ戻されたときに預託金を返却する。さらに、「排出権取引」では、汚染物質の排出許可量（権利）を各個人・各企業に割り当て市場で取引させることにより、実際の排出量が割当量を超過する場合、その分だけ排出権を購入しなければならないので、排出量削減へのインセンティブを与えることになる（清村［2006］16頁）。

こうした手法は経済的インセンティブに訴えるという意味で、人間本来の行動様式に沿っており、かつ直接的規制の場合に必要であった監視のための社会的コストが相対的に低く済むことから、コスト効率的である[14]。しかし、経済的手段も導入に当たっては法律や条例によってある程度強制される裏付けが必要であり、さらに市場メカニズムを監視する機関は当然に必要となる。また、課された課徴金や税は製品価格に転嫁されることから、ある1国のみで環境税を導入すると、厳しい国際競争にさらされている企業の国際競争力に影響を及ぼす可能性がある。この点は経済的手段の導入に際して実務界からの反対の根拠として強く主張されている（向山［2003］157-158頁）。

ハ．情報開示

直接的規制と経済的手段以外にも様々な環境対策が考えられ、その中でも情報開示による規制手法は、直接的規制・経済的手段に続く第3の有力な環

14　例えば温室効果ガスの抑制を巡る京都議定書では、市場メカニズムを利用して直接的規制よりも安いコストで削減することを企図し、排出権取引（第17条）等を国内の削減努力の補助的手段として採択した（村井［2006］187頁）。

境政策手段となる[15]。環境汚染物質排出・移動登録制度（PRTR）や環境報告書などによる環境情報開示は、外部（社会）の目を通して企業へのチェックを可能にする一種の間接的規制である。他方、企業による情報開示は、自らの正当性を証明するための最も有効な手段の1つとして、企業が揺るぎかけた社会とのバランスを修復し、社会からの有形・無形の新たな信頼や承認を得る活動となる[16]。そこには監視主体となり得る利害関係者との緊張関係が基礎にあり、社会の側からの要請・批判的な関心があることを起点に、企業は宥和化のために情報公開という手段を積極的・戦略的に用いて利害対立に対処するインセンティブが生起する（向山［2003］107、110-111頁）。なお、こうしたメカニズムについては、次章以降にNPO（NGO）との関係で掘り下げて考察することになる。

4. CSR情報開示とコーポレート・ガバナンス

(1) コーポレート・ガバナンス論との関連性・非関連性

開示目的の1つである企業の自己抑制機能を効果的・実効的に引き出すには、どのような開示アプローチを選択すべきであろうか。この点は、ステークホルダーの要求を会社においてどのように取り扱うべきかという問題とも関連し、その前提としてコーポレート・ガバナンス論におけるステークホル

15 このほかにも、①枠組規制的手法（直接的に具体的行為の禁止、制限、義務付けを行わず、到達目標や一定の手順や手続を踏むことを義務付けることなどによって規制の目的を達成しようとする手法）、②自主的取組手法（事業者などが自らの行動に一定の努力目標を設ける自主的な環境保全取り組み）などがある（環境省［2001］77-78頁、清村［2006］25-26頁）。

16 企業の自発的企業開示行動の説明仮説の1つに、社会の不支持や規制強化の回避に向けた「正当性理論」（legitimacy theory）があり、組織が存続するために組織自身が社会の価値システムと合致して活動していることを示す必要があるとする（Gray, Owen and Adams［1996］（山上ほか［2003］68頁））。社会的アカウンタビリティの履行という側面を重視する「アカウンタビリティ理論」、あるいは影響力の大きなステークホルダーへの開示を重視する「ステークホルダー理論」からも、「正当性理論」と同様の帰結が導かれ得るが、これらの説明理論は完全に独立したものではなく重複した部分が多いうえ、論者の目的に依存して最も有力と思われる理論が提唱される傾向があるとされる（國部［2012］248頁）。

ダーの位置付けを明確にしておく必要がある。

コーポレート・ガバナンス論における古典的な議論の１つは、「会社は誰のものか」というものである。株主だけとする立場から、株主と利害関係者を同列に論じる立場まで幅があり得るが、この点は、株主のみならず、債権者、従業員、顧客、取引先企業、地域社会等のステークホルダーへの貢献が、ひいては株主利益に長期的には寄与するとの理解が一般的ではなかろうか。こうしたアプローチは、多様なステークホルダーの利害と権利に配慮し企業価値の実現に向けて経営をコントロールするという考え方であり、シェアホルダー・アプローチと対立する概念ではない[17]。短期的な株主利益の追求が他のステークホルダーにコストやリスクの負担を転嫁するのであれば、企業の長期的価値を犠牲にしてしまうからである（首藤・竹原［2007］6、11頁）。

他方、「会社は誰のものか」という議論と、「社会的実在としての会社が如何なる社会的規律を受けるべきか」との議論は必ずしも同一ではない。会計情報を補足・補完するリスク情報等の非財務情報は、株主のための情報開示拡充と比較的明瞭に位置付けられる一方、CSR情報は直接的には利害関係者のための情報開示であり、それがひいては株主利益にも寄与するとの仮定は自明なものとはいえない。むしろ企業は社会の中に実在する主体として、経済取引以外にも社会的影響力をもった存在であり、その社会的実在性故に社会的責任が問われると解するのが自然であろう（成毛［1970］28頁、板倉［1975］22-23頁、奥村［2006］113頁、首藤・竹原［2007］7頁、張［2008］7頁）。企業は社会というフィールドの下に存在するが故の内在的行為制約を

17　コーポレート・ガバナンスの議論において、株式会社は法人であり株主の所有物ではなく、株主主権論自体が理論的にも現実の制度から考えても誤っているとの立論（例えば、岩井［2000］［2005］）からは、法人は自然人同様、誰かに所有される存在ではなく、法制度上も株主の権限は制限され、取締役の裁量が大きく認められているとする（岩井［2000］259-261頁）。また、グローバルな視点を有する経済人からも金融危機の教訓を踏まえつつ、岩井教授と類似の問題意識で「公益資本主義」（原［2013］）といった株主主権論に疑義を呈する見解も示されている。これらの立論は、株主が短期主義に傾斜した場合の批判として、あるいは企業の外部性克服に向けた社会的責任への警鐘として、金融危機後の国際的な問題意識とも大きく乖離するものではないとも言え、株主主権論に立脚したとしても、サステイナブルな長期的企業（株主）価値を実現していくことは可能（その限りでは上記立論とも整合的）と考えられる。その結実が、第５章で論じる統合的思考に基づく経営であって、それは長期的視点での価値創造と不可分で短期志向の経営姿勢とは本質的に相容れないのである。

受ける主体であり、そうした企業の社会的存在としての写像情報を、利害関係者は求めているのである。

そうした制約のうち最も可視的な規範は法令（ハードロー）であろうが、そこに至らないルール、慣行、社会常識といった諸規範（ソフトロー）も、法の力によってエンフォースされなくても企業等の行動に影響を及ぼしている。会社が社会の中で行動し影響を与える以上、一定の行為制約を生じ、企業経営のある局面では営利追求と社会的責任が両立しない場面が生じ得る。法的規制の範囲内での利益追求であるべきは言うまでもないが、そこで法律による行為制約を離れれば離れるほど問題は倫理に近づく（向山［2004］36頁）。価値観、倫理観に根差し、その実現を目的とするCSRについては、企業価値の最大化を目指すコーポレート・ガバナンスの概念とは異なる場所に位置する（小口［2004］53-54頁）。

CSRにおける社会的利益（法益）の重要性・切迫性、開示情報の特定性・具体性が高い場合には、法令による開示規制により規制目的を達成する必要性が高い。一方、経済的利害に絡んだ事項であったり、法益に対する脅威が具体的に特定されていない場合には、経済性と社会性という二面性故に漠然としたイメージがつきまとう領域となる。そうした領域には、倫理やモラルを基軸とするアプローチのみでは、その帰結の曖昧さに対する疑念を払拭できない。倫理や経営者意識の改革といった掛け声だけに終わらせないためには、開示内容によってはCSRを経営戦略として、経営者の経済的インセンティブを明示的に取り入れたプラグマティックなアプローチをも活用すべきであろう（首藤・竹原［2007］7-8頁）。

社会的要請への戦略的対応と捉えると、CSRは企業に短期的な経済的損失（コスト）を伴うとしても、より高い配慮（社会的利益）によって正当化され得る。そこでは、長期的な企業価値追求を目的とする経営者は、企業活動が社会・環境に与える影響を適切に把握しているか、社会・環境への対応に関する経営者の考え方を経営方針に組み込んでいるか、方針を実際に社内体制に組み込んでいるかについて、十分に把握し適切に対応しなくてはならない。こうしたアプローチは、一定のCSR情報領域において企業の戦略と直結し、CSR活動の実践的課題を明らかにする有用なツールとなる（首藤・竹原［2007］9頁）。この点は、以下に述べるように、CSR開示先進諸国の経験からも明らかである。

⑵　CSR 開示先進諸国での議論・経験

イ．オランダ

オランダにおいて、企業の社会的責任論は長年にわたる歴史的経緯があり、古くは19世紀末には産業界の自発的なサービス拡充に向けた取り組みもみられた。第二次世界大戦後には、国家的社会保障制度の導入に伴い、社会的責任を負うビジネスの焦点は、自社企業の従業員に対する社会サービスの提供から、会社の枠を越えた社会問題に移行した。その後、1960年代における環境汚染問題の発生に伴い、1971年に厚生・環境衛生省が設立され、種々の環境立法・規則が制定された。しかし、長年にわたる環境規制の経験を経て、実際のところ環境面での成果向上への企業の態度はむしろ硬直的なものになるなど、政府規制の有効性の限界が明らかとなった（Habisch et al.［2005］pp.87-88）。

政府は、産業界の前向きな行動をより引き出していくことを推進するため、自己規制と呼ばれる新しい原理を普及させた。この原理の本質は、環境問題を解決する手助けが責務であると企業に気付かせることによって、環境に役立つ行動を助長することである。1990年代以降、この方針は、産業界の主導的な取り組みを鼓舞することを狙った政府の全般的な原理・原則となった。環境団体は産業界を本来的に敵とみなしオランダ政府に規制を強める圧力をかけてきたが、1980年代後半から徐々に潮目が変わってきた。これらの団体は、政府により立案された政策に影響を与えようとすることに代えて、個々の企業に自らの責任を受け入れるよう直接的に要求することに精力を注ぎ始めたのである（Habisch et al.［2005］pp.88-89）。

1990年代に入ると、企業の社会的責任については、政府によって設定された限界の下で、民間部門には目標を達成する手段に関し、より多くの自由が与えられた。オランダ人は一般に社会的意識が高く、こうした土壌の下で自由・社会民主連合の連立政権も企業の社会的責任を積極的に促進し、この分野の率先者に財政的援助を厭わなかった。過去において、企業の社会的責任は厳正な規範や価値観によって鼓舞され本来的に「ビジネス倫理」に焦点が合わされていたが、社会一般に相対するビジネスの立場を組み入れる戦略的な特徴を次第に獲得していった。オランダの伝統的な社会・政治的意思決定システムである「ポルダー・モデル」は、合意に達するためにお互いが交渉しなければならない多様な組織の参加に基礎を置いており、これに根差した社会・政治的風潮も、様々な利害関係者を企業の社会的責任に積極的に関わるよう促す原動力となった（Habisch et al.［2005］pp.89-90）。

その後、経営者団体や労働組合、個人等から成るオランダ社会・経済評議会（SER）が、2000年12月に「企業の社会的責任—オランダの方法」と題する答申を出し、会社の社会的な活動は企業の運営方針と不可分の要素であるとした。これを受けて政府は、2001年3月に「企業の社会的責任：政府の視点から」と題する文書を発行し、SERの主要な方針を支持するとともに、産業界における企業の社会的責任への刺激・促進を率先して行うため、企業の社会的責任に関する知識や情報の発信拠点を整備した。またEU会計法現代化指令履行の必要もあって、政府は企業の社会的責任に関する企業の年次報告を支援するため、2003年9月には年次報告ガイドライン400が整備された[18]。こうした動きに呼応して、オランダの産業界は、自らの日々の事業慣行の中に、企業の社会的責任を「統合」し始めたのである（Habisch et al.［2005］pp.90-95）。

ロ．イギリス

イギリスにおけるCSR情報開示に影響を与えた重要な立法に、1995年年金法の1999年改正（2000年施行）がある。同法により企業年金基金は、投資方針書の中で、投資の選択・保有・売却に当たり、社会・環境・倫理的な考慮を払っているかどうかを表明しなければならないとされた。これは、年

18　オランダでは、企業会計に関する枠組み法である民法に詳細な開示規定がないことから、これを補完するため、会計基準設定主体である年次報告審議会が、CSR情報開示の詳細を年次報告ガイドライン400（R400）で定めている。そこでは、「CSR側面の情報」と題する開示規定（117-123項）が置かれ、CSR情報の開示項目（121項）として、全般面、環境面、社会面、経済面の4部構成において例示項目が列挙されている。本来、CSR情報は年次事業報告において開示すべき情報であるが、通常はCSR報告書が別途作成され、こちらの方がより詳細であるために、CSR報告書を利用した開示も認めている（120項）。また、「持続可能性ガイド」も公表されており、内容的にはGRIガイドラインの考え方が反映されている（日本公認会計士協会［2006］22-24頁）。

金基金にSRIを義務付けたのではなく（SRIの実施につき強制力をもつものではなく）、多様な社会・環境・倫理問題の考慮が具体的に何であるか、一律に規制をかけることは困難であるため、その価値判断を基本的に年金基金サイドあるいは市場による解決に委ねたのである（今福［2004］21-22頁、首藤［2004］22頁）。

また、1998年に始まった会社法の再検討に関連して、OFR（Operating and Financial Review：営業・財務概況）という記述情報に関し、会社法への開示規定導入も議論された。当時、会社法改正は40年振りという大改革であり、学識経験者等からなる会社法検討委員会（CLRSG）が組織され、「ステークホルダー問題」が諮問された。消費者、地域社会、取引先等のステークホルダーを保護できるような会社法制が検討されたが、最終報告書は、株主以外のステークホルダーも並列的に扱う「多元的アプローチ」（pluralist approach）は採用しなかった。あくまでも企業統治の中心的役割は株主に担わせながら、取締役がより広範かつ長期的視点から責任を果たすことによって、間接的に株主以外のステークホルダーを保護する「啓発された株主価値アプローチ」（enlightened shareholder value approach）を選択・答申したのである（CLRSG［1999］pp.39-42）。OFRには、こうした考え方が反映され、当初、企業に対するCSR情報の開示は義務付けられておらず、あくまで自発的開示に委ねられた（上妻［2005］117頁）。

このようにイギリス政府は、CSRへの監視を強めながらも直接的な規制を回避し、その解決を基本的に市場メカニズムによるガバナンス機能に委ねる一方で、政府の役割を間接的な統制手段として自主的開示を促す枠組みの整備に限定して、CSRに関連した開示水準の改善を促進するという手法を当初は選択したのである（古庄［2004］26-27頁）。そうした枠組みを堅持しつつ、さらに開示の実効性を高める観点から、OFR導入に向けた2005年規則[19]によって会社法が一部改正され（2005年3月施行）、自発的開示ではなく、上場会社の年次報告書にはOFRの開示が義務付けられることになった。これを受けて、会計基準設定主体であるASBは、OFR作成基準として

19　The Companies Act 1985 (Operating and Financial Review and Director's Report etc.) Regulations 2005, SI 2005/1011.

「報告基準第1号：OFR」を公表した。

そこでは、ロンドン証券取引所、NY証券取引所、NASDAQに上場しているイギリス企業は、年次報告書の一部であるOFRに、財務報告書に加えて、「環境問題に関する情報（当該企業の事業が環境に与える影響を含む）」、「当該企業の被用者に関する情報」、「社会及びコミュニティの問題に関する情報」を含めることを求められた。そして、これらに関する当該企業の方針と、それらの方針がどの程度実現しているかについての情報を開示すべきことも義務付けられた。さらに、適切な場合には環境問題と被用者問題に関するパフォーマンス指標などの分析を含めなければならないとされた。

この改正は2005年4月1日以降に開始する会計年度より適用されるはずであった。しかし、産業界や政府内部からも強い反対があり、保守党は、総選挙での勝利を条件に、規制緩和法案を提出して広範囲な規制廃止に取り組む方針を公約し、その中で、取締役の責任を増大させ上場企業に過大な負担を及ぼす規制であることを理由に、強制的なOFR開示を廃止するとした。結局、2006年1月にOFR開示規制の廃止法（SI 2005/3442）が制定され、OFRはまた任意の開示書類に戻った[20]。これは、EU指令の範囲を超える規制を巡り、開示コスト抑制、ひいては国際競争力確保という産業界の要請に、ブラウン政権が配慮したためであるとされる（上妻［2008b］63頁）。

結果として、OFRは上場会社用ビジネス・レビュー（BR）に変質したが、その後、NGOを中心とした巻き返しもあり、上場会社用BRに再度、CSR情報開示規定を盛り込んだ会社法が2006年11月に制定され、2007年10月以降の事業年度から適用された。BRは取締役自らが行う事業活動の説明・分析であり、そこでは、事業概況や主要リスク・不確実性に関する情報（第417条3項）だけでなく、年度中の事業経過・業績、期末状態に関するバランスのとれた包括的分析（同条4項）、それらを理解するのに必要な範囲で財務的KPIや環境・従業員に関する非財務的KPIによる分析（同条6項）、財務諸表の関連・補足情報（同条8項）を開示しなければならない。上場会社の場合には、さらにCSR関連事項（同条5項）の開示が求められた

20　そこで、ASBは「報告基準第1号：OFR」を名称変更し、OFR報告意見書（Reporting Statement: Operating and Financial Review）として再公表した。

(上妻［2008b］48-54頁)。なお、2013年には「戦略報告書」を目玉とした会社法の開示規制改革が行われるに至るが、この点は第4章において統合報告を論じる中で詳しく触れる。

5．CSR情報開示を巡るハードローとソフトローの射程

⑴　直接的規制を情報開示が補完する場合

企業のインセンティブ活用が有効だとしても、どのような場合にソフトローに委ねるべきであり、逆に規制目的の達成に向け、どのような場合にCSR情報開示規範をハードローとして定立すべきであろうか。まず、行為の事前抑制に向け直接的な規制目的の達成を側面から支援するため、直接的規制の「補完」として、開示規制対象(ハードロー)とすること自体に有効性が認められる場合がある。例えば、アメリカの不正支出防止法などでは、罰則の定められた違法行為として具体的に特定された情報が、直接的規制で規律付けしている状態に加え、補完関係として開示も求められた。本来違法なものを、それを現に行っている企業に開示させることに疑問を呈する立場もあるが(河本［1978］429頁)、直接的規制の補完効果が認められるのであれば、それを排除する理由はないであろう(神崎［1978b］30頁、龍田［1982］134頁)。

わが国においても、無償でした利益提供に関する情報開示[21]がみられるほか、2005年改正前の商法施行規則において、不正支出の防止のための販売費や管理費の明細の開示が求められていた(片木［2008］13頁)。また、金融商品取引法改正により2008年4月に施行された内部統制報告・同監査制度においても、会社法で内部統制構築義務が規定されている中で、財務報告に限定されているとはいえ内部統制報告の開示を求めるのは、その開示情報の市場関係者にとっての有用性や、監査の前提としての必要性といった視点も

21　この規定が1981年商法改正で議論された際、経済界が消極的であった論拠は、そのような情報は投資判断に当たって重要ではないということに求められていた。しかし、商法が開示を求める趣旨には、株主の監督是正権の行使の機会を確保することも含まれ、そのような観点から開示の必要があるというものであった。

さることながら、そのことにより経営者の自己抑制効果、ひいては会計不祥事予防という規制目的の達成を側面から補完し得る機能にも着目してのことであろう。

また、伝統的にハードローによる直接的規制に重きを置く労働法等においても、努力義務のような行為規範を定めている場合がある[22]。これは、国家が作成した規範でありながら、その法執行（エンフォースメント）を国家自ら行うことは予定されておらず、各主体の自発的な遵守や社会的な慣習等を通じたエンフォースメントに任されている（藤田［2006］6頁）。その意味では行為規範自体はハードロー（エンフォースメントのある規範）とは言えないが、このような場合に、ディスクロージャーを用いて、行為規範の遵守を補完的に高めることが可能ではなかろうか。そうした開示規範は、ハードローとして具体的かつ明確に定立することが望まれる。

例えば、障がい者法定雇用率の達成や途上国下請会社の違法労働問題等に関し、雇用主ないし発注国企業に強制力を伴う行為規範を設けることが仮に難しいとしても、開示規範を補完的に活用する余地は大きいと考えられる。とりわけ障がい者雇用については、法定雇用率未達成企業名の一律公表（あるいは企業への開示義務付け）は現状行われていない[23]が、（エンフォースされないとはいえ）法定雇用率達成という行為規範を掲げておきながら、開示規制（ハードロー）による規律付けを積極的に併用しないことは、理論的な観点から大いに疑問が残る。開示規制によって対処されたため、本来、直接的規制とすべき強行的規範の確立が遅延ないし阻害されるという危険に十分留意しつつ、最適な手段を選択する必要がある。他方で、実現しようとする価

22 例えば、1960年の「障害者の雇用の促進等に関する法律」（以下「身体障害者雇用促進法」）の下で、障がい者雇用率は努力目標とされた（法定雇用率未達成企業に対しては納付金が徴収される）。このほか、「環境配慮促進法」と呼ばれる「環境情報の提供の促進等による特定事業者等の環境に配慮した事業活動の促進に関する法律（平成16年法律第77号）」が2005年4月から施行されており、特定事業者は環境報告書について、自己評価、第三者審査等によりその信頼性を高めるよう努めるものとし（法第9条第2項）、さらに、審査を行う者は独立性の確保、審査実施体制の整備、審査従事者の資質の向上に努力するよう規定している（法第10条）。

23 厚生労働省では、「障害者雇用促進法」に基づき、障がい者の雇用状況が特に悪く、改善が図られない企業の名称を毎年度公表しているが、毎年、ゼロから数社、多くても一桁台の公表に止まっている。

値や規範が多様化・複雑化してくると、その実現に向けた手法も多様化せざるを得ず、ワークライフバランスなどはベストプラクティス（ソフトロー）によって奨励すべき事項と考えられる（労働政策研究・研修機構［2007］9頁）。

(2) 直接的規制を情報開示が代替する場合

情報開示が補完的に併用される場合のみならず、直接的規制を情報開示が「代替」する場合もある。CSR 関連情報には、明確に違法と認定できるもののほか、違法であるかもしれないもの、非倫理的であるに過ぎないものなど、その規範的性格は種々であって幅があり得る。その際、CSR の内容に関する判断が利害関係者によって多義的に解釈され得るような情報は、法的な行為規範の定立には馴染まず、代替的に、開示により多様な判断の下に分権的な規律付けを採ることが望ましい。この場合に、開示規範の選択（ハードローかソフトローか）はどのような基準に基づいて行われるべきであろうか。この点は、判断の多様性が予想される事柄にも階層性があり、CSR 情報開示の目的・対象・法益の違いに応じて、ハードローとソフトローの射程も異なってくると考えられる。

すなわち、開示規範の射程となる法益が、①生命・身体に関する安全・健康等の基本的人権に直接的・具体的に影響する可能性がある場合には、開示目的に応じてハードローにより開示を規律付ける必要性が大であると考えられる。一方、②それ以外の利害関係者の経済的利害に係る事項、あるいは倫理・地球環境・温暖化問題などテーマが広範であるが故に利害関係者の生命・身体等の足許の問題に直接的に結び付き難い事項については、経営機構のガバナンスにより開示面での善処を求める余地が大きく、画一的な開示規制を作ることは逆に企業の創意工夫ないし実務の発展を阻害する側面がある。このため、相対的に自由度をより広く認める必要があり、その分、ソフトローの機能する余地が大と考えられる[24]。以下、両者の違いをやや敷衍して述べる。

24　秋山・大崎・神作・野村［2004］21-22 頁（神作発言）に示唆を受けた。

イ．生命・身体的損害に関係し情報が特定される場合

利害関係者の生命・身体・健康等の人権に直接的に影響する場合には、規制当局の関心事項でもあることが多く、規制目的がより明確であると考えられる。こうした場合には、情報をある程度具体的に絞り込む形で、企業に情報選択の裁量が乏しい開示ルールを設定することが必要であろう。こうした情報は、具体的に特定されるほど企業にとってネガティブ情報としてのインパクトは強まるため、この開示行為自体を企業の自主性に委ねた場合には、「囚人のジレンマ」によるすくみ状態から開示が進展していかない懸念が残る（Harvard Law Review Association［2002］pp.1433-1455）。企業を囚人のジレンマから解放し、他社との関係で自社のネガティブ情報を開示することへの躊躇を解消するためには、特定された開示項目をハードローとして法定化することが必要であろう[25]。

また、投資家にとっても、開示が法定化されていないと「囚人のジレンマ」に直面しかねない。すなわち、すべての企業が社会的責任の水準を高めると、社会全体では以前より好ましい状況になるとしても、一部の個人投資家は他の投資家に新しい（社会的に望ましい）投資方針を採用させる一方で、自分はその採用に伴う費用を負担せず短期的に利益を得ることができるかもしれない。このため、そうした状況の予想の下に、本来費用負担に肯定的な投資家もその実施を躊躇してしまう可能性があるのである。

法制化された環境リスク開示の1つとして、PRTR（Pollutant Release and Transfer Register：環境汚染物質排出・移動登録制度）を規定する「特定化学物質の環境への排出量の把握等及び管理の改善の促進に関する法律」が、2001年から実施されている。同様の規制はOECD加盟国で積極的に推進され、アメリカでは1988年にTRI（Toxics Release Inventory：有害物質排出目

---

25 他国に比べて開示を進展することによるコスト増、これによる企業競争力維持の観点から開示に消極的になる効果は、多国間での囚人のジレンマ状態と言える。こうした状況を改善するには、例えば銀行業界におけるBIS規制「第3の柱」における開示拡充に向けた取り組みと同様に、国際的なプラットフォームの下で国際的に整合性のとれた規制を設定することが必要である。なお、BIS規制においては開示規制のあり方を巡っては過去に議論があり、すべてを銀行への白紙委任、自主規制に任せるという選択は、実効性の点で採用されなかった一方で、項目を絞り込むなど開示規制負担にも一定の配慮がなされた経緯がある。

録制度）として、さらに1992年にCRI（Chemical Release Inventory：化学物質排出目録制度）として導入されている。オランダでも1974年の早くから導入されていたが、化学物質のリスクについて国際的に認識されたのは1992年における地球サミットである。その後、1996年のOECD理事会勧告により、加盟国は導入を促される結果となっている。自主的管理の促進を標榜し行政機関は排出量等の改善に向けた関与及び指導を行わない一方、虚偽の報告及び報告義務の不履行に対しては罰則規定が適用される（松田［2006］113頁）。

米国TRI等を範としたわが国PRTR法は、有害性の多種多様な化学物質が、どのような発生源から、どれくらいの量が環境中に排出されたか、あるいは廃棄物に含まれて事業所の外に運び出されたかというデータを把握・集計・公表する仕組みである。対象としてリストアップされた化学物質を製造・使用している事業者は、環境中に排出した量と、廃棄物として処理するために事業所の外へ移動させた量とを自ら把握し、行政機関（都道府県知事）に年1回届け出る義務がある。PRTR法において、集計データは請求を待たずに公開され、これらは電子ファイルであるため容易にアクセスでき、個別の事業所データについても情報公開法と比較すればより廉価で容易に入手できる。

PRTR法は、従来の直接的規制手法では化学物質のリスク管理には限界があることから、事業者の自主的管理促進も含め、情報公開により化学物質管理を促進することを目的としている（法第1条）。行政及び市民は、情報に基づいて環境に関する状況を評価することが可能となる。他方、事業者は、環境中への排出が記載されている化学物質だけではない多種多様な化学物質を含め、様々な箇所からの排出量を自ら把握し、その結果を同業他社等のデータと比較することによって不要な排出の抑制や原材料の代替物質への転換などにより、環境負荷の少ない製造工程への転換を促進することが可能となる（織［2004］20-21頁）。なお、PRTR制度は、直接的規制を代替する開示制度の下での自主的管理手法として、虚偽報告や報告義務不履行に対する罰則規定を設けている以外、情報の信頼性担保に向けた法律上の仕組みを設けていないが、データの精度が何らかの形で担保されなければ、制度そのものの信頼性も揺らぎかねない点には留意しておく必要があろう[26]。

ロ．経済的利害等に影響し情報が具体的に特定できない場合

他方、経済的利害に関係する事柄、あるいはテーマの広範性故に利害関係者の生命・身体等への侵害に直接結び付き難い事項については、開示すべき内容自体が数量的・記述的に特定されていないことが多い。このような場合、真実は究極的には企業の懐にあるとしても、無理矢理引っ張り出して効果を高められるものではない。オランダの例をみるまでもなく、規制を強めれば強めるほど企業を一層萎縮的・防御的にしてしまう側面がある。開示規制を強行したとしても、企業経営者の裁量的情報選択の下では、企業競争力の観点からのコスト意識もあって、情報内容の具体性の希薄化を招来し、規制対策として見かけや形ばかりの対応に陥ってしまいかねない。結果として、制度が形骸化（ボイラープレート化）し、運用実態として実効性に乏しいものとなってしまう。こうした領域については、開示の実効性を高めるプラグマティックな観点から、コーポレート・ガバナンスの枠組みにおいて、経営者に開示インセンティブを付与していくアプローチが有用と考えられる。

ただ、こうした分野においても当局の関与が全く不要というわけではない。社会的責任に関する社会の規範意識、土壌に乏しい状態で如何に自主的な取り組みに期待しても難しい面が残るので、まずは自主的開示を促すインフラ整備の一環として、そうした土壌形成に向けた政府・規制当局の介入的でない啓蒙的・触媒的役割が推奨される[27]。企業の自主的な取り組みがより促進される方向で、政府は民間中心の取り組みを補完的に支援していくことが重要である。CSRがどのような考え方を基礎とし、どのような内容や効果を持つか、さらには効果的に取り組むためにはどのようなことを実践すれ

---

26 行政当局は、2008年5月に「PRTR目安箱」を設置し、PRTRデータの信頼性や届出等に係る問題について、広く国民から情報を受け付けており、情報内容を踏まえたうえで適切な検討を行うとしている。

27 例えば、イギリスにおいて、政府のCSRに関する立法を通じた関与は、基本的に間接的・抑制的であり、政府は、様々な自発的取組みを媒介し、支援するという役割に重点をおいていた。自発的取り組みのためのガイドラインは、企業の行動改革に焦点を当てるものがほとんどであり、具体的に事業の中にCSRの考え方をどのように反映させるのかは、各企業に委ねられた。また、政府はCSRの推進役を自認し、CSR担当大臣や担当部局を置き、2005年には「CSR国際戦略枠組み」を公表して政府の方針を示すなど、側面支援的役割も果たしてきた。

ば良いのかといった点を整理し、普及・広報することが望ましい。

実際、わが国でも、環境庁（現環境省）は、1999年に環境会計のガイドラインとなる「環境保全コストの把握及び公表に関するガイドライン―環境会計の確立に向けて―(中間とりまとめ)」を公表し、これを契機に多数の企業がその導入を図った。この年をもって「環境会計元年」とされるが（勝山［2006a］4頁)、その後も、2000年に「環境会計システムの確立に向けて」、2002年に「環境会計ガイドライン」が公表され、環境報告書を公表する企業も大幅に増え続けた。これは国際動向に対応したものではないため、この時期に、環境報告書を公表する企業が急増しているのは日本だけのことである（中野［2006］67頁)。

環境省等の施策は、法的なものではなく、報告書作成の手引きとなるガイドラインによる奨励に止め、あくまで企業の自主性に立脚したものである。もとよりガイドライン等は強制力をもつものではないが、環境省という公的機関によるものであったため、大きな影響力を及ぼすことになった（中野［2006］67頁)。また、啓蒙・教育としても、当時の環境庁が1986年に環境教育懇談会を作り、当時の文部省も環境教育指導資料を作成し教師への講習会を開催したほか、2004年10月施行の「環境保全・環境教育推進法」において、企業や非営利組織、学校などに環境改善教育を実施する努力を求めた(勝山［2006b］12頁)。

ただ、わが国では、環境報告書も含め開示CSR情報は、同業界他社の動向を横目で眺めつつ、PR色の強い情報が開示される傾向にある。企業のPR合戦では比較情報として全く役に立たないものとなってしまいかねず(秋山・大崎・神作・野村［2004］18頁（大崎発言)、森［2004］42頁)、場合によっては意図的とも思われる情報の選択、恣意的な情報の垂れ流しになりかねない危険性もある（上妻［2006b］137頁)。開示目的に照らして重要な情報が分かりやすく表示され、冗長な情報の洪水にならないように、報告書のさらなる質的改善を展望するうえで、各企業や業界団体等の行動規範という形で実体化された「下からの」ソフトローの多様性を糾合するような、管轄の違いを越えた行政等による統一的な「上からの」ソフトロー[28]のイニシアティブも呼び水として有効かもしれない[29]。さらに、CSRの理解に関するコンセンサスや社会的成熟を促すドライビング・フォースとして、行政による啓蒙的役割のみならず、より基本的には、欧州にみられるようなNPO等市民レベルでの社会的正当性の監視も重要と考えられるが、この点は次章以降で詳しく論じる。

6. おわりに

本章では、利害関係者をも意識したCSR情報の開示規範問題を採り上げ、直接的規制を補完・代替する開示規範の役割、コーポレート・ガバナンスとの関係を念頭に、開示情報の保護すべき法益の違い、開示情報の硬度等に基づいて、それぞれが規律すべき射程を論じた。すなわち、CSR開示規範には階層性があり、①法的な行為規範を補完的にハードローとしての開示規定で律する場合、②定立された行為規範はないが、生命・身体等の重要な法益に直接影響する情報をハードローとしての開示規制で律する場合、③その他の法益で情報も具体的に特定されておらず、コーポレート・ガバナンスの枠組みないしソフトローとしての開示規範で律する場合等を識別し、ハードローとソフトローの機能と限界、協調関係、役割分担を中心に論じた。

規制手法としてのハードローとソフトローの選択は、基本的に執行の確実性と執行費用とのトレードオフによって決まる。ハードローでは執行費用は高いが執行は確実であるのに対し、ソフトローでは執行費用は低いが執行は必ずしも担保されない（瀬下［2006］3頁)。他方、規制すること自体に内在する問題点[30]と裏腹であるが、ソフトローにおける独自の利点も見逃せない。第一に、一般にハードローによる規制が概括的・一般的になりがちなの

---

28 「上からの」ソフトロー、「下からの」ソフトローについては、神田［2005］4頁に依る。

29 また、一般的な整理に加え、実際に取り組みを実践的に進めている国内外の企業の先進事例を収集し、その効果を積極的に紹介していくことも有効な手段の1つとなろう（経済産業省［2004］41頁)。

30 開示内容を規制により強制する場合には、①開示内容・様式が規制法の目的に特化して一般性を欠く、②開示内容・様式に関する基準が標準的になり対象の個別性に配慮できない、③開示の程度を規制水準に固定化するので開示実務の発展を阻害する、④規制主体にも個人にもコスト負担を強いるなどの問題がある（上妻［1993］32頁)。

に対して、ソフトローによればきめ細かく柔軟に対応でき、裁量的な対応が必要な場合には、柔軟性ゆえに試行錯誤しながら機動的に修正することが可能であり、うまくいかなければ廃止することもできる。第二に、任意性が強いため、経営者にとっては自主的にルールに従っているという方が気分が良く、立法によって強制されるより、経営者が遵守するに際し、そこに臨む精神性が、ソフトローの方がより包括的、全体的であると言える（アイゼンバーグ［2006］17頁）。

CSR情報には経済や社会の変動または国際的な慣行の変化によって変わり得るものが含まれている限りにおいて、直接的規制のような硬直的な手段によって規律するよりも、開示規範によって規律する方が柔軟に対応できる。CSR開示分野におけるソフトローには共通して、企業が社会的実在として利害関係者のニーズに対応しようとすることから特定の規範が発生し、その規範は利害関係者の属する社会的意識・価値観に応じ時代・経済環境・国に応じて可変的であり、ソフトローからハードローに発展したり古いソフトローを新しいソフトローが克服ないし補強する形で変化する[31]。そこでは、デファクトスタンダードの形成を先行させる過程で、立法事実の形成となる知見の集約、その実証実験効果等を基礎にハードローの形成にも影響を与え得るのであり、その意味では両者には相互補完性が存在している（三苫［2007］50頁）。

翻って、当局によるエンフォースメントが存在しない中で、ソフトローとして企業行動を促す規範的メカニズムとしては、開示面における虚偽や不作為が判明した場合の自社株価等への悪影響を経営者が懸念してのことが多い。すなわち、コーポレート・ガバナンスの枠組みでソフトローの展開を考える場合には、本質を明確にするため割り切った言い方が許されるとすれば、経営者の行動を支配的に規定するのは、環境商品の差別化や採用市場でのプレゼンス向上など究極的には利潤動機である。そこで機能するソフトロ

31　CSR情報開示をハードロー、ソフトローのいずれで設定可能かは、社会の受け入れ土壌によっても左右される。北欧・中欧諸国など欧州の幾つかの国では、試行錯誤を経て経済的インセンティブを重視しながら直接的規制を情報開示が代替する中にあって、ソフトローによる開示規律からハードローによる開示規制への移行する国もみられる。

ーは規範の柔軟性や迅速性、適合性、さらには低コストをもたらす源泉ともなり得るが、企業レベルのアプローチでは、規範の発展・実行等については、包括的かつ整合的な枠組みではなく個々的な対応をもたらすに過ぎないともいえる[32]。

同時に、ある行動パターンの集積としてのルールが、自生的なもので効率的であるということであれば、それを社会規範と呼んだところで、人間は合理的に行動することの言い換えでしかなく経営活動そのものの同義反復に過ぎない（中里［2004］7 頁）。北欧・中欧諸国のように社会との伝統的関係性の下で企業経営が規律付けられるような局面においては、ソフトローによる規範と言えようが、利潤動機を介在させたインセンティブ付与による規律付けがプラグマティックな便法だとしても、合理的・効率的だから従うとすれば、それをソフトロー（規範）と呼ぶ意味はあるのか[33]（中里［2004］5 頁）との疑問も残る。こうした問題意識も念頭に、次章以降では、外部不経済の内部化に向けた社会的により望ましい開示均衡の実現に向けて、企業の規律付けに資する枠組みの分析を深めていくこととしたい。

32 企業レベルのアプローチでは、サプライサイドの環境保護や労働者保護の基準の発展に関わるリスク・機会・障害・解決のいずれも、もっぱら私的部門の事情によって制約されざるを得ない（神作［2005b］30 頁）。

33 利潤動機に基づく当たり前の企業活動を敢えて CSR と呼称することの含意を論じた文脈において、「道徳を装った宣伝」（奥村［2006］2 頁）との厳しい指摘もみられる。

第2章

CSR規範形成過程における NPOの機能

1. はじめに

前章では、CSR（Corporate Social Responsibility）を巡る直接的規制と間接的規制（情報開示等）との関係性について考察し、CSR開示規範が直接的規制を代替する場合に、①生命・身体等に関係する事項、②経済的利害に関係する事項に整理したうえで、②の領域において、CSRを企業の経済的インセンティブに働きかけるアプローチが近年支配的になってきているが、そこに組み込まれた純然たる利潤追求動機をソフトロー（規範）と言い得るかとの疑問を残しつつ、章を結んだ。本章では、前章で言及した問題意識を出発点に、CSRをより実効的に担保するインセンティブ付与スキームとして、市民社会を基盤に生成するNPO[1]（Non-Profit Organization）の機能を重視する観点から、さらに考察を深めたい。

中長期的な株主価値に資するため、販売増や雇用の質確保、ブランドイメージ向上、投資の呼び水といったインセンティブからCSRを経営の枠組みに包摂する方向性は、プラグマティックな観点からの有用性は高い。しかし、こうしたアプローチは、社会的規制の開示による補完・代替という側面では本質的な限界を抱えている。その理由は、そもそも株式会社制度の下では、啓発された株主利益の追求を促すことはできても、ステークホルダーの要求を同時に満たす多元主義的アプローチは本質的に馴染まないからである。そうした制約の下で、例えば消費者にCSRをアピールするインセンティブは、消費財産業等が中心とならざるを得ないなどの偏りが不可避となる。このように純然たる利潤動機に基づくCSRには株式会社であるが故の固有の制約が存在することを認識の出発点に、社会的実在としての企業を社会的に規律付けるうえで、その限界をシステマティックにどう克服するかを論じることが本章の主題となる。

すなわち、考察の端緒としてまず強調されなければならないのは、人間の経済活動に求められる道徳的規範や倫理を企業に類推適用することは困難であるという点である。企業はあくまで営利を追求する器として構築されたものであり、その内面的な動機として、CSRを道徳ないし倫理として期待することは筋違いとなろう。もちろん、企業は多大な社会的影響力を持つ社会的実在として周囲と共存していく規範を共有する必要があると考えられるが、それは企業自身が人間におけると同じような意味での道徳規範を自発的に醸成すべきということではなく、あくまで企業の存立目的である営利目的と矛盾のないような形で、何らかのインセンティブ付けをしていく必要があるということに過ぎない。

企業の自主的対応のみでCSRを遂行することには限界があり、企業のさらなる対応を引出す梃子となる仕組みを構築する必要がある。企業に対する動機付けとして、企業にとってプラスのインセンティブ付与に限界があると

1 日本では公益法人に関する法律（民法）は1896年に成立しているが、市民活動団体の法人化が論じられるようになったのは、阪神淡路大震災におけるボランティア活動が契機であり（塚本［2004］257頁）、1998年に特定非営利活動促進法よりNPO法人は誕生した。同法の、ボランティアをはじめとする市民が行う自由な社会貢献活動が公益の増進に寄与する（第1条）という基本概念は、国家公益に代わる市民公益という新しい概念の萌芽として重要な意味をもった。その後、公益法人制度改革関連3法が2006年に成立し、民法に基づく主務官庁制度を土台とした公益法人制度は110年を経て新しい仕組みに変換されたが、NPO法人制度は従来通り存続することになった（山岡［2007］568、585、591頁）。

すれば、マイナスのインセンティブ付与により、企業のリスク管理ないしレピューテション管理に働きかけるルートについても考える必要がある。その際、CSRの基礎にある価値観は多元的であり、一律にハードローのような規制には馴染まない。真実は企業の懐にあり、CSRを遂行するうえで最も適切な方策を選択できる情報と能力は企業サイドにあるため、規制という形での行為の強制だけでは、画一的・形骸的対応を招きかねない弊害があるからである。類似の状況の下でマイナス・インセンティブを梃子に企業の自主的対応を引出した成功例として、不法行為責任訴訟を基盤にコモンローの下で生成・結実した製造物責任法理が挙げられる。しかし、CSRの領域においては損害が具体的に特定しにくいだけに、損害賠償訴訟を積み重ねていく同様のアプローチを想定することは難しく、同様の判例法の生成・発展は必ずしも期待できない。

こうしたCSRの規範特性も踏まえて、本章では、多元的価値規範形成過程におけるNPOによる監視・提言の果たす役割に着目し、ゲーム論的方法論を分析の視座に据えつつ、企業とNPOの相互作用としてのソフトロー形成の枠組みに考察を加えている。すなわち、CSRの実効性を担保する枠組みを構築するうえで、分権的・多面的な規範形成プロセスにおいて外部不経済を内部化する圧力を及ぼし得るなど、NPOはCSR規範形成に向けた重要な担い手として機能すると考えられる。しかし、日本のNPOは未だ発展途上にあり、長期的には生成基盤である市民社会の成熟が求められるが、当面の対応として、NPOの会計・開示制度の整備、活動成果測定に資する主要業績評価指標（KPI：Key Performance Indicator）の情報拡充のほか、NPOと資金提供者等との仲介役であるインターメディアリや評価機関の整備など、NPOを支える体系的な社会的枠組みの構築が急務であろう[2]。

2.　CSRの経済的誘因と採算性

Porter and Kramer［2006］は、自社にとって優先度の高い社会的課題を挙げ、経営判断の中に、その課題への対応を取り入れていくことで、CSR戦略を企業の競争力につなげていく「競争優位のCSR戦略」（以下、戦略的

CSR論）という考え方を発表した。戦略的CSR論は、前章でイギリスにおいて例示した「啓発された株主価値アプローチ」（enlightened shareholder value approach）とも重なる考え方であり、ステークホルダーとの対話はアイデアの源泉として、新しいビジネスの種となるのである。すなわち、単純な慈善運動や博愛主義的倫理観ではなく、長期にわたる利益の源泉として、言わば他者の利益尊重が自己利益の促進につながる、あるいは企業活動での公益の追求が企業自身の私益の増進にも結び付くという考え方である（水尾［2004］31頁）。啓発的自己利益は社会全体の福祉の改善につながるだけでなく、それぞれの企業にも長期的な成長につながるという経済的便益を与えているのであり、それが競争優位の源泉になる。同様にトリプル・ボトム・ライン（経済・社会・環境の3つの収支）という考え方も、より進歩的な利己主義に訴えるものであり、換言すれば、社会や地球環境に累を及ぼす近視眼的な企業行動を避け、長期的な経済的成功を考えて行動せよということである（Porter and Kramer［2006］（村井［2008］40頁））。

なお、Porter and Kramer［2011］は、CSV（Creating Shared Value：共通価値の創造）という概念を提示し、社会的企業のような経済価値と社会価値がビジネスにおいて共有され得ることを指摘しているが、基本的なフレームワークは戦略的CSR論と同様である。CSVという新しい用語を割り当てることによって、戦略的CSR論で伝えようとした従来型CSR（メセナ、フィランソロピー等）との本質的違いを、より鮮明に際立たせメッセージ性を高める意図があったものと解される。社会的企業の側面を理論的に掘り下げる形で強調してはいるものの、ベースラインとしてビジネスに立脚しているという意味では、戦略的CSR論と実施的な差異はないとみられる[3]。

2　NPOの存在意義は、「市場の失敗」や「政府の失敗」あるいは「民主主義の赤字」等を補完し得るところに見出せる。ただ、NPOは選挙で選ばれたわけではないし、市民社会において正統と認められているのかという代表性や正当性の問題があり（新川［2002］134頁、重田［2006］125頁）、個別の特殊利益の追求に過ぎないとの意見もある（高柳［2001］146頁）。また、その成果は必ずしも明確でないうえ、影響力を行使する結果に対して政治的責任を追及する実効的手段がないという問題（入山［2004］58頁）もある。こうしたNPOの陥りやすい様々なリスクを防止するためには、その活動内容に関して徹底したディスクロージャーを進める必要があり、一般市民による日常的な監視による規律、NPOと企業との公正な競争を担保する枠組みの構築が重要となる（山内［1997］25頁）。

戦略的CSR論はCSVに象徴されるような長期的視野も含んだ考え方であるが、純然たる利潤動機からCSRを短期的な収益貢献にも役立てようとする場合には、例えば、一般消費者を相手にしている企業を中心に、NPOとの間でCRM（Cause-Related Marketing）などの取り組みも注目されるに至る。ここでCRMとは、企業がNPOの支持者達に製品やサービスを売り込み、逆にNPOは自らをその企業の顧客や社員に売り込むことで、企業とNPOに収益をもたらす活動である。企業とNPOはそれぞれ相手の限界と強みを理解し合うようになり、企業とNPOの共創を通じて長期的なパートナーシップの土台が形成される。そこでは、企業がNPOの価値提供力を補強する一方、NPOには提供できない価値を代替して提供する統合型ビジネスモデルが発展し、共創型の問題解決方法の提示につながるとされる（Brugmann and Prahalad［2007］（鈴木［2008］70、75-78頁））。

企業のバリューチェーンにおいてCSRの階層性は、①社会的には重要でも、企業の長期的な競争力に影響を及ぼさない一般的な社会問題、②通常の企業活動によって少なからぬ影響を及ぼす社会問題、③外部環境要因のうち事業を展開する国での企業競争力に大きな影響を及ぼす社会問題などに区分され、企業にとって活動の中心は②と③の領域が中心とならざるを得ないが、CSRへのコスト投入は、R&D費用のように未来の競争力を支える長期投資とみるべきであるとされる（Porter and Kramer［2006］（村井［2008］46、52頁））。なお、民間NPOであるGRI（Global Reporting Initiative）はそうした各種CSR問題をリスト化し、さらに業種に応じたリストも作成している。

他方、そもそもCSRと業績との因果関係やCSRの採算性、すなわちCSRが割に合うかどうかについて分析した学術研究書は膨大な数に上っているが、まだ決定的な結論は出ていない（Vogel［2005］（小松ほか［2007］53頁））。多くの研究が倫理と利益の間に正の相関関係があるとしている一方

3　実際、インタビューの中でポーター教授自身も、直近の論文では戦略的CSRという呼称をなくしてCSVに統一していることに関し、「企業のメンタリティに変化を促し、社会との関わりについて従来とは異なる視点で見るようになってほしいと考えたからです。戦略的CSRとCSVの意味するところは基本的に同じです」と述べている（中野目・広野［2011］1-2頁）。

で、中には負の相関関係になっているとか、あるいは中立、ないしまちまちだとしているものもある。重要なのは、アンケート調査やその他のクロスセクション・データによって導き出された相関関係は、因果関係の方向性が確定できないので、企業が財務的に成功を収めているのは他社よりも責任を果たしているからだとも言えるし、企業が責任を果たしているのは他社よりも財務的に成功を収めているからだとも言える。儲かっているのは責任を果たしているためだと言えるのかどうか、そうだとすれば、その相関度はどれくらいなのか、ということが見極めにくくなっている（Vogel［2005］（小松ほか［2007］58頁））。

仮に正の相関があるとしても、CSR支出の多くは裁量経費の範囲内であるため、収益力のある企業ほど多くなっているという事実に原因があるかもしれないし、責任を果たしている企業がもしそうしなければ、収益がもっと増えていた可能性は残されている。マーケティングにお金をかけている企業が、あまりかけていない企業よりも高収益を上げているとは限らないのと同様、責任を果たしている企業の方が、あまり果たさない企業よりも業績が良いと期待すべき理由はない。CSRというのは、企業の成功にとって必要条件であると規定するよりも企業戦略の一側面であると理解した方が良く、様々なCSR戦略が1つに収斂しなければならない理由がないのは、他の戦略に関して企業が1つに収斂することが期待できないのと同じである（Vogel［2005］（小松ほか［2007］61頁））。

なお、CSRの採算性を論じる前提として、CSRの基本的な構成概念とそれを測定する努力との関係、社会業績を評価する指標の妥当性、財務業績を評価する指標の多様性、因果関係の方向性とメカニズム、相関分析と同時期の財務・社会業績データへの過度の依存など、技術的にも困難な課題がある（Vogel［2005］（小松ほか［2007］59頁））。情報源となるCSR報告書等についても、単に社会への配慮を示すために、ばらばらな活動を紹介する記事を集めた冊子に過ぎないものも少なくない。こうした中で、昨今氾濫しているCSRランキングは、ランキングの一貫性、企業活動の社会に対する影響の正確な測定、どちらの条件も満たしているとは言い難いとの指摘もある（Porter and Kramer［2006］（村井［2008］39頁））。

3．CSR の誘因を拡張する新たなスキームの可能性

(1)　プラス・インセンティブ付与スキームの構造的限界

CSR 論として普及している議論の論拠は、潜在的事業機会論や啓発的自己利益に基づいた立論が多いが、現段階までの実証研究の結論は、社会業績が高いことが経済業績にマイナスの影響を与えるという明白な証拠はないという消極的な合意段階に過ぎない（横山［2003］23 頁）。経営者にとって最も重要な動機は啓発された自己利益だとしても、より責任ある行動をとること（道徳的価値で対価を得る戦略）がすべての企業にとって目に見えた利益につながるわけではなく、ある企業にとって特定の状況下でなら CSR の採算がとれるということに過ぎないのである（Vogel［2005］（小松ほか［2007］5、36、83 頁））。企業の社会的実在性に鑑みれば、短期的にも長期的にも不利益であったとしても、バリューチェーンが社会にマイナスの影響を及ぼさないように努めるべきであるが、プラス・インセンティブ付与による CSR 論では、利益追求による社会性の欠如（市場の失敗）の問題に対し構造的に十分応えることはできないのである。

例えば、CSR の重要な牽引力は消費者、従業員、投資家等であり、CSR の採算が合うと考える傾向が最も強い先は、顧客、従業員、投資家をひき付けて囲い込む戦略の一環に CSR を取り入れている消費財関連企業（最終ユーザーが個人や家庭で使用したり消費したりする物を製造する企業）と、存在が目立つが故に標的にされやすいグローバル企業、採掘産業、エネルギー産業等である[4]。消費財（食品、飲料、衣服等の非耐久消費財、自動車、家電、パソコン等の耐久消費財）の販売では、不特定多数の多様なニーズをもち進化していく消費者にどのように対応していくかがポイントとなる。ナイキが下請け業者の査察に同意したのは、最終ユーザーである世論の非難に弱いことも

4　例えば、NPO の実践事例として、岸田・高浦［2003］、岸田ほか［2005］［2006］［2007］等で紹介されている企業の多くは、消費財・エネルギー等関連企業である。また、1998 年に任意団体として設立されたパートナーシップ・サポートセンターにより、2002 年から企業と NPO の協働を推進することを目的に「パートナーシップ大賞」が創設されているが、そこに応募している企業や上位入賞企業を見ても、同様の状況が観察される。

一因であろう（Vogel［2005］（小松ほか［2007］148、152頁））。しかし、生産財・資本財（生産者が製品やサービスを生産するために購入・使用する原材料・部品、設備）などにおいて、それら財の購入顧客は企業であり、基本的に企業間の購買動機は経済合理性である。

経済的誘因に基づくCSR論は企業責任の論理的根拠を転換し、企業責任を正当化する主な理由は企業の最終損益への寄与にあるとする。このことは、企業責任に関する論説の多くにおいて、ミルトン・フリードマンの書いた記事（Friedman［1970］）を批判するのがお定まりのパターンとなっている一方で、現代のCSR支持者の多くは、企業の重要な責任は株主の富を創造することにあるというフリードマンの立場を暗黙裡に受け入れているのである（Vogel［2005］（小松ほか［2007］48頁））。ある意味で、市場メカニズムを活用したフリ－ドマンの枠組みの下では、CSRの動機の帰結として、消費財産業中心、大企業中心の活動とならざるを得ない。そもそも株式会社制度の下では、CSRの軸足は啓発的自己利益にならざるを得ない中で、採算に乗らない社会的課題をどう克服するか、利潤動機による限界を克服するような実効性担保の枠組みが必要とされるのである。

経済と倫理の問題を考える際、人間であれば、経済合理性のみならず、一定の倫理的・社会的判断を価値尺度とすることに大きな違和感はないであろうが、そうしたアナロジーを企業に期待するのは無理である。企業は、良い悪いは別にして、利潤追求を存立目的とした主体であり、それに矛盾することは自己否定になる。他方で、企業は多大な影響力を備えた社会的実在であり、利潤追求に沿わなくても、一定の社会的役割が求められる。問題は、この要請を如何にバランスさせるかである。市場の諸力に焦点を合わせた場合、市民社会の有する圧力として、責任をもって製造された製品に対する消費者の需要、消費者のボイコット（不買）運動の実行ないしその脅威、CSR投資家からの圧力、管理職や一般従業員が抱いている価値観などが挙げられる（Vogel［2005］（小松ほか［2007］4-5頁））。それら企業の評判に対する基礎情報を提供し、個々のCSRに関連した個別具体的な問題を、企業との相互交渉を通じて多元的・分権的に規律するメカニズム（ソフトロー）の担い手として、NPOの存在意義、その生成基盤となる市民社会（論）の今日的意義が見出せるのではないかと考えられる。

(2) マイナス・インセンティブ付与スキームの可能性

利己的な戦略・非利己的な戦略をもつ二人のプレーヤーがおり、このとき各プレーヤーは相手がどう振る舞おうとも利己的な戦略を採用するならば、個人的には一定の望ましい状態になれるが、双方が自己利益を追求するところから生じた双方の利己的戦略の組み合せから生ずる結果は、双方が非利己的な戦略を採用していたときに生じたであろう帰結に比べると、双方にとって劣る結果でしかなく、この対立はゲームが何回反復されてもなお存在し得る。しかし、現実の状況では、人々はしばしば利己的戦略を採用しないという事実が存在し、「共有地の悲劇[5]」(Tragedy of the Commons) は生じないことがある[6]。制御された実験においてさえ囚人のジレンマを演ずる人々は、しばしば非利己的な行動をみせるとされる (Sen [1977] (大庭・川本 [1989] 152-153 頁))。こうした実験結果を解釈する際にゲーム理論の理論家は、そのことを被験者の洞察の欠如のせいにしがちであるが、自己利益以外のあらゆる考量を排除するということは、合理性の概念に対して恣意的な制限を課しているとも言える (Sen [1977] (大庭・川本 [1989] 152-153、156 頁)、桂木 [2005] 127-134 頁)。

アマルティア・センは、厚生経済学に対する批判的警鐘として、経済モデル上の純粋な経済人は社会的には愚者に近いと断じ、これまでの経済理論は、単一の万能の選好順序の後光を背負った「合理的な愚か者」(rational fool) に占領され続けてきたとする。人間の行動に関係する共感やコミットメントのような他の異なった諸概念が働く余地を創り出すためには、既存の

---

5 Hardin [1968] は、共有資源の乱獲による資源の枯渇を論じ、これにより一般に広く認知されるようになった用語である。

6 例えば、日本の森林、漁場に関する入会 (いりあい) の形態は、人々が豊かな経済生活を営み、優れた文化を展開し、人間的に魅力ある社会を持続的、安定的に維持することを可能にするような社会的装置として存在していた。入会の形態をとる日本のコモンズ (共有地) については、古来、広く山野河海すべての自然資源についてみられた食物採取・狩猟の対象としての自然が、古代から近代に至る過程で次第に入会として形成されてきたものである。入会制をはじめとする自然環境の管理・維持に関する優れた制度は、前近代的、非効率的なものとして排除されてきたが、1980 年代から現在にかけて、これらの歴史的諸制度が果たしてきた役割、機能を改めて評価し、持続的な経済発展の可能性を模索しようという動きが社会科学、自然科学を通じて大きな流れになりつつあるとされる (宇沢 [2008] 149-153 頁)。

理論はもっと彫琢された構造が必要であるとする（Sen［1977］（大庭・川本［1989］145頁））。すなわち、近代経済学理論の用語法にあって共感は外部性の１つであり、多くの経済モデルは外部性を排除する。標準的なモデルにおいて、競争均衡はパレート最適であり、もし共感の存在がモデルに導入されたならば、そこから得られた標準的な帰結は少なくとも幾つかは瓦壊し、経済学のモデルが本質的にこれまでとは異なった仕方で定式化されることを要求する（Sen［1977］（大庭・川本［1989］136頁））。

ここで共感に基づいた行動は、ある意味で利己主義的であり、人は他人の喜びを自分でも嬉しいと思い他人の苦痛に自ら苦痛を感ずるので、その人自身の効用の追求が共感による行為によって促進される関係にある（Sen［1977］（大庭・川本［1989］133頁））。一方、コミットメントという概念は、その人の手の届く他の選択肢よりも低いレベルの個人的厚生をもたらすということを、本人自身が分かっているような行為を他人への顧慮ゆえに選択するということによって定義し得る（Sen［1977］（大庭・川本［1989］134頁））。コミットメントの問題が非常に重要になってくる１つの領域は、いわゆる公共財の領域であり、経済的な動機付けが不在の領域においてこそ、何らかの行動の規範が社会の存立にとって不可欠となる（Sen［1977］（大庭・川本［1989］139-142頁））。

共感に基づいた行動が、あくまでも他人の状態を知った本人自身の効用の追求を目的にしているのに対して、コミットメントは、他人の虐待を知ったことで自分の状況が悪化したとは感じられないけれども、虐待は間違っていると思い、それを止めさせるために何らかの行動に出る用意があることを指す。財の私的な消費の場面でコミットメントが現れるのは、例えば過去に、南アフリカのアボカドをアパルトヘイト反対の意思表示としてボイコットした場合などであるが、公共財のフリーライダー問題など、より広い問題を考察するうえで、コミットメントを行動の基礎に含めた新しい人間観を提出することが極めて重要となる（Sen［1977］（大庭・川本［1989］275-276頁））。

また、ソースタイン・ヴェブレンは、制度派経済学の立場から伝統的な合理的経済人モデルを批判し、人間の行動特性は、快楽か苦痛かといった単純な動機に基づくだけではないとした。すなわち、人間は単に環境の諸力の流れの中に置かれることによって充足されていく欲望の束ではなく、むしろ活動を展開していく中で自己の実現と表現を求める一貫した構造をもった性向と習慣の塊として、一連の与えられた伝統、慣習、物的環境の下で累積的に形成されていく人間像を想定すべきと論じた（Veblen［1898］p.390）。

以上のような多面的な人間（市民）の組織する集団としてNPOが位置付けられるのである。他方で、先に述べた通り、株式会社は利潤獲得の器として、そのような倫理観や共感性を生来的に具備していないので、市民的規制を抜きにして、「正しいことをするのは、利益になるからではなく正しいからするのである。これが企業の基盤にならなければならないし、利益ではなく理念が企業の出発点にならなければならない」とか「CSRはポスト資本主義社会に向かう一歩」というような主張は、残念ながら希望的観測あるいは幻想に終らざるを得ないとの指摘（セイル［2007］143頁）もある。

こうした難点を克服するための市民的規制として、利益を重視してCSRを遂行せず外部不経済を高める企業行為に、何らかのペナルティを与えることで、そうした行為を思い止まらせるマイナス・インセンティブ付与のスキームを構築する必要がある。その際、不法行為責任訴訟を生成基盤としてコモンローの下で発展した製造物責任法理のメカニズムが参考になる。製造物責任法理は、企業は利潤の前に簡単にCSRを忘却してしまう現実の中から、訴訟を通じてコモンローが形成した画期的な法理である。安全策を一番良く知っているのは企業自身であるというプラグマティックな現実論を踏まえ、不作為により責任を負いかねないというネガティブ・インセンティブのクッションを敷くことによって、企業による利潤追求の枠組みの中で社会的公正の実現を企業自身が行うインセンティブを与えた[7]。製造物責任法理がない状態に比べれば、企業にとって営利追求に従来以上に困難は増すことになるが、他企業も一律に同様のルールに服している状況の下で、所与のルールとして企業活動に組み込まれたのである（Bogus［2001］pp.173-196）。

7　とりわけ自動車産業において、リー・アイアコッカが「安全は売れていない」と語った当時、アメリカの自動車メーカーは安全に無関心であった。しかし、製造物責任が1960年代中頃に生まれ、1964年不法行為法リステートメント（第2版）に含まれて、10年間を通じて様々な法廷によって採用された。このため、抵抗を続けてきた自動車メーカーもより安全な製品を作るよう迫られ、結果的に許容できない危険性を有しているのに規制機関も議会も追い払おうとしない製品が、追い払われるに至った（Bogus［2001］p.137）。

同様なネガティブ・ルールがCSRの場合にも活用できないだろうか。ただし、CSRを巡る規範定立を訴訟に求めていくには、具体的な損害や義務違反の認定において、製造物責任の場合とは大きな隔たりがあり、不可能とは言えないが、現実的には非常に困難である[8]。そこにNPOの活躍余地があると考えられる。企業の情報開示や現に公になっている出来事を起点として、企業にプレッシャーを与えられる余地がある。そのためには、企業の開示情報の吟味はもちろんのこと、非開示の場合に、開示すべき情報がないのか、秘匿しているのかが、NPOによりチェックされることが望ましい[9]。社会が求めているのは、企業活動のプロセスでどのような外部性が生じているのかいないのか、そのようなリスク要因をどのようにマネジメントしているのか、といったダイナミックな動態情報である。

そのような情報開示（ないし不開示）を梃子に、NPOの監視・提言を通じて、マネジメントされていない外部性が事後的に発見されれば企業にとってマイナスという動機において、企業に事前的にCSRの履行を迫るシステムが形成されるのではなかろうか。NPOの監視領域は消費財関連企業に限定されるものではなく、その専門性を発揮して、個々の消費者からは目の届き

---

8 環境損害等に対応する集団的利益は、多くの場合、脆弱なものであり、通常は、このような移ろいやすいものを法的な議論の基礎とはしにくく、環境利益は民事訴訟の対象となりにくい（大塚［2010］121-122頁）。このように訴訟プロセスを活用する前提としての被害の発生を具体化することができないので、例えば製造物責任法理の生成を促したような不法行為責任訴訟を、持続可能な利益を損なった生産活動を通じて利益を上げている事業活動に対して行うに際しては、訴えの利益に疑問が残るのである。

9 製造物責任法理の生成メカニズムがCSR全般に作動することを期待できない状況の下で、NPOの監視・提言活動等を通じて「拡張された製造物責任」といった概念の定式化ができないだろうか。例えば、事業遂行の過程での副産物、廃棄物など製品の製造と不可分一体の事業行為と認定される領域の活動の結果に対して、持続可能な利益を損なった生産活動を通じて利益を上げている企業は、結果に対する責任を負うべきではなかろうか。欧州の環境ロビー活動の身近な例では、容器包装リサイクルの企業責任を問うことにより、食品会社が予定していたリターナブル瓶からペットボトルへの容器の転換を押し止めたケースがある。リサイクル責任をメーカーに課すことによって製品の設計変更など企業努力を促すことは、「拡大製造者責任」（extended producer responsibility）として既に確立されているが（藤井［2005］181頁）、より広範な生産に伴う外部不経済に対して、その内部化を促す規律付けをNPOに期待できないであろうか。

にくい業種の企業行動まで網をかけることも可能となろう。企業の社会的不公正に対しては、直接的に生命・身体への具体的危害が懸念される場合でなければ、行政は個々的な状況に十分対応できないので、民間のNPOが企業との双方向での対話を通して、改善された具体的状況を形成していくことが望ましい。

4．　NPOと企業におけるゲーム的相互作用の考察

CSR分野において、企業とNPOが創り出すソフトローとして、企業とNPOが形成主体となり、企業行動を規律する規範の検討が深められなければならない。そこでは、対立や協調関係、さらなるフィードバック過程を経て、規範が形成され、維持され、変容するが、そのダイナミックなフィードバック・プロセスの中で、ルールの遵守や規範の有効性などを明らかにしていく必要がある。以下では、NPOと企業の関係性を考察するうえで、ゲーム理論（囚人のジレンマ）を用いた簡単な考察の枠組みを設定する。まず、社会的に望ましい水準でのCSRではなく、企業利益に引き寄せられた行動等が容認され、悪い均衡にはまってしまう場合をみる。これを踏まえ、次に、社会的に望ましい水準の行動が促され、良い均衡に落ち着くにはどのような方策が可能かを、このゲーム論の枠組みの下で単純化して考える。

(1)　悪い均衡に陥るケース

囚人のジレンマのケースから述べる。すなわち、NPOにおいて、企業が長期的な利潤動機から達成可能な弱い基準を提案する（企業への妥協姿勢）、または、社会全体の利得をより向上させるための、企業の利潤減少につながる強い基準を提案する（企業との対立姿勢）とする。一方で、企業は、自社の利得を重視してNPO案に従わない行動（NPOとの対立姿勢）と、社会全体の利得（民意）を意識してNPO案に従う行動（NPOへの妥協姿勢）をとるものとする。また、両者の利得は、双方にとって既知であるとする。ただし、ここで述べる利得は、経済的効用のみならず社会的効用を含め広い意味での効用を数値化したものである。

表 2-1 囚人のジレンマ
:NPO の利得

NPO╲企業	妥協	対立
妥協	4	−2
対立	6	0

表 2-2 囚人のジレンマ
:企業の利得

NPO╲企業	妥協	対立
妥協	4	6
対立	−2	0

まず、NPO の利得は、次のようになるとする。すなわち、企業が妥協を選択した場合、弱い基準（妥協）よりも、強い基準（対立）の方が、NPO の利得が上がり（4 < 6）、企業が対立を選択した場合、NPO が強い基準（対立）を示せば、企業との緊張関係が生じ利得なし（0）、NPO が弱い基準（妥協）を示せば、社会の信頼を失い NPO の利得はマイナス（− 2）になるとする（表 2-1）。

次に、企業の利得は、次のようになるとする。すなわち、NPO が妥協姿勢のとき、企業も妥協すれば、正の利得（4）、自社の利益を追求して対立すれば、さらなる利得（6）、NPO が対立姿勢のとき、企業が対立すれば、現行のまま利得なし（0）、企業が妥協すれば、多くのコストがかかり利得はマイナス（− 2）になるとする（表 2-2）。

ここで、表 2-1 に戻ると、もし企業が妥協を選んだ場合は、NPO にとって、妥協すれば利得 4、対立すれば利得 6 になるため、NPO は対立を選ぶ。もし、企業が対立を選んだ場合は、NPO にとって、妥協すれば利得 − 2、対立すれば利得 0 になるため、NPO は対立を選ぶ。したがって、①いずれの場合も NPO は対立を選ぶ。

表 2-2 をみると、もし NPO が妥協を選んだ場合は、企業にとって、妥協すれば利得 4、対立すれば利得 6 になるため、企業は対立を選ぶ。もし、NPO が対立を選んだ場合は、企業にとって、妥協すれば利得 − 2、対立すれば利得 0 になるため、企業は対立を選ぶ。したがって、②いずれの場合も企業は対立を選ぶ。

以上①②より、NPO も企業も対立姿勢を選ぶことがナッシュ均衡となる。このように、両者妥協した方が社会的には良い均衡であったとしても、双方にとっての利得を追求すると、悪い均衡になる（囚人のジレンマ）。

(2)　良い均衡を導く方策

イ．プラス・インセンティブの付与

上でみた悪い均衡に陥るケースから良い均衡に至る1つの道筋は、啓発的自己利益の観点から妥協の利得が双方に高まり、対立の利得を上回るようになることである。これは経済的誘因に基づくCSR論と同じアプローチであり、企業はCSRで採算が取れるとなると、NPOの戦略にも影響を与える。すなわち、NPOやこれを支える民意にも、一定の行動成果を重視する方向で、企業の財務目的に冷淡か、あるいは敵意を抱いているという状況から、企業との協力関係を強める変化が生じてくる。そこでNPOは、企業が業務上の使命を環境等のCSR上の目的と調和させることが、ビジネスにとっても有益であるということを論拠に、そうした企業行動を支援することになる。

ここで、妥協姿勢をとることによる利得の改善をパラメータ（＋X）で表現する。ここで、括弧内は、(NPOの利得、企業の利得）とする（表2-3)。

もし、利得の改善が、0≦X＜2であれば、先の①②の議論から、両者が対立したままであるが、もし、2＜Xとなれば、両者が妥協を選ぶことを以下で確認する。なお、以下の議論は、Xを使ったままでも良いが、3を代入して論述を進める。

もし企業が妥協を選んだ場合は、NPOにとって、妥協すれば利得7、対立すれば利得6になるため、NPOは妥協を選ぶ。もし、企業が対立を選んだ場合は、NPOにとって、妥協すれば利得1、対立すれば利得0になるため、NPOは妥協を選ぶ。したがって、③いずれの場合もNPOは妥協を選ぶ。

もしNPOが妥協を選んだ場合は、企業にとって、妥協すれば利得7、対立すれば利得6になるため、企業は妥協を選ぶ。もし、NPOが対立を選んだ場合は、企業にとって、妥協すれば利得1、対立すれば利得0になるため、企業は妥協を選ぶ。したがって、④いずれの場合も企業は妥協を選ぶ。

以上③④より、NPOも企業も妥協を選ぶようになる。しかし、こうしたプラス・インセンティブ付与のアプローチに構造的限界があることは、先述した通りである。

表2-3　プラス・インセンティブ付与のケース

NPO＼企業	妥協	対立
妥協	(4＋X, 4＋X)	(−2＋X, 6)
対立	(6, −2＋X)	(0, 0)

表2-4　マイナス・インセンティブ付与のケース

NPO＼企業	妥協	対立
妥協	(4, 4)	(−2, 6−Y)
対立	(6, −2)	(0, −Y)

ロ. マイナス・インセンティブの付与

一方、対立の利得が減じられるようなマイナス・インセンティブ付与のスキームであっても、企業にCSRの実現に向けた行動を促す均衡に導くことが可能となることを、以下の枠組みで確認しておく。ここで、対立姿勢をとることによる企業の利得の悪化をパラメータ（−Y）で表現する。一方、NPOは企業に妥協せず牽制・提言を貫くこと（「対立」）により、社会的に望ましい水準でのCSRを求め続けると仮定する。ここでも、括弧内は、(NPOの利得、企業の利得）である（表2-4)。

もし、利得の悪化が、$0 \leqq Y < 2$であれば、先の①②の議論から、企業は対立したままであるが、もし、$2 < Y$となれば、企業は妥協を選ぶことを以下で確認する。なお、以下の議論も、Yに3を代入して論述を進める。

先に述べた通り、⑤企業の対応如何にかかわらずNPOは対立を選ぶとする。一方、企業にとっては、もしNPOが妥協を選んだ場合は、妥協すれば利得4、対立すれば利得3になるため、企業は妥協を選ぶ。もし、NPOが対立を選んだ場合は、企業にとって、妥協すれば利得−2、対立すれば利得−3になるため、企業は妥協を選ぶ。したがって、⑥いずれの場合も企業は妥協を選ぶ。

以上⑤⑥より、企業はNPOの牽制・提言（「対立」）に対して歩み寄り、妥協を選ぶようになる。このように、利得に悪影響が出てくるような新たな要素がある場合、悪影響の度合いが大きくなると、均衡が変化し、新たな均衡が実現し得る。

5.　CSR 規範形成過程における NPO の機能と課題

CSR の求める社会性ないし公共性というのは、程度の差はあれ、不確実な要素を含んだ状況における諸力のぶつかり合いにより生成しつつあるものと言える（桂木［2005］18 頁）。そうしたソフトローの生成プロセスの正当性、拘束力の内包性に応じて、規範も状況依存的に変遷し、企業と NPO 等の外部諸力との間の相互理解と相互不信の入り混じった状況の中から、CSR が生み出され得る。このプロセスを考察する方法論として、ゲーム理論の有用性に論及した。CSR という価値は普遍的なものとして客観的に存在するものではなく、基本的な諸価値の状況に依存した動態的なバランスであり、複数の競合と相互調整のダイナミックな仕組みとして理解されるのである（桂木［2005］85-94 頁）。

そこでの価値規範は多元的なものとならざるを得ない。卑近な例では、こちらの善意が相手にとっての善行であるとは限らない。相手の事情を無視した善意は相手を困惑させ、相手の自己認識とこちらの認識のズレは相手を侮辱し、相手の価値観を無視した支援は相手の生存戦略を歪め、安易な施しは人を堕落させるという側面がある（佐藤［2005］5-6 頁）。究極において企業の利潤動機と社会規制は両立しないが、その隙間を埋めていくのに統一的・画一的手法は存在せず多面的で複雑な要素を内包しており、企業評価に関しては分権的・多元的な判断・規制が望ましいと言える。何が高潔な企業行動なのかについてはコンセンサスがないので、何を購入するか、誰のために喜んで働くか、どこに投資するか、といった社会的な選考を「投票する」行動を通じて、人々は自らの価値観を表現し、企業の慣行に影響を及ぼすことが望ましいと言える（Vogel［2005］（小松ほか［2007］6-7 頁））。

例えば[10]、劣悪な労働環境下でも労働コストが安いことに乗じて海外から調達するのは責任ある行動と言えるだろうか、あるいは企業が下請け業者に対して市場賃金ではなく生活賃金を支払うよう主張することが道徳的な義務なのであろうか。逆に児童労働を禁止することによって結局は貧しい家庭

10　以下の例示は、Vogel［2005］（小松ほか［2007］7-9 頁）に依る。

の、とりわけ貧しい子供たちの福利を減少させることになりはしないのか[11]。腐敗した政府が支配する貧しい諸国で天然資源開発に投資することは常に無責任なのか、それとも時として無責任になるのか、あるいは全く無責任ではないのだろうか。環境支出は必ず国民の福利の増大につながるのか。兵器や原子力の生産、あるいはギャンブルによる金儲けは無責任だろうか。モンサント社が遺伝子組み換え種子を導入したのは、持続可能な農業への貢献だろうか、あるいは人々の健康や生態系の健全性に対する脅威なのだろうか。ブリティッシュ・ペトロリアム社はグローバルな気候変動の問題の存在を認めたことで賞賛されるべきか、それとも化石燃料の開発を継続していることで非難されるべきか。ユニオンオイル社はビルマにおけるパイプライン建設プロジェクトで、労働条件を改善したので責任ある行動をしていると言えるのか、それとも抑圧的な軍事政権下の国で事業を継続したので無責任と言うべきなのだろうか。これらの問いに対し回答するには、個別具体的な状況に応じて多元的な判断を分権的に行わざるを得ない。人々の選好、信条、理想が互いに異なるという事実を前提にするならば、価値多元性の下で、どのようにして公共的意思決定に到達することができるかという問題でもある。

そうした分権的・多元的判断の担い手として、NPOは企業との相互作用を通じて多元的規範形成に有用な役割を果たし得ると考えられる。CSRに関する企業とNPOの関係性については、従来の敵対的関係からパートナーシップへの転換が指摘されて久しい。パートナーシップ関係は、経済的誘因に基づくCSR論からの帰結であり、企業の利潤動機にうまく整合するようにNPO側のニーズを提示する一方、企業はNPOのニーズを踏まえて具体的なCSR戦略を具体的な事業計画に落とし込んでいくことになる。しかし、こうした関係性の下では、利潤動機に乗らない案件は俎上に上らなくなる。市民社会から生成したNPOが、企業行動に対しCSRの観点から牽制

11 雇用主が欧米系親会社から下請け契約を失うのではないかと懸念して数千人もの子供たちを解雇することによって、その子供たちがより悲惨な境遇に向かわざるを得なかったとすれば、欧米の企業に商品を供給する工場で働くことは、特に学校教育を受けられない状況下にある場合には、多くの子供たちにとってそれ以外のことよりも悪い選択肢であると軽々には論じられない現実が存在する（Vogel［2005］（小松ほか［2007］182頁））ことも直視し、より抜本的な改善策を講じる必要があろう。

役としての機能を十分に発揮するには、従来型のパートナーシップ関係に止まっていたのでは不十分であろう。

これは従来の敵対的関係に戻ることを求めているのではない。企業の経営者も従業員も市民であり、企業の経済的サービスを享受する消費者も市民である。例えば、自動車メーカーの社長も、食の安全に関しては一市民（消費者）としての関心を有するのである。「市民」とは様々な概念を含み得る[12]ので、この言葉を使うにはそれなりの覚悟が要るが（今田［2000］12頁）、市民社会に立脚するNPOも企業の存在を否定するのでは、自らの生成基盤を否定することになってしまう。市民社会という土台に立って企業もNPOも存在しており、両者は一種の運命共同体として協調して行動することがあっても良いが、それだけでは不十分である。例えば、企業内の監査役や社外取締役が経営サイドと同一の存立基盤に立ちながらも経営監視役として機能するのと同じように、NPOにも個別具体的な局面に応じて創造的緊張関係[13]を失わず、時に見張り役（watch dog）としても（入山［2004］177頁）、市民社会の規範であるCSRからの企業の逸脱をチェックする牽制機能が期待されるのである。

日本のNPOの影響力は小さく、NPOから企業に対する抗議行動は例外的で両者の間には緊張関係が成り立っていないとされる（藤井［2005］177頁、長坂［2007］63頁、長坂［2008］131、141頁）。このため、日本において企業がNPOからの圧力を感じる程度は欧米よりも低いとみられる（藤井・原田［2006］215頁）。日本において、社会的公正の実現に向けて問題提起や政策提言を行うアドボカシー（adovocacy）型NPOの存在は海外に比べ希薄であるが[14]、アドボカシーには、知名度や世論喚起の技術、政府や大企業と伍していくだけの専門的知識が決定的に重要であり[15]、同時に外国のNPOと連携できるだけの力、それらを支える資金力が梃子として必要となる。Win・Winの協力も重要であるが、共同事業型のチャリティのみではNPO

---

12 NPO法で用いられた「特定非営利活動」という語は、参議院自民党において「市民活動」という言葉が特定のイデオロギーをもつものとして忌避され、より価値中立的な言葉として選ばれた経緯がある（山岡［2007］565頁）。

13 企業とNPOとの間で協調と緊張が同居し必要な時には批判も行う関係性である（高柳［2001］13頁）。

は怖い存在にはならないのであって、NPOから企業への圧力欠如は、日本のCSRが葛藤の小さな分野に傾斜する一因ともなっているのではなかろうか（藤井［2005］181頁）。こうした遠因として、日本におけるNPOの生成基盤となる市民社会[16]ないしパブリック概念[17]の未熟さが挙げられるかもしれない。

日本においては、長らく「会社」共同体が価値と規範を共有して従業員にとってのコスモスとなり、こうして従業員は会社の外にある本来の市民社会の構成員としての存在感を喪失してきたとされる（広渡［2009］74、264

---

14 アメリカ・シカゴに本社を置くPR会社エデルマン・ワールドワイド社の「コーポレート・ガバナンス・スタディ」（Edelman Worldwide［2002］）によれば、企業、政府、NPO、マスコミの4種類の組織についての信頼感に関し、ヨーロッパでは企業、政府、マスコミへの信頼が低い一方で、NPOを信頼する人の割合が高いとしている（藤井［2005］69頁）。なお、松下冷機がノンフロン冷蔵庫の早期発売にこぎつけたのはグリーンピースの圧力によるところ大であるが、こうした圧力を歴史が浅い日本のNPOはまだ十分もち得ていない（原田［2006］34頁）。

15 政策提言といっても単に提言すればそれで良いというものではなく、改善点は改善するのが困難だから残されているのであるから、その困難さに対する洞察を踏まえていなければ政策提言は空虚なものとなる（多田［2007］274頁）。単に理念や理想を主張するのではなく、現場のデータに基づいて調査・分析を行うことにより、アドボカシー活動の説得力や信用が高まるのである（重田［2006］122頁）。

16 「市民社会」というのはcivil societyの日本語訳であるが、より良い社会を創るといった共通の目的のために、個人が、個人の資格で自発的に協力する幅広い社会関係とされる（入山［2004］16頁）。市民社会の概念は、16-17世紀の家産国家思想に対する民主主義原理の闘争という形で長い時間をかけて展開されてきたものであり、欧米においては、キリスト教の強い影響の下、個々人の利益に人間の存在がすべて埋没するわけではないという倫理色の濃い認識が強固に存在する（髙橋［2006］213-214頁）。

17 英語で「パブリック」（public）と呼ばれる形容詞は、多義的な意味を持っており、英語の辞書には、「公の」、「公共の」、「社会・国家全体に影響を及ぼす」、「社会のためになされる」、「公開の」、「国事の」、「公営の」、「人目にさらされた」等々、様々な日本語が記されている。しかし、現代の経済社会では、「プライベート」（private）が民間などの「私的」各部門を表す形容詞として用いられ、公共経済学と呼ばれる分野では、パブリックがほとんど「政府の」（governmental）の意味で用いられている（山脇［2002］70頁）。「パブリック」という概念が近代国家の仕組みに取り入れられず、日本人のなかにパブリック＝公共圏という概念が腑に落ちていないため、パブリック＝政府マターと捉え公共圏のことは政府が面倒をみるから私（市民）は政府に任せておけば良い、といった公と私の二元論で社会を作り上げてきたのであり、困ったことがあったら政府が何とかしてくれるから政府の言うことに従っていれば良いなどのメンタリティを生む遠因になったとの指摘（長坂［2008］140-142頁）もある。

頁）。そこでは、本来市民社会を構成するはずの独立の市民は企業へと吸収されて消え失せ、代わって企業が社会を構成する単位となり、ここに市民社会ならぬ企業社会が成立する。従業員にとって企業はすべてであり、これを超えるレベルでの普遍的規範へのコミットは希薄となる（戒能・椈澤［2008］12頁）。日本のNPOの活躍には日本型市民社会の変革が前提条件として必要であり、それは企業社会の克服に向けて、すなわち企業に吸収統合された従業員が公共の担い手たる市民として自立し、市民社会を形成する方向において展望する（戒能・椈澤［2008］13頁）ことにほかならない。

市場原理の下において、社会的公正という視点の導入は国の介入をまたねばならないが、市場原理そのものが社会的公正を取り込んで発展する領域を探すことも全く不可能ではない。昨今注目を浴びることの多いグラミン銀行等の社会的企業はその一例であり[18]、CSVという概念を持ち出すまでもなく、ビジネスが有する社会の要請を満たす力を決して軽視すべきではない。そうした展開を可能な限り助長すると同時に、社会起業家でカバーし得ないCSRが問題とされる領域においても、例えば、外部不経済を内部化する企業のコスト投入を引出すような、NPOの牽制・アドボカシー活動が求められる。その際、NPOの基盤強化に向けて、単に市民意識の高揚を求めるのみならず、かねてより指摘されている認定NPO法人制度[19]や寄附優遇税制[20]の実効性向上等の制度整備が必要であろう。また、NPOと市民をつな

18　グラミン銀行の創業者であるムハマド･ユヌスは、調査の結果、極度な貧困状況にある人々は生活の改善や自立のために自発性は持っているが、それに必要なお金を借りるための担保となるものを持っていないため金融機関から資金を借りることもできず、貧困から脱することができないとの問題意識から、1976年にバングラデシュで土地を持たない女性に対し、小さな自営業のための少額の短期融資（マイクロクレジット）を始めた。このように社会的企業は社会的課題の解決をミッションとして持っているため、単なる営利企業とは異なり、自社の利潤の最大化ではなくミッションの達成を最優先する。1978年にはウイリアム・ドレインがアショカ財団を立ち上げ、社会起業家を支援する世界初のネットワークを確立するなど、1980年代にかけて社会起業家という言葉が広く使われるようになった（羽生［2008］3、20-23、28頁）。

19　寄附した側の企業や個人に対する税制優遇措置として2001年に「認定NPO法人」制度が導入され、2008年度には、パブリックサポートテストなど認定要件の緩和や認定有効期間の延長、申請手続の負担の軽減といった大幅改正が行われた（羽生［2008］299-300頁）。しかし、要件緩和後も要件クリアは容易ではなく、申請時の事務作業の煩雑さ等もあって認定は引続き低位に止まっているとされる（加藤［2010］48頁）。

ぐインターメディアリ機関[21]や、NPO活動の評価機関[22]といったNPOを支える体系的なサブシステム作りを通じて、活動の誘因付与のみならず水路をつける工夫など実践的な問題に対する取り組みも重要となろう（佐々木・金［2002］164頁（今田発言））。

上記機関が、NPOの活動紹介や評価・格付け等を記載したガイドブック

---

20 日本では寄附という習慣が乏しい状態にあり、寄附の多寡の要因を文化の違いなど税制以外に求める見方もあるが（加藤［2010］62頁）、まずは個人が寄附を出しやすい環境を税制面から後押しすることの重要性を減じるものではないであろう。アメリカでは所得に占める寄附控除の限度額が大きく、イギリスでは単独寄附や給与天引制度などの少額の寄附を継続しやすい制度が完備されている。わが国でも、2006年5月の公益法人制度改革関連3法により、登記のみで設立できる準則主義を採用することで法人格の取得を簡便にし、さらにその中から民間の有識者からなる委員会によって一定の公益性を有する法人を認定することにより、公益財団・公益社団には特定公益増進法人として認定NPO法人と同様の寄附優遇税制が受けられることとなった（羽生［2008］359頁）。また、2011年6月には、公益法人への寄附者（納税者）が所得控除だけでなく、税額控除も選択可能な新制度も施行された。

21 インターメディアリとは、NPOと、寄附者・ボランティアなどの資源提供者との間を仲介し、取引コストの軽減に向けて、両者の共働が進むようにコーディネートする機能を有する組織である（田中［2005］246頁）。

22 アメリカではNPOの事業成果や組織パフォーマンスを評価し情報提供を行うNPOが少なからず存在しており、市民や企業が寄附を行う際にNPOを選別する1つの基準として、評価情報を利用する。NPOの組織のパフォーマンスを評価する著名なNPOとして、NCIB（National Charities Information Bureau）とBBB（Better Business Bureau）が2001年に統合して発足したBBB Wise Giving Allianceがあり、多くのNPOの情報を提供している（谷本［2002b］3-4頁）。その際、利益をボトムライン（成果の判定基準）としない事業の評価については、評価結果と当事者の利害が直結する場合には情報操作の危険性を孕んでおり、常に自己評価の要素が強いことによるバイアスの危険性を意識しつつ、バイアスを排除するシステムを作っておくことが必要となる。

例えば、フィリピンでは1999年2月より非営利団体の寄附免税審査を、評価専門機関であるPCNC（フィリピンNGO認証協会、Philippine Council for NGO Certification）が行っている。評価チームの報告を受けて理事会で認証判断を行うが、点数化、インタビュー、プロジェクトの期待される成果と成果の指標等については、自ら雇った会計士による監査のほかに、設立の際の出資金を出したPICOP社の監査も受ける。また、否認を決定する前に改善機会を提供するとともに、格付けという定量手段も導入している。最終判断は個々の評価者の考えや所感に基づくため、その意味で主観を完全に回避することは不可能であるが、主観による判断の偏りの予防に向けて、PCNCのように事務局・理事会など複数のスクリーニングを通すことが必要であり、そのための手法や基準の開発、参加者の人選・民主的な運営方法等が問われることになる（田中［2005］155、159-169頁）。

を通して、市民とNPOの活動とのマッチングを図ることで、トランザクション・コスト[23]の低減に資する機能を発揮していくことが期待されるのである。そのためにも、NPOの会計基準や情報開示基準の整備[24]に併せて、社会的価値の実現（ミッションの達成度合い）を数値化ないし金額化した情報発信も望まれる。そこで求められるのは、効率性等を評価するための財務報告上の利益情報のみならず、サービス提供の成果である社会貢献という付加価値の表現である[25]。それらを定量的に開示する非財務情報としてのKPI（主要業績指標）の開発は学術的にも非常に重要な課題であるとともに、開示情報に対する第三者検証など信頼性を付与する枠組みの構築も必要となろう。

23　トランザクション・コストは、ミスマッチに伴う、探索コスト、交渉コスト、モニタリングコスト、合意形成に要するコストである（上杉［2001］40-41頁、田中［1999］172頁）。そこで想定されるミスマッチは、①資源提供者と非営利組織の間に生じるもの（ボランティアや寄附希望者が適当な非営利組織を見つけられず諦めたり、適当な非営利組織に出会ったが条件が合わず、寄附やボランティアを断念する現象）、②受益者と非営利組織の間に生じるもの（非営利組織のサービスを受ける受益者の希望や好みとサービスの内容が嚙み合わず、受益者にとってありがた迷惑になっている現象）、という2種類がある（田中［2005］3頁）。

24　NPO法では財務諸表の整備に関し最低限の曖昧な規定に止まっていたが、2010年7月に、NPO法人会計基準協議会（全国79のNPO支援団体で構成）から「NPO法人会計基準」が公表された。同基準は、一般目的の財務報告基準をベースとして、NPO法人に固有の項目として寄附に関わる情報開示の視点も加味して策定されており（江田［2011］50-51頁）、民間ボランタリーベースで多大の調整コストを経て辿り着いた貴重な成果と評価できる。ただ、KPI等の情報開示は財務報告会計とは別体系に位置付けられ、事業報告等における任意開示に止まっているのが現状である。NPOの事業活動の成果は、主として非貨幣尺度で評価されるという意味で、企業会計を適用することの限界の克服が課題となっている（古庄［2002］123頁）。

25　Drucker［1993］は、非営利組織が成果の判定基準をもたず活動のモチベーションも善意であるだけに、成果や業績を軽視する誘惑にかられる傾向があるとする。この善意が災いして受益者や周囲の関係者のことを忘れて独り善がりの活動に埋没してしまう危険性があるので、自らの使命とゴールを確認したうえで、組織の外にある受益者（顧客）や社会環境とを比較し、そのギャップを認識しながら自らの組織のあり方を再定義する必要性を指摘した。そこでは、顧客となる対象の定性的、定量的側面を分析することで成果の判定基準を決めることができ、その結果、組織の何を評価し、判断すべきかが分かってくるとされる（Drucker and Stern［1999］（田中［2000］21-39、43頁））。

6. おわりに

トリプル・ボトム・ラインの重視は企業に利益をもたらすとのロジックで、経済的誘因に基づくCSR論は、CSRと企業収益とのつながりを強調する。確かにCSRは一部の企業にとって採算が取れる戦略となり得るが、消費者への戦略を意識し過ぎると、お客様満足のCSRや偽善的マーケティングとも揶揄されかねない（横山［2003］79頁、藤井・新谷［2008］10頁）。NPOは苦情ではなく理念を持ち出すステークホルダーの典型であり、彼らはお客様相談センターに問題を持ち込むわけではない（藤井・新谷［2008］10、27、159頁）。例えば、人権や社会的公正といった企業活動から遠いCSRは、少なくとも短期的なビジネスの要請と一致しないことが多く、純然たる利潤追求動機によるアプローチは構造的限界を内包していると言える。効率と公正が両立する社会の構築を目指すうえで、市場経済は、環境汚染・破壊といった外部不経済を市場に内部化し、何らかの形で行為者に修復のための費用を負担させない限り、環境汚染・破壊などの社会的不公正を制御する固有の力学を持ち合わせていない（佐和［2000］206頁）。

本章では、CSR規範形成因子について、企業（経営者）の道徳心や倫理観、使命感に解を求めるのではなく、NPOやその基盤を構成する市民社会、究極的には市民社会の構成員である人間の選択に基礎を置いた。そこで考察の対象としている人間は、合理的経済人という限定されたモデル上の仮想的存在ではなく、規範的判断も選択しつつ自らの人生を模索している人間そのものである[26]。そのような人間がコミットし組織化するNPOに、純然たる利潤動機に基づくCSR論の限界を克服する牽制機能を期待するのである。実際、消費者、従業員、投資家の中にも、金銭的な自己利益以外の目的を抱いている人々がおり、企業は市民的規制を背景に、株主価値を最大化するために追求している戦略をしばしば変更してきている（Vogel［2005］（小松ほか［2007］34頁））。

ただし、裏付けがないNPO礼賛論や、逸話だけを頼りにした政策主張・アジテーションだけでは、真にNPOの機能と課題を浮き彫りにすることはできない（塩澤・山内［2000］iii頁）。NPOと企業の相互作用で形成される

CSR規範を分析していくうえでは、NPOと企業との相互関係性を考察する枠組みが不可欠であり、まずはCSRやNPOを研究対象とする理論的なフィールドを整える必要がある。まさにNPOと企業の関係構築を巡るソフトな規範形成プロセスの考察に際し、研究の方法論自体が鋭く問われている領域と言えるのではなかろうか[27]。例えば、公共性というキー・コンセプトをもとに、哲学、思想史、政治学、法学、経済学、社会学、歴史学などの個々の学問を共通の土俵に乗せて、相互の知見を討議し合う学問（公共哲学）も１つの方法論[28]とみられるが（山脇［2004］11頁)、本章ではゲーム論的思考の有用性を提示した。もちろん、本章では分析する際の思考のプリミティブな枠組みを提示したに過ぎず、実際の事例の中で、規範の形成・維持・変容に焦点を当てて、個々の誘因がどのように相互作用しているかは別途明らかにしていかなければならない。

そうしたNPOと企業が作る相互作用（CSR規範）解明へのアプローチは、今や様々な国際的問題領域に見られるグローバル・ガバナンス論と、共通の視座を有するようになってきているのではなかろうか（山本［2008］350頁)。国際規範を形成し、国際的秩序を実現するためには、国民的偏見から自由でなければならないし、アダム・スミスの言う「公平な観察者[29]」

26　Sen［1985］の潜在能力アプローチでは、財と効用の中間に人間の機能という概念を置き、その機能の充足と発揮が「良き生」を送るうえで決定的に重要であり、効用の次元では捉えられない諸要因（自由、正義、権利など）が「良き生」を規定するとされる。センは、欲望それ自体は評価活動ではなく、人々は福祉の判断、計画、実現に当たって、感情や欲望の帰結に加えて、批判的、内省的な社会的存在として、生き方についての評価活動を避けることはできないとする（塩野谷［2002］35、87頁)。批判的で内省的な社会的存在としての人間に関心を集中する点において、センのアプローチは、アダム・スミス、さらにはアリストテレスによって先鞭をつけられた哲学的立場に深く根差している（Sen［1985］（鈴村［1988］2、4頁))。また、マックス・ウェーバーは、ピューリタニズムの天職理念の宗教的基盤を解き明かした著名な論考の中で、貨幣の獲得を人間に義務付けられた自己目的、すなわちBeruf（天職）とみるような見解が、他のどの時代の道徳感覚にも背反するものだということは、ほとんど証明を要しないとしている（Weber［1920］（大塚［1989］82-83頁))。

27　塩澤［2000］、重冨［2001］、谷本［2002a］などでも、NPOと企業の関係について、その研究の科学的方法論の必要性に関する指摘がなされている。

28　とりわけ、佐々木毅・金泰昌編集による公共哲学シリーズ（1～10巻、2001～2002年、東京大学出版会）は、わが国において「公と私」や「公共性」の問題が多面的に、かつ幅広く論じられた貴重な成果である。

(impartial spectator) の役割を果たす国または機関が存在しなければならない。国際世論は、諸国民に共通な公平な観察者の判断基準を打ち立てる基礎となり得るのであり[30]、この点に国際NGOの意義も見出せる。特に、インターネットの活用は、既存の境界(国家、地域、階層等)を越え人々をつなげ、運動を飛躍的に拡大・強化すると同時に、市民社会の国際的評判という形でのプレッシャーにも大きな影響を与えることから、ミッションの国際的規範化を大きくサポートし得るようになってきている。国際政治学の分野では、アドボカシー型の国際NGOが有する世界的なネットワークの影響力が、ガバンンスやレジーム理論など規範形成の過程に関する研究において注目されている(段家[2006]154-155頁)。こうした知見も参考にしつつ次章では、地球温暖化などのグローバル・イッシューの開示規範形成を巡り、より望ましい社会的均衡の実現に向けた国際NGO関与のグローバルダイナミクスについて、具体例を通じて考察を深めていきたい。

---

29 アダム・スミスの一般的諸規則では、自分自身を公平な観察者が自然かつ必然的に眺める見方で、それらが他の人々にとって見えてくるような見方で考察するとされる(Smith[1759](水田[2003]40、100、131、165頁))。

30 Smith[1759]で言及された公平な観察者というのは、それぞれの国で通用している公平な観察者であって、他国の国民とは地理的、言語的、文化的な隔たりがあるため共通の公平な観察者の基準を形成しにくい。結果的に、各国の政府や国民が、自国に対して用いる公平な観察者の判断基準を、他国民に対しては用いない傾向にある(例えば、国民的偏見、祖国愛等)。このため、自国民に対しては守られる正義の感覚が他国民に対しては守られず、公平な観察者が存在しない状態になるが、国際世論は、諸国民に共通な公平な観察者の判断基準を打ち立てる基礎となり得る(堂目[2008]120-133頁)。

第3章

非政府組織関与による国際開示規範形成の促進

1. はじめに

近年、サステナビリティに関連した非財務情報の開示テーマとして、気候変動情報など地球温暖化問題への関心が一段と高まってきている。そこでは、非政府組織（民間非営利団体）であるCDP（Carbon Disclosure Project）による温室効果ガス（GHG：Greenhouse Gas）の情報開示に関する質問状と回答結果の開示や、CDPを事務局としたCDSB（Climate Disclosure Standards Board）による気候変動情報開示フレームワークの提示、あるいは統合報告に向けたIIRC[1]（International Integrated Reporting Council）によるフレームワーク公表など、非政府組織による国際的な取り組みが目立ってきている。こうした非財務情報開示を巡る非政府組織による活動という点で

1　金融危機が顕現化した2010年に、GRIとA4S（イギリスで「持続可能な社会を形成するための新しい会計の仕組み」を検討）が中心になって、金融危機の背景となった短期主義の是正とともに、企業・社会・環境の持続可能性に資する企業報告のあり方を検討する目的で設立された。

は、既にGRI（Global Reporting Initiative）による持続可能性報告ガイドラインの公表などの取り組みがみられてきたが、近年における国際的な非政府組織の活発な動きは単なる偶然が重なっているのではなく、国際開示規範[2]の形成過程において非政府組織の関与が有効な側面を有しているからこそ、様々な分野で広範化してきている現象と捉えられる。

非政府組織の代表例はNGO[3]（Non-Governmental Organization）であり、NGO関与による国際規範形成は、開示分野に限られるものではなく、広くは地球規模の問題を巡る条約交渉等の場においても活発化してきている。市民社会を基盤に生成したNGOが、グローバルな課題を巡る多国間の合意形成の場において重要な影響力を及ぼすようになっており、こうした動きは、インターネット等情報技術の進展に伴う各国NGOのネットワーク化によっても後押しされているのは、前章末尾でも述べた通りである。多国間条約の形成過程にNGOが関与することにより、交渉の透明性拡大、交渉方法の多様化、政府との協働などの変化を通して、交渉プロセスの効率化につながる事例もみられるようになってきている。そうした中で、影響が不確実なテーマについて、当初は交渉当事者に見解の相違が広範にみられる場合にも、NGOの活動等を起点にある規範に一定の支持が集まり始めると、ある時点から雪崩を打ったように規範への支持が膨らみ規範が形成・定着していく現象もみられており、これは臨界点を境に大量の水が急落する滝になぞらえて「規範のカスケード」と呼ばれる（西谷［2008］41頁）。

国際政治学の分野で「規範のカスケード」の概念を導入したのはフィネモアとシキンクとされる[4]が、ゲーム理論における「情報カスケード」とも類

2　国際開示規範は「開示に関する国際的な規範」であり、ここで「規範」というのは第1章で論じたように、制定法等のハードローのみならず、ガイドライン、市場慣行、ベストプラクティスによる実務など、「正当な立法権限に基づき創設された規範ではなく、原則として法的拘束力を持たないが、当事者の行動・実務に影響を与えている規範」と定義される「ソフトロー」を含む、広い概念として用いている。CDPへの回答は任意であり、特定の情報を開示しない場合に“report or explain”原則が適用されるわけではないが、後述するように回答スタンスの公開を意識した企業心理を梃子として、CDPが企業の開示行動・実務に開示圧力（社会的影響力）を与えることを通じ、ソフトローとしての規範性を有するようになってきていると考えられる。

3　序章脚注2で述べたように、日本国内の用語例・語感に従い、本章で扱う国際活動を行う非営利組織については、NPOではなくNGOと表記することとする。

似した概念であり、国際条約のみならずGHG情報等の開示フレームワーク構築に向けても有用な視座を提供し得るのではないか、というのが本章の基本的な問題意識である。以下では、まず「規範のカスケード」が影響したとみられる事例として、対人地雷禁止条約の交渉過程を採り上げ、NGOの働きかけや機能をレビューし、そこで観察された事実を情報カスケードやグローバル・ガバナンスの視点から分析する。次に、ここで得られた視座を踏まえ、近年の非財務情報開示における各種非政府組織の取り組みのうち、特にGHG情報開示に向けたCDPの活動に焦点を当て分析するとともに、地球公共財を巡るグローバルな開示規範形成を考える際にも、情報カスケード等の分析枠組みが有用であることを論じる。

2．　国際規範形成とNGOによる「規範のカスケード」

⑴　対人地雷禁止条約における「規範のカスケード」

国際条約交渉過程で「規範のカスケード」が生じた例としては、1997年12月に成立した対人地雷禁止条約が有名である。国際機関の枠組み外で規範形成に成功した初めてのケースであり、その過程でICBL（International Campaign to Ban Landmines：地雷禁止国際キャンペーン）が大きな役割を果たした（長坂［2007］103頁）。ICBLは、6つの人道援助NGOが対人地雷全廃を目指して1992年10月にニューヨークで結成した連合体であり、個々のNGOが集まり知識や経験を共有することで効果的な活動を目指すネットワーク型NGOである。対人地雷全面禁止条約（オタワ条約）は、超大国抜きに人道主義を前面に打ち出し条約を実現させたものであり、オタワで開催された会議を発端としカナダがリーダーシップをとったことから、これまでの軍縮条約と異なる過程への賛辞も込めて「オタワプロセス」と呼ばれる。その過程においてICBLが重要な役割を果たし、その功績に対しノーベル平和

4　もともと1970年代末から1990年代半ばにかけての国際人権規範の普及現象を指した特殊概念であったが、Finnemore and Sikkink［1998］は、この概念を国際規範の発展モデルに明示的に組み込むことで一般概念として位置付けたとされる（西谷［2008］41頁）。

賞も授与された（長［2007］237頁）。

オタワプロセスの起点となった1996年10月のオタワ会議の正式参加国は、カナダをはじめとする50か国に過ぎなかったが、そのわずか4か月後の1997年2月に開催されたウィーン会議では、対人地雷全廃に積極的でなかった国も含め参加国はオタワ会議参加国の2倍以上の111か国（同年6月のブリュッセル会議には115か国）に上った。こうした背景には、英仏で国際的な潮流を考慮して政権交代を機に政策転換が行われたことを潮目に、イタリア、スペイン、チェコ、ハンガリー、ボスニア等が相次いで支持派に転じる中で、「勝ち馬に乗る」感覚で会議に参加する日和見国も少なくなかったとされる（足立［2004］181-183頁）。1997年12月に例外留保条件のない厳格な対人地雷禁止条約が採択されるに至ったが、最終的に条約の調印式には127か国が参加した。

オタワプロセスは、伝統的な軍縮枠組みを離れてNGOと国家との緊密な協力関係という特徴をもったユニークなものであり、アメリカやロシアなど大国の反対にもかかわらず、NGOと中小国政府が主導する中、わずか1年強余りで対人地雷禁止条約の形成に成功した。その際、NGOは対人地雷の引き起こす非人道的被害を具体的な映像等を用いつつ訴え、世論の支持が各国内で高まるにつれて、オタワプロセスへの参加を各国政府に促す圧力が強まった。また、プロセスに明確な交渉期限を設けたことも、プロセスに参加していない国、プロセスに対して曖昧な態度をとっていた国に決断を迫るものとなり、条約調印式の日程が近づくにつれてプロセス参加へのプレッシャーは増していった。さらに、拒否国排除という方法による交渉は、地雷使用を継続したいと考える国が対人地雷の定義を曖昧にし抜け道を作る動きを許さず、対人地雷を全廃するという点について交渉の余地をなくし合意形成を促進した（足立［2004］147-150頁）。

(2) 「規範のカスケード」の理論的説明とNGOの役割

フィネモアとシキンクによる「規範のライフサイクル・モデル」（Finnemore and Sikkink［1998］pp.895-905）によれば、規範の変動については、規範起業家によって新しい規範が提唱され（誕生）、その規範が広範に普及し（伝播）、最終的に主体が規範を自明視するようになる（内在化）という三段階のプロセスとして描かれる（光辻・山影［2009］5頁）。対人地雷禁止条約という国際規範が形成されるに際し、NGOは「誕生」のプロセスで規範の道義的正当性を各国の政策決定者に説得する規範起業家の役割を果たすとともに、規範起業家が各国政策担当者の説得を試みることにより、「伝播」のプロセスにおいても重要な役割を果たした。オタワプロセスではNGOのICBLが関わることで交渉がガラス張りで行われ、そのことにより世論の支持を増し求心力を得ると同時に、態度が明確でなかった各国もICBLの訴える言説に説得され地雷全廃という規範を受容するようになった（足立［2004］202・228頁）。その過程で、規範を受容した国家の量と質がある一定水準に達すると、一気にその規範が国際社会全体に伝播する「規範のカスケード」が生じたのである。

こうした記述概念としての「規範のカスケード」を理論的に理解するには、情報カスケード（information cascade）ないし合理的群集理論（rational herding）による説明が有用な視座を提供し得るのではないかと考えられる[5]。情報カスケードや合理的群衆行動といった理論は、ゲーム理論の立場から群集行動のメカニズムを説明するものであり、群集行動がプレーヤー達の合理的な選択によって発生するという理論である（Brunnermeier［2001］chapter 5 and 6）。例えば、食堂に並んでいる人の数（群衆の大きさ）が一種の有益な情報となるように、群集行動においては、後続のプレーヤーは自分自身の受け取った私的情報であるシグナルと、先行者の行動という共有情報の両方を利用して期待利得の高い選択を行うと考えられ、ある状況の下で、人々は各人が受け取った選択対象に関する私的情報（シグナル）を無視して、先行者達の行動に追随するようになるとされる（川越［2010］237頁）。

5　ただ厳密には、合理的群集理論との対比で国際交渉の場においては、①NGOのキャンペーンにより提供される情報は、個々人が私的に受ける情報とは異なり、ある一定割合の人達に一種の公的な情報を与えているという側面を有するほか、②個人の選好（欲求）に伴う直接的利益に比べて、地雷禁止等の問題は個々人の直接的利益ではない、といった違いがある。本来、こうした相違点も視野に入れて合理的群集理論のモデルを構築し、実際に「規範のカスケード」をモデルで検証することが望ましいとも言えるが、本章では、そうした複雑なモデル構築は今後の課題として、合理的群集理論の本質的なアイデアを参考にすることにより、NGOによる開示規範形成過程を分析し、今後の開示規範形成のあり方に係る考察を深めることを目的としている。

また、「規範のカスケード」に似た概念として「バンドワゴン」があり、フィネモアとシキンクは同義として扱うが、「情報カスケード」において各プレーヤーは模倣という行動様式をとるのに対し、「バンドワゴン」という概念は機会主義的に勝ち馬に乗る特定の行動様式を指している。バンドワゴンは機会主義的な意図を問題にしており、情報カスケードは真正の支持者の結集行為と機会主義者のバンドワゴン行為の混在によって記述される現象と解される（西谷［2005］151-152頁）。

先にみた情報カスケードとして、地雷全廃条約の賛意表明国が当初の50か国から短期間で2倍以上に膨れ上がった過程には、ICBLの主導的役割が観察された。ICBLは、会議妨害等の闘争的手法をとるのではなく、詳細な専門情報の提供を背景にロビイング活動や場外での支持拡大戦略の実行によって、交渉に臨む政府代表を通じて着実に影響力を行使する手法をとった（西谷［2006］137頁）。ICBLは、各国政府に対して討議を通した説得を試みると同時に、対人地雷禁止に反対する政府を排除し非難する一方、プロセス参加者を礼賛することで「社会的影響」を強めた。成熟した民主主義国では、世論がNGOの主張に共鳴するようになってくると各国政策決定者もNGOの主張に敏感にならざるを得ないので、オタワプロセス参加国が増加するにつれて、こうした「社会的影響」はより強く作用し始めた（足立［2008］6-7頁）。このようにICBLは、専門調査機関としての情報分析能力と緻密性、報道機関のような取材力と速報性、活動家としての行動力と機動性を武器に、問題点を様々に探り意思決定のあるべき姿を提示するなど、交渉に大きな影響力を行使し条約成立に向けた牽引役となった（長坂［2007］106頁）。

他方、これまで安全保障に関わる問題にNGOがあまり影響力を行使し得なかったのは、政策決定者へのアクセスが困難であることによる情報の欠如にあったが、地雷問題においてはNGOが豊富な情報量と高い専門性を有し、そのことによりNGOが各国の政策決定に大きな影響力を発揮することを可能とした。国際NGOのICBLでは、各国NGOが現場に根差して地道に収集した情報が共有されることによって、一団体では到底集めきれない情報の量と質を手にし、大きな交渉パワーを獲得した。情報・通信技術に支えられ形成されたNGOのネットワークからもたらされる膨大な情報によって、十分な専門性と交渉力をもつことが可能となり、NGOは各国政府と対等あるいは時にはそれ以上の立場で議論したり、マスメディア等を通して対抗言説の論拠崩しなどを行うことができたのである（足立［2004］186-187頁）。

⑶　グローバル・ガバナンスにおけるNGO関与の正当性

NGOと中小国政府が協働する条約交渉方式は、その後の軍縮交渉でもクラスター爆弾を禁止するための「オスロプロセス[6]」が続いているほか、国際刑事裁判所の設立[7]においても成果を上げている。このほか、地球温暖化交渉[8]において1997年の第3回締約国会議（COP3）における「京都議定書[9]」は大きなエポックを画したが、この成立過程においてNGOのCAN（Climate Action Network）が果たした役割も特筆される。CANは、1989年に結成された気候変動問題を扱う国際的ネットワーク型NGOであり、会議期間中にCANが発行する日刊のニュースレター「eco」は政府間交渉の経緯を明らかにし代表団にとっても有用なニュース源となる一方で、CANの

6　クラスター爆弾禁止を巡って、2007年2月にノルウェーをはじめとする中小国とNGOが、オタワプロセスと同様の方式でオスロプロセスを開始し（足立［2008］7頁）、2008年5月には条約案が採択された。

7　設立条約案を審議した1998年のローマ外交会議においても、カナダを中心とする同志諸国とNGOの国際的ネットワークが連携しオタワプロセスを意識したイニシアティブをとり（塚田［2005］62-63頁）、最終的に2002年に条約が発効した。

8　温暖化交渉は元来高度で広範な科学と技術的問題を巡るものであるうえ、経済的利害や政治的配慮、途上国と先進国との利害調整などが複雑に交錯し、国連交渉としては稀に見る難交渉とされる。気候変動問題は、地球規模の公共財をいかにして制御するかという問題であるが、地球規模で適切な排出削減をもたらすような実効的な合意が必要になるところ、そもそも自国の排出量の削減はその国の野心に委ねられている。そこでは、他国より野心的にならないようにしようという心理が働くので、全地球的な濃度安定化への数値目標を合意しようという誘因は生まれ難く「ただ乗り」のインセンティブも存在するうえ、先進国の排出の責任を主張する途上国との南北問題も大きなネックとなっている（西村［2011］101、111、114頁、スティグリッツほか［2010］41頁（キャラーロ発言））。各国がそれぞれの意見を提出して議論するので議論は紛糾し、多数決原則はないので果てしない討議が続くことになる。交渉ルールに由来する困難さに加え、利害関係の多様な輻湊を克服して短期間で合意を作り上げなければならないという極限的状況が重なる（西村［2011］101-102頁）。

9　温室効果ガスのうち、二酸化炭素（CO_2）、メタン（CH_4）、亜酸化窒素（N_2O）などについて、先進国における削減率に関し1990年を基準として定め、約束期間（2012年）までに目標の達成を規定した。

スタンスを示し交渉担当者に対して圧力をかけるなど、重要なロビーツールとして機能し会議の帰趨に大きな影響を与えた（沖村［2000］176頁）。

こうした事例を通じ共通に観察されるのは、NGOの専門知識が、当該国際規範形成問題を巡る対策の正当性を支える役割を果たしており、同時にNGOは国境を越えてネットワークを形成することで、その専門性と影響力をさらに高めているという点である。NGOは、アジェンダ設定の時期には規範形成に直接的な影響を与え、交渉の時期においては、交渉担当者の認識・解釈・対応等に間接的な影響を与えているのである。NGOが専門知識という武器で交渉者の認知や心理に個別国ごとに分権的に働きかけることで「規範のカスケード」も生じ得るのであり、こうした状況は、地球規模の公共財や外部不経済に起因する交渉全般（グローバル・イッシュー）に共通して当てはまるのではなかろうか。グローバル・イッシューは前章で触れた「共有地の悲劇」と同様に、各国が自国の利益を主張する中で議論を収束させていくのは至難の業となり、そこでは多様な利害を調整し協力的な行動が採られる継続的な過程の構築が重要なポイントとなる。

グローバル化が進む下で、近年、国際条約のみならず広範な分野で国際制度に対する需要が高まるとともに、「グローバル・ガバナンス[10]」の議論が社会科学の様々な領域において活発になってきている（山田［2010］36頁）。その際NGOは、共通の価値観に基づく社会的行動により結成され、ネットワーク化したトランスナショナル網により、自らの分析・研究・代替政策の立案・提示といった能力を高めることで、グローバル・ガバナンスの有力な担い手となり得る（大八木［2000］92頁）。そこで次節では、これまでみてきた国際条約交渉事例の検討を基礎として、非財務情報の開示規範に焦点を当て、NGO関与によるグローバル・ガバナンス形成過程の分析を試みたい。GHG情報等の開示規範については、条約のように各国代表者が同じテーブ

10 グローバル・ガバナンスに類似する概念として国際政治学における国際レジームがあり、国際レジーム論が、国家を行為者、ルールを問題解決の方法とし、特定の問題領域を考えるのに対し、グローバル・ガバナンス論は、個人や公的・私的機関が共通の事柄に取り組む多くの方法の総称とされる。主体としては、国家だけではなくNGO、多国籍企業など様々な非国家主体を取り込み、方法としては、単にルールだけではなく様々な方法（プログラム、開発の実践など）を考え、より広範な問題を扱う（山田［2010］36-37頁）。

ルで交渉しているわけではなく企業の任意開示に委ねられている面も大きいが、やはりステークホルダーを生成基盤とするNGOが影響力を与えるようになっており、企業も他企業の動向や市場の評判を斟酌しながら自らの行動を選択する状況がみられる。開示規範の形成過程においても、NGOが介在したガバナンス・メカニズムが円滑な国際調整を促進し得るのであり、情報カスケードやグローバル・ガバナンスといった分析フレームワークが同様に妥当する領域と考えられる。

3．国際開示規範の構築に向けた考察

(1) 開示規範の形成過程における非政府組織の関与

第1章でも触れたように、1990年代を通じて環境情報を中心にした社会関連情報の開示活動が国際的に進展したが、このような活動を民間ベースで標準化したのが1997年に結成されたGRIであった。GRIは、セリーズ原則で有名な米国NGOのCERES（Coalition for Environmentally Responsible Economics）が中心になって設立された国際NGOであり、企業の年次報告書とは別に環境・経済・社会を軸にする持続可能性報告書の作成開示を奨励し、その詳細なガイドラインを制定した。GRIガイドラインは、ハードローの裏付けをもたない民間ベースのガイドラインであるが、国際的に支持を広げるにつれて、また国連環境計画（UNEP）が公式に支援したこともあって、2000年代を通じて持続可能性報告のグローバルなデファクトスタンダードとしての性格を帯びてきた（國部［2011］118頁）。

また近年、CO_2等気候変動情報の開示が国際的に求められるようになってきているが、この流れを作ったCDP（Carbon Disclosure Project）の取り組みが注目される。CDPは、機関投資家を生成基盤としロンドンを本部に2000年に発足したNGOであり、企業に対して気候変動の戦略や具体的なGHG排出量の公表を求める世界的なプロジェクトを展開することで、機関投資家の賛同を集め企業のGHG情報の自主的開示を促している。CDPでは、世界中の機関投資家を代表してグローバル企業のCEO宛に質問状を送付し、その回答状況をWeb上で公表するなどの取り組みを行っており、質

問・回答のグローバルな標準化を図ることを通じて、GHG情報開示の世界的なデファクトスタンダード化を積極的に推し進めている。

さらに、実質的にCDPが中心となり2007年の世界経済フォーラム（ダボス会議）で設立されたCDSB（気候変動開示基準審議会、事務局はCDP）では、自主的報告媒体での気候変動情報の開示ではなく、「主流の財務報告書類」である制度的開示（有価証券報告書、Form 10-K等）に気候変動情報も追加記載させる国際的なフレームワークの提言・開発に取り組んでいる。CDSBは2010年9月にCDSB報告フレームワーク（Climate Disclosure Standards Board Reporting Framework - Edition 1.0）を公表しており、要求される報告内容として、①戦略分析、リスク、ガバナンスの報告（定性的情報）、②GHG排出量の報告（定量的情報）を提言しているが、こうした報告要求は、CDPの質問内容（ガバナンス、リスクと機会、戦略、温室効果ガス排出量等、コミュニケーション）を基礎としているように窺われる。

(2) CDPによる能動的・分権的働きかけの効用

CDPでは、気候変動により企業財務に影響が出るのであれば投資家に向けて気候変動対策とその情報開示が必要との問題意識から、先に触れたように各国大企業に対し「気候変動によるリスクや機会にどう対応しているか」に関する質問状を送付している。CDPの調査は、2003年から毎年実施され、地域ごとに送付先企業を増やして行われるようになっており、11回目となった2013年は全世界で6千社以上の気候変動対象企業（うち日本で500社）に質問書が送付された（森澤［2013］3頁）。また、機関投資家によるCDPへの署名も世界的注目度の高まりを受けて増加傾向にあり、2013年時点で総額87兆ドルの資産を持つ722先に上っている（CDP［2013］p.6）。

質問内容は、気候変動リスクの認識やそれに対応する戦略などの記述情報から、実際排出量などの定量情報まで多岐にわたるが、CDPに署名している機関投資家は、気候変動リスクの重要性を認め情報ニーズを表明したものと解釈できる（水口［2011b］99頁）。また、自社回答の開示に同意した企業の情報は一般にも無償で公開されており、CDPのホームページから情報へのアクセスも可能となっている。このため、企業側が積極的に気候変動に対応しているか否かで、消費者をはじめとするステークホルダーの評判ないし風評、市場評価等も変化し得ることになる（魚住［2011］176頁）。さらに、2008年からは回答を開示面からスコアリングし、気候変動に関して優れた開示をしている企業をCarbon Disclosure Leader Index（CDLI）として公表しており、高く評価されることによってCDPへの回答、ひいてはGHG情報開示に対してのモチベーションを高め得る仕組みも導入された。

CDPの活動でユニークなのは、質問状の送付と、その結果の公開や、CDLI上位スコアリング企業の公表という手法を能動的に、かつ個別企業ごとに分権的に用いている点にある。質問状への回答に強制力はないものの、回答しなかった場合は、NR（No Response：無回答）とWebや報告書で開示されるほか、開示企業も内容面でのスコアリング結果を公表されることになる。GRIのようにガイドラインを公表して各企業の任意の選択に委ねるよりも、より積極的に個別企業の選択に働きかける手法となっており、規範形成の流れを能動的・分権的に形成しようとしている点で、各種条約交渉過程でみられた国際NGOの規範起業家としての戦略的行動とも類似した側面を見出せる。また、回答期限を区切って企業の心理に分権的に働きかけるに際しては、企業が市場の評判や他企業の動向を気にすることに着目しており、条約交渉過程での世論の働きを市場評価が担っているように窺われる。

⑶　CDP活動の情報カスケードによる分析

国際的にCDPの企業への影響力と情報開示圧力は年々高まっているが（阪［2011］221頁）、当該プロセスに関し、規範形成の理解に向けて先に導入した情報カスケードの視点から分析すると、①2003年に質問状を通して開示規範の提示がなされた後、②2006年に至り急速に国際的な支持が集まり始め、③2007年以降は開示に向けた規範形成が浸透し現在に至っていると評価できる。すなわち、CDPは2000年に発足した後、CDPから企業へのGHGに関する質問書の送付を2003年から開始したものの、GHG情報の開示企業数については、①当初の3年間に関する限り、2003年235社→2004年295社→2005年355社と低い水準に止まっていた。その時点ではGHG情報の扱いを巡る見方は必ずしも一定せず意見の相違もみられたが、②2006年になると、開示企業数は922社、前年比2.6倍（増加企業数567社）と一気に世界的拡大をみせ（森澤［2012］6頁）、GHG情報開示規範に国際的支持が集まり始める転機となった。③その後は、2007年1,449社→2008年2,204社→2010年3,050社→2012年4,112社とハイペースで拡大を続けている。

2006年の転機に影響を与えたとみられる環境変化として、2006年に国連から公表された責任投資原則[11]（PRI：Principles for Responsible Investment）があると考えられる。これを契機に公的年金を中心にした欧米機関投資家等が、環境問題や社会問題を投資先評価の基準に加えたり、株主権を背景に投資先企業との対話を通じて企業行動のあり方に関与（エンゲージメント）するようになり（水口［2011a］3、13頁）、GHG情報を含むESG（環境・社会・ガバナンス）情報はコスト要因ではなく、企業価値やリスクの分析に役立つという認識が投資家サイドに急速に高まった（大和総研［2011］33頁）。企業サイドにおいても、こうした投資家サイドの動きを眺めつつ、E（環境）情報であるCDPデータは公表されることから、GHG情報の開示に積極的に取り組むことが市場評価につながり得るとの理解、あるいはネガティブな社会的評判や信頼性の低下を招かないようにとの思惑もあって、CDP回答企業の急増というカスケードの起点につながったとも考えられる。

その後は、開示の動きが広範化する中で、勝ち馬に乗る行動様式から回答企業はハイペースで増え続けており、GHG情報の開示規範意識は国際的に定着しつつある。ただ、情報カスケードは、それ自体のダイナミクスによって機会主義者を動員する機能を有する反面、いちど始動すれば自動的に拡大し続けるとは限らず、規範に従う費用（例えば開示コスト）が評判費用を上回った場合には、少数の離脱者が出ると連鎖的に支持者の大量流出が起こる可能性もある（西谷［2007a］85-86頁）。状況を左右する鍵の1つが国際的評判費用の多寡であり、その前提として、市場の評判が共同体内における社会

11　6か条による具体的な行動例により構成されており、1）「私たちは投資分析と意志決定のプロセスにESGの課題を組み込みます」、2）「私たちは活動的な（株式）所有者になり、（株式の）所有方針と（株式の）所有慣習にESG問題を組み入れます」、3）「私たちは、投資対象の主体に対してESGの課題について適切な開示を求めます」、4）「私たちは、資産運用業界において本原則が受け入れられ、実行に移されるように働きかけを行います」、5）「私たちは、本原則を実行する際の効果を高めるために、協働します」、6）「私たちは、本原則の実行に関する活動状況や進捗状況に関して報告します」などが示されている（責任投資原則ホームページ上の日本語訳から抜粋）。

的影響力として機能するか（プレーヤーの受け止め方）が重要となる。

この点、CDPにおいては、毎年の質問状により各国企業から集積した豊富な情報と気候変動問題への世界的な懸念を背景として、期限を区切って各企業に質問への回答を迫り、そこでの企業の対応をそのまま開示することで、企業における開示スタンスの差異が市場の評判に影響しかねない状況を作った。CDPのデータはBloomberg等のアナリティック・ツールでも活用されており、回答拒否や、回答はするが回答内容の公開を拒否する場合には、開示企業に比して市場からネガティブに見られるかもしれないとの正当性喪失の懸念を与えるとともに、開示企業にはCDLIスコアリングの優劣というインセンティブを付与することによって、結果的に企業への事実上の開示圧力（社会的影響力）を行使してきたといえる。

CDPは機関投資家が生成基盤であり、能動的に開示のテーマを設定し、市場の力を背景にして分権的に規範形成に関与していくスタイルは、グローバル・イッシューを巡る開示規範形成の1つのモデルになると考えられる[12]。そこでは、NGOが規範起業家としてグローバルなネットワークで活動することにより、国際開示規範の形成を牽引し情報カスケードの発生にも影響力を発揮し得るのである。実際、投資判断にカーボン情報を織り込むという規範への支持を形成していく過程で、近年における開示面でのデファクトスタンダード化の急速な進展は、情報カスケードによってある程度説明可能となるのではなかろうか。

4. おわりに

情報優位のNGOは正当性ないしレピュテーションに働きかける手法により交渉パワーを獲得し、その発言・行動は各国の議論、企業行動に大きな影響力を発揮するようになってきた。本章では、オタワプロセスで観察された

12 加賀谷［2014a］35頁では、世界的にみるとグローバル資本主義が進展する中で、会計システムは、多様なステークホルダーとの長期的な関係性に基づき企業を規律付けるシステムから、投資家を中心とした市場における規律付けを重視するシステムにシフトしているとしている。

「規範のカスケード」現象を端緒に、情報カスケードやグローバル・ガバナンスの分析枠組みを用いながら、NGO等の非政府組織が効率的な交渉プロセスに貢献し得る道筋を考察するとともに、そこで得られた知見を基にGHG情報開示を巡るCDPの活動を分析・評価した。情報カスケードやグローバル・ガバナンスの分析枠組みは、今後、GHG情報以外にも国際公共財等のグローバル・イッシューを巡る非財務情報の国際開示規範形成を考えるうえでも、有益な示唆を導くのではなかろうか。

CDPは、「GHG」の情報開示要請（2002年以降）に続き、それ以外のグローバル・イッシューについても、企業の取り組み情報をまとめて公表し、開示を促進する機関としての役割を担うようになっている。例えば、「水」（CDP Water、2008年以降）、「自治体のGHG・水」（CDP Cities、2011年以降）、「森林」（CDP Forest Footprint Disclosure、2013年以降）などの開示要請プロジェクトを続々と立ち上げている。そこでは同様の手法を用いた各種アンケート調査を実施し、民意あるいは市場圧力を梃子にして企業に能動的に働きかける一方、企業もリスク管理ないしレピュテーション管理の観点から、自社の企業価値を防衛する「正当性」確保に動く先がみられるほか、リスクと同時に機会を見出すことで、むしろ積極的な取り組み姿勢をアピールする先もみられるようになってきている。

グローバル・イッシューの開示という規範形成において、プレーヤーである企業にとっては、メインストリームに従わないことによる国際的孤立の危険性が高まり、取引利益を損なったり、国際的評判を傷つけられたり、経済的ダメージを被ったりする可能性（国際的評判費用）が高まる。情報カスケードのもつ機会主義者を動員する機能は、人為的に作り出すことが可能であり、世界標準としての普遍性を獲得するため、なるべく多くの参加者を確保するためには、情報カスケードの条件を整えることが有効な戦略となる。すなわち、企業に確たるスタンスがなく（機会主義者が多く）バンドワゴンの余地が大きい場合には、開示の動きが優勢であるとの印象を作ることによって、見かけ上の評判費用を上げてバンドワゴンを誘発し得るのである（西谷[2007b] 97-98頁）。

特に開示規範の分野においては、規範内容ではなく開示方法・形式の統一という純粋な協調のみを必要とする場合もあり、ある方法が望ましいと考える企業も、すべての企業が同一の方法をとることの方がより重要と考えているケースでは、情報カスケードが単一の方法を急速かつ一致して採用させることが生じ得る。もし比較可能性による効率化が、異なった会計方針の存在によりもたらされる便益を上回れば、情報カスケードは歓迎すべき事態であり[13]、情報カスケードが存在しなければ、開示規範の確立の現実はそうである以上に混乱に満ちたものかもしれない（福井［2002］119-120頁）。規範形成過程において情報カスケードが有する効用は開示・会計分野に限ったことではないが、開示・会計基準も人間行動に影響を及ぼす規範の1つであり、情報カスケードは、開示・会計基準の性格やその設定のあり方を巡る議論にも大きな関わりをもつのである[14]（福井［2002］114-115頁）。

---

13 社会的な効率性を高める「正の情報カスケード」が生じ得る一方で、合理的に発生した情報カスケードであっても、必ずしも社会的に望ましい結果を生むとは限らず、プレーヤー達の間違った予測が群集行動として伝播し、社会的には大きな非効率性が発生することもある（川越［2010］25頁）。声高な少数派の存在が、彼らが多数派であるかのような雰囲気を醸し出すことがあり得るし、多数派の意見に迎合したい（逸脱者になりたくない）という傾向が結び付くと、集団的無知が生じかねないのである（福井［2002］112頁）。こうした情報カスケードの負の側面として、Arya et al.［2005］では、アナリストの群集心理から結果的に投資家が手にする情報量が減少した現象について論じている。ただ、GHG情報等の開示において、開示方法・形式の統一という純粋な協調のみを必要とする場合には、規範内容の妥当性が争われる場合に比して、通常は正の情報カスケードが想定されるのではなかろうか。

14 ここで留意しておくべきは、地球温暖化の防止という普遍的に受け入れられている規範意識と、GHG情報の開示規範問題が説得的に結び付けられたからこそ、開示規範の合意形成速度を上げることにつながり得た点であり、その意味では他のグローバル・イッシューも同様の規範共有が促進されやすいと考えられる。これに対して、同じように国家の枠を超えた私的な組織（IASB）による国際財務報告基準（IFRS）もグローバル・ガバナンスの1つとして捉え得るが、会計基準の規範内容自体の合意形成が先決的に必要であり、利害調整のための制度的規範としても機能する点でも、グローバル・イッシューの非財務情報開示規範と同列に論じられない側面も有している。内容に相当する規範への支持が得られて初めて、形式や様式の統一関する効率的協調の自律的モメンタムが作動し得るのであって、規範内容の是非を別にして基準のグローバル化という単一のバスに乗り遅れないよう外形的に煽るだけでは、情報カスケード発現の条件を満たし得ないと考えられる。

第Ⅱ部

投資価値的側面からの統合ダイナミクス

第4章

統合報告の論理とIR・制度開示との関係性

1. はじめに

国際開示フレームワークを巡っては、前章でみたようなCDP（Carbon Disclosure Project）やCDSB（Climate Disclosure Standards Board）の活動と並んで、IIRC（International Integrated Reporting Council）による統合報告（Integrated Reporting）の動きが近年、次第に国際的な支持を集めつつある。CDPあるいは、その発展形であるCDSBが気候変動情報のみに特化したものであるのに対し、IIRCの活動は、より広範な社会・環境情報開示を推進するイニシアティブとして注目される。そこで第Ⅱ部では、ESG（Environmental, Social, Governance）要素等の社会価値に投資価値的側面から接近していくルートとして、IIRCの活動に焦点を当てた考察を進めることとし、本章では2013年12月に公表された国際統合報告フレームワーク（IIRC［2013］）を中心に、その開示の論理やIR・制度開示との関係性について論じる。

第1章でもみたように、前世紀後半から環境・CSR・持続可能性報告書といった社会価値に関連した非財務情報開示が国内外で進展してきた。財務領域でも近年、インタンジブルズやESG要素等の非財務情報が長期的企業価値にも影響を与えることが国際的にもより強く意識され、事業報告（ないし企業報告）に向けた様々な取り組みがみられるようになってきた。そうした大きな流れの延長線上にIIRCの統合報告も位置付けられる。統合報告の開示モデルにおいては、環境・社会問題に対する取り組みを含め、企業マネジメントにおける価値創出プロセスの可視化に向けて、将来の競争力の源泉となる戦略やビジネスモデル、インタンジブルズのほか、コーポレート・ガバナンスやリスクマネジメントの開示など多様な視点が含まれており、財務情報とともに非財務情報を含めた持続的価値創造過程に焦点が当てられている。

投資家にとって、過去情報である財務情報の分析を行うことは長期業績予想（企業価値の将来予測）の出発点となるが、ビジネス環境が不変で過去の実績や経験則が将来も引き続き有効であるという前提で、最大限の効用を発揮するに過ぎない（上妻［2012a］214頁）。財務情報は今後とも将来業績を予想するための必要不可欠な分析対象であることに変わりはないとしても、環境変化に伴う財務諸表の劣化あるいは価値関連性の低下も指摘される中、とりわけ長期業績予想には非財務情報の参照が有効となる。統合報告を規律するのは基本的に資本市場の論理であるが、持続的企業価値を評価する長期投資家を媒介して、従来の事業環境であれば投資情報としては重要視されていなかった様々なステークホルダーの社会・環境的ニーズも、財務報告に反映され得るのである。

こうした投資価値情報の拡大による社会価値情報への接近を主たる問題意識として、以下では、まず非財務情報を活用した事業報告拡充の経緯・背景について、基準設定主体、投資家別にレビューしながら近年の統合報告に至る潮流を整理する。次に、第Ⅰ部での検討も踏まえつつ統合報告の理論的基礎を考察し、市場原理（シグナリング理論）と非市場原理（正当性理論）との接合領域を明示する。また、そうした開示の理論的基礎に立脚して、投資価値と社会価値を接合した重要性概念や、多様な統合報告実務の収斂の方向性を論じるとともに、同様に財務情報と非財務情報から構成されるIRとの親和性等にも論及する。さらに、統合的思考のインプリケーションを踏まえ、わが国の有価証券報告書において、一定の規律に基づく体系的な報告枠組みとして説明力を高める方向性について論じる。

2. 事業報告の拡充と国連投資原則

(1) 各国基準設定主体等の動向

近年におけるCSR等の開示動向は第1章で社会価値的側面を中心に言及したが、ここでは投資価値の側面から統合報告につながる事業報告の国際的潮流と、その原動力を簡単に振り返っておきたい。社会・環境情報の開示ニーズについては、各国制度の経路依存性から、幅広いステークホルダーへの責任の側面をも比較的重視する欧州と、財務情報を補足・補完するリスク情報としての側面を重視するアメリカ等で温度差[1]も窺われるが、財務情報の価値関連性の趨勢的低下[2]を受けた意思決定有用情報拡充の潮流にも後押しされる形で、いずれの立場においても近年、財務報告劣化の克服に向けてESG等の非財務情報に注目が集まってきており（伊藤［2010］5頁、IFAC［2009］pp.22-24)、こうした大きなトレンドの延長線上に統合報告も位置付けることができよう[3]。

まず欧州では、古くはイギリスにおいて1975年7月にICAEW（Institute

---

1 財務報告制度の枠組みについては、アメリカは基本的に証券取引所法の規制で定められているのに対し、欧州は会社法で規定されている。こうした中、歴史的にアメリカにおいては、投資家保護を目的とした情報が指向され財務的な評価のために重要な情報の開示を求める一方、欧州では、会社の説明責任という観点から環境及び社会的側面について包括的な開示要請がなされる傾向がある（日本公認会計士協会［2010a］21頁）。

2 国内外での実証研究を踏まえた指摘として、例えば、Lev and Zarowin［1999］pp.354-362、伊藤・加賀谷［2001a］49-50頁、加賀谷［2012］79-80頁などがある。また、IIRCによれば、世界の主要企業（S&P500）の企業価値評価に対する財務報告書の説明力は、1975年の83%から2009年には19%にまで趨勢的に低下してきたとされる（IIRC［2011］p.4）。

3 IIRCは、後述するように金融危機の教訓を踏まえ長期持続的な価値創造を目指す点において、統合報告を従来の企業報告の単純な延長線上にあるものとしては捉えていない（森［2014］3-4頁）とされるが、固有の現代的意義は認められるにしても、非財務情報活用の着想自体は従来のトレンド線上に位置付けられよう。

of Chartered Accounting in England and Wales）の下部組織であるASSC（Accounting Standards Steering Committee）から公表された「コーポレート・レポート」（ASSC［1975］）では、利用者は短期利益の極大化が唯一の目的と信じ込まされており、経営者は長期的よりも短期的な業績を重視するようになっている（6.2項）とし、資金を出資した株主との受託責任関係ばかりではなく、広範な利害関係者の情報ニーズを充足するよう、基本財務諸表に加えて付加価値計算書、雇用報告書、将来予測説明書、会社目的説明書などの報告書の作成を勧告していた（0.2項、6.3-6.58項）。短期志向の反省に立脚し、会計数値化できる項目・事象ばかりではなく、財務的に数量化できない情報も報告対象に取り込むのは、社会的存在である企業の「公共的アカウンタビリティ」（1.3項）の履行として捉えていたものであるが（菊谷［2002］21、54頁）、現象的には近年の統合報告にも似た取り組みとして非常に興味深い。

さらにICAEWが1989年3月に公表した「ソロモンズ・レポート」（ICAEW［1989］）では、第2章「財務報告の目的」において、主たる情報利用者（利害関係者）を「コーポレート・レポート」に比べ狭い範囲（投資者、債権者、従業員、顧客）に限定しつつ、利用者共通の情報ニーズである財務業績の構成要素に「収益性」と「生存性」を識別した。そのうえで、収益性と生存性は相互関連的な要素であり、生存性があるためには、短期的には損失を被っても長期的には収益性がなければならないが、収益性だけでは生存性は保証できない。生存性は、測定できない社会的活動も含む複雑な性質を有しており、環境への配慮など社会的活動も企業の長期的存続のため重要な要素とされた。ただ、「ソロモンズ・レポート」においては、非財務的責任の履行を負う手段として非財務情報も提示された「コーポレート・レポート」と異なり、利害関係者の対象を限定したこともあり、表示されるべき報告書の範囲は伝統的な財務諸表の体系の中に収められた（菊谷［2002］54頁）。

ICAEW［1989］で示された「生存性と収益性」は、現代の歴史的文脈で考えれば、本書のタイトルの一部である「持続可能性とイノベーション」と置き換えることが可能かもしれない。その意味で1970年代以降のICAEWの一連の取り組みは現代においても非常に示唆的であるが、第1章でも言及したように、「持続可能性」の理念は1987年のブルントラント委員会報告書で広く認知されるに至り、1997年に提唱された「トリプル・ボトムライン」の考え方の下で3つの収支（経済・社会・環境）のバランスをとる視点も浸透した。そした流れの中で2003年に成立したEU会計法現代化指令（2003/51/EC）では、環境や従業員に関するKPI（Key Performance Indicators）レベルでの情報開示を要求した[4]。これは、どちらかと言えばリスク情報というよりも、企業の環境や社会に関するパフォーマンス情報開示としての側面を色濃く有している（國部［2011］114頁）。EU憲章に基づいて、投資家だけではないすべてのステークホルダーを対象とした幸福の増進を追求する[5]下では、欧州企業の目的や業績を理解するうえで環境や従業員に関する非財務情報が必要とされたのである（國部［2011］121頁）。

この間、北欧を中心に1980年代後半から、インタンジブルズ、とりわけ知的財産の経営における可視化を問題意識として、主として内部マネジメントやステークホルダーとのコミュニケーションのツールとして、知的資産報告書の開発が始まった（戸田［2011］333頁）。その後、1990年代後半には他の欧州諸国も巻き込む形でMERITUM（MEasuRing Intangibles To Understand and improve innovation Management）プロジェクト[6]などが発足し、インタンジブルズの開示を巡る研究が進展した。

次にアメリカでは、財務報告の価値関連性の低下や企業価値源泉としてのインタンジブルズが意識されるにつれ、財務報告拡張の必要性が議論されるようになり、米国公認会計士協会（AICPA）の「ジェンキンズ・レポート」

---

4 アニュアルレポートには、事業規模・特性に応じて、事業の経過と業績及び現況に関するバランスのとれた包括的分析の開示が必要とされ、それらを理解するのに必要な範囲内で、財務的KPIだけでなく環境・従業員に関する非財務的KPIの開示も求められた（EU［2003］p.18、上妻［2008a］34頁）。

5 単一欧州議定書（Single European Act）に基づき1985年に修正されたEC条約において、環境に関する個別の条文が加えられたほか、1989年には、「企業のためによい欧州を作るのではなく市民・労働者にとって有益な欧州を作る」ために、社会憲章が採択されている。さらに1993年のマーストリヒト条約では、「持続可能な発展」がEUの目的の1つに掲げられた（日本公認会計士協会［2010a］11-12頁）。

6 スペイン、デンマーク、フィンランド、フランス、ノルウェー、スウェーデンの6か国の大学や研究機関による共同研究プロジェクト（1998-2001年）であり、知的資産の戦略的利用と測定・開示のあり方に関する研究書（MERITUM［2001］）を発行した。

（AICPA［1994］）において、非財務情報を用いた事業報告が提示された。その流れを引き継いだEBR（Enhanced Business Reporting）では、欧州の知的資産報告書とは異なり事業報告拡張の一環として知的資産情報の開示を扱っており、財務報告の目的適合性の低下という企業情報開示の観点から、無形資産情報開示の必要性を捉えている。すなわち、アメリカにおける事業報告の拡充は、欧州のように内部マネジメントやステークホルダーとの関係といった文脈ではなく、投資家を主たる開示対象として、企業開示情報全般の有用性と透明性の向上を目的にしたものであった（戸田［2011］336-337頁）。

また、投資家へのリスク情報開示を拡大させる意味で、SECの制度開示対象として温室効果ガス（GHG：GreenHouse Gas）への取り組みも強化されてきた。すなわち、SECではイギリスの動き[7]も眺めつつ、2010年2月に気候変動に関するForm10-Kの開示の解釈指針（SEC［2010］）を公表し、証券取引所法に沿った情報開示が必要となる場合を例示した[8]。近年では、SASB（Sustainability Accounting Standards Board）によるESG情報の制度開示に向けた動きもみられている。こうした動きは、金融危機時にみられた短期的な利益追求の反動や、地球温暖化を巡る国際交渉の進展を眺めたNGO・投資家等からの強い要望[9]もあって、長期的視点で企業価値を判断するために非財務情報の役割に期待が高まったことを反映したものともいえるが、あくまで不確実な将来情報に対する投資家へのリスク情報としての開示を重視して

7　イギリスでは、2006年の「スターン・レビュー」により、早期に温暖化問題に対応することで経済的な優位性を獲得できる可能性が高まるとの見解が示された後、2008年には「2008年気候変動法」（Climate Change Act 2008）が成立し、会社法の規定に基づく取締役報告の中にGHG排出量の情報を含める規則を策定するか、さもなければ、何故そのような規制が制定されていないのかを議会に説明することを政府に義務付けた（同法第85条1項）。そして2013年の規則改正により、上場企業は気候変動法に定めるGHG情報の開示が求められるに至った。

8　SECとして新たな開示規制を導入するものではなく、現行の開示規制の枠組みの中で気候変動問題に関連して、どのような情報の開示が必要とされるかについての解釈を示している（水口［2011b］103-104頁）。具体的には何らかの記載が必要になり得る項目として、事業の説明（Item 101）、法的手続（Item 103）、リスク要因（Item 503（C））、MD&A（Item 303）などを挙げるとともに、それらの項目において記載が求められる可能性のある内容として、法規制の影響、国際的取り決めの影響、規制または事業の潮流による間接的影響、気候変動による物的影響を例示した（SEC［2010］pp.12-27）。

いる。

さらに、国際会計基準審議会（IASB）でも財務報告のあり方が議論され、財務情報を補足するマネジメント・コメンタリー（MC）に関する実務意見書（IASB［2010b］）において、非財務情報を採り入れる方向性が示された[10]。MC は財務報告の概念フレームワークの対象として財務情報を補足・補完する情報との位置付けであり、アメリカと同様に欧州に比べれば財務情報とのリンクがより強く意識されているとみられるが、いずれにしても企業活動のより実態に即した理解に向けて、非財務情報を活用していこうとするベクトルは、国際的に共有されているといえよう。

(2) 投資家サイド等の動向と統合報告

投資家サイドの動きとして、2006年に国連が公表した責任投資原則（PRI：Principles for Responsible Investment）を契機に、折からの地球温暖化を巡る国際交渉の進展等もあって、ESG 要因に着目した潜在的な企業価値の掘り起こしが強く意識されるようになってきた（八木［2011］482頁、河口［2009］8頁）。ESG という用語は PRI により知られるようになったが、PRI は、ネガティブ・スクリーニングを源とする SRI の考え方を拡張するだけではなく、ESG に関する課題を投資判断に的確に盛り込むための基本原則[11]

9　アメリカでは、NGO の CERES が事務局となって2003年に気候リスク投資家ネットワーク（INCR：Investor Network on Climate Risk）を結成し、投資家の立場から気候変動問題に取り組んできた。その活動を基礎として、2007年にはカリフォルニア州公務員退職年金基金（CalPERS）などの機関投資家や各州の財務担当官などが連名で、SEC に対して請願書を提出した。請願の内容は、SEC に現行規制に係る解釈指針の発行を求めるもので、具体的には、現在の規定の下でも、企業は気候変動の影響に関する重要な情報を開示すべき義務を負っていることを明確にするよう求めた。これを受けて、2009年に SEC が投資諮問委員会（IAC：Investor Advisory Committee）を設立し、その主要議題の1つとして、「環境気候変動及びサステナビリティに関する開示」を採り上げた（水口［2011b］103頁）。

10　この意見書は、IFRS に準拠して作成された財務諸表に付随する記述的報告事項の表示に関し、広範かつ非拘束的なフレームワークを提供している（IASB［2010b］p.5）。すなわち、MC は、企業の財政状態、経営成績及びキャッシュ・フローの状況を理解するための財務諸表に付随する記述的報告事項と定義されており、財務諸表情報を補足・補完する情報として、経営者に対し経営者の目標と戦略を説明する機会を提供することで、情報利用者にリスクやその管理、財務諸表に表示されていない資源の影響などの理解を容易にする。

を提供しており、投資の分析や意思決定にESGを受託者責任の範囲内で反映させるだけではなく、機関投資家によるエンゲージメントとしてESGに関わる株主行動等の促進が謳われている。欧米では、PRIの策定を契機に、ESG要因はコスト要因ではなく長期的に持続可能な企業価値向上の要素として認識され（宮井［2011］18頁）、将来の価値やリスクの分析に役立つという認識が高まっている[12]（大和総研［2011］33頁）。

欧米では、仮に投資価値の判断以外の理由によって投資対象を選択するとすれば受託者責任に反することになるため、ESG投資は受託機関投資家の責務に適合しないと考えられた時期もあった。しかし、現在では他の要素を考慮に入れたとしても、期待される収益に変化が生じないならば、そうした考慮を禁止するものではないと理解されるようになっている（大和総研［2011］29頁）。PRIは、社会問題の解決とともに財務リターンをも実現するスタイルであり、パフォーマンス（あるいは受託者責任）を犠牲にしない範囲で財務外要因（ESG要因）に焦点を当てることが可能となるのみならず、ESG情報が投資パフォーマンスに影響を及ぼし得るのだとすれば、受託者責任を負う投資家は、このような情報をむしろ積極的に投資判断に織り込むべきということになる（大和総研［2011］30頁）。

こうした中、ゴールドマン・サックス、JPモルガン、HSBC、UBSなど大手証券会社では、気候変動、代替エネルギー、環境技術などの情報を積極的に投資家に提供しており[13]、ESG専門調査機関（RiskMetrics Group、Trucost等）や経済・金融情報配信大手（Bloomberg、Thomson Reuters等）

11　その内容は、前掲の第3章脚注11を参照されたい。

12　わが国でも、証券アナリスト協会内に設立された「企業価値分析におけるESG要因研究会」から、2010年6月に研究報告書が公表され、ESG要因による企業価値評価に注目が集まる契機となった。また、2011年10月に日本版環境金融行動原則起草委員会から公表された「持続可能な社会の形成に向けた金融行動原則（21世紀金融行動原則）」の「運用・証券・投資銀行業務ガイドライン」等では、ESG要因を投資判断要素として考慮することが謳われた。この間、日本公認会計士協会でも2009年1月に公表した「投資家向け制度開示書類における気候変動情報の開示に関する提言」の中で、気候変動リスク情報、GHG排出の状況、気候変動対策の状況の3つを具体的な開示項目として提示している。ただ、わが国の機関投資家の現状をみると、第5章でも触れるが、PRI署名数は国際的に見劣りしているほか、株主権を背景に投資先企業との対話を通じて企業行動のあり方に関与する行動（エンゲージメント）も、これまでは限られていた。

でも、自社の顧客用端末を通じてグローバルなESGデータの提供を開始している[14]（久住［2011］190頁、日本公認会計士協会［2010a］23頁）。なお、非財務情報がどのように企業財務内容に影響を及ぼすかのプロセスには懐疑的な見方もあるが、学界の代表的な学術論文と実務業界のレポートを調査し、ESGのパフォーマンスへの影響をまとめた国連環境計画金融イニシアティブの報告書では、プラスの影響があるとした結果の方が多いようである（UNEP FI［2007］pp.13-14 and 39、宮井［2011］36頁）。

第3章でもみたように、環境や資源の有限性に対する認識や気候変動問題への関心の高まりから、CDPあるいはCDSBといった非政府組織による温暖化ガスの開示フレームワークの提案などが行われるようになってきたが、こうしたNGO等の生成基盤となったのがPRIの下での投資家等によるESG要素に着目した動きであり、非財務情報開示を巡る国際的潮流の延長線上にIIRCが取り組んでいる統合報告も位置付けられる[15]。統合報告の動きは近年かなりの求心力を得つつあり、2013年4月のコンサルテーション草案へのコメントを踏まえて同年12月には最終フレームワーク（IIRC［2013］）が公表された。

13　ESG情報の利用方法としては、特定のSRIファンドにおける銘柄スクリーニングへの利用だけでなく、定量的指標と定性的情報の産業別分析に基づく格付け結果を運用ポートフォリオ形成に反映させるアプローチや、規制リスク等に関連する財務的影響評価を当該企業の評価に反映させるアプローチ等、通常の投資分析へ統合的に反映させる方法の検討や実践が進められている（日本公認会計士協会［2010a］24頁）。

14　金融情報ベンダーにおけるESG情報のデータ提供サービスについては、ブルームバーグ社が先行しており、例えば、CO_2排出量等を売上高で割った値のESGレシオや、対象企業の情報開示度合い（開示内容が高いほど高スコアになる）を統一的に数値化して示すESG開示スコアなどを提供しているほか、機関投資家は、契約して使用できる「プロフェッショナルサービス」を通じて、インターネット接続パソコンないし専用情報端末から関連データの入手が可能となっている。また、トムソン・ロイターでも、日米欧の上場企業を対象にしたデータ提供サービスを2010年秋に開始している（エネルギージャーナル社［2010］2-3頁）。

15　同時期にアメリカで発表されたEccles and Krzus［2010］でも、アニュアルレポートとサステナビリティレポートを統合したOne Reportというコンセプトが示されている。IIRCの統合報告書と基本的な方向性は同じと解されるが、あくまでも統合報告書は、企業の戦略やガバナンス等が将来価値創造に如何に結び付くかを示すことが主眼であり、必ずしも統合されたOne Reportの作成を最終目的としたものではない点で相違する。

IIRC［2013］では、企業活動に影響を与える主な構成要素として、組織概要と外部環境、ガバナンス、ビジネスモデル、リスクと機会、戦略と資源配分、業績、見通しなどが挙げられている（4.1-4.62項）。そこでは、情報の結合性や相互依存関係を意識しつつ、長期的な価値創造において重要な事項を包括的な価値創造ストーリーとして開示し、企業とステークホルダーが企業価値創造の全体像について情報を共有しようとする。統合報告では価値創造に関する簡潔なコミュニケーションに向けたツールとして機能することを目指しており、もとより企業の価値を直接的に測定することを意図しているわけではないが、企業価値評価の仕組みを念頭に置いて非財務情報も利用しながら、そのインプット情報として何が有用か判断し開示することになる。

こうした統合報告の着想自体は目新しいものではなく、前世紀後半にかけたICAEW「コーポレート・レポート」やAICPA「ジェンキンズ・レポート」等の事業報告改善に関する動きと、基本的には同じ発想といえる。にもかかわらず近年、統合報告が声高に叫ばれる背景には、非財務情報開示を巡る従来からの要因（環境問題やインタンジブルズ等）もさることながら、金融危機を招いた短期主義（short-termism）の教訓も踏まえ（UK［2012a］p.8）、長期企業価値や企業のビジネスモデルそのものに焦点が当たり、戦略やガバナンス、リスクなどの非財務情報に注目が集まるようになってきた事情がある。また、公正価値による見積り・リスク・予測情報が拡大した国際財務報告基準（IFRS）の下で、前提条件等の記載による注記情報の拡大により年次報告書のボリュームが増加・複雑化し、作成者側のコストが高まる一方で、読み手にも不便となってきた事情も挙げられる[16]。その他にも、異なる報告書間での不整合や、IT化によるWeb公開、XBRL化等の技術革新が動きを

16　イギリスでは、財務報告評議会（FRC）と会計基準審議会（ASB）が2011年4月に公表した討議資料（Cutting Cluster）において、アニュアルレポートには重要性の乏しい「無駄な情報」（cluster）が含まれているとして、重要性に焦点を当てた開示を提案した。そこでは、重要なのは何が変更されたかということであるが、重要な情報と重要ではない情報を判断する自信がないことが遠因になり、無駄な情報として、毎年全くあるいはほとんど変わらない記述による説明的情報が開示されているとする。これに先立ちFRCは、2009年6月に討議資料（Louder than Words）を公表していたほか、2011年3月には、IASBの依頼により、スコットランドの会計士協会（ICAS）とニュージーランドの会計士協会（NZICA）は、開示の縮小を検討する共同プロジェクトを立ち上げた（小粥［2011］21-22頁）。

加速した面もあろう。非財務情報取り込みの着想は同じだとしても、足許の環境変化を踏まえて長期的志向の金融・経済に資する企業ディスクロージャーの改善を考えることには、現代的意義が認められるのである。

3．統合報告の理論的基礎

(1) 持続的企業価値の視点

企業競争力の源泉の開示に向けて様々な取り組みが欧米等でみられてきたが、インタンジブルズやESG情報等を組み込んだ決定版といえる開示モデルは、未だ確立されていない（伊藤［2013a］23頁）。そうした中で、近年求心力を強めつつある統合報告について、その考え方を制度的にどのように位置付けるか、欧州のようにCSRを比較的重視した社会制度とどのように整合させるかなど、必ずしも十分な議論が行われていない点も少なくない（上妻［2012b］17-23頁）。統合報告の成熟に向けて、まさに「統合」概念の整理・明確化が必要であり、そのためには統合報告における非財務情報開示の理論的基礎を確立しておかなければならない（古賀［2012b］24頁）。逆に言うと、統合開示の理論をどう設定するかの最初のボタンのかけ違いが「統合」概念の温度差を生み、ひいては開示すべき「重要性」概念の定義に影響し、開示実務の不統一を招きかねないのである。

開示行為は目的行為として一定の目標に方向付けられており（古賀［2012b］9頁）、より低いコストでの資本調達を目的にしているのであれば、パフォーマンスの高い企業ほど他社よりも優れた内容の情報を市場に伝達できるので、情報の非対称性の下で情報開示に対する動機が大きくなる。このため、情報提供の相手として投資家をメインに置く財務報告の多くは、企業の自発開示に関する理論的説明として、自社の競争優位性を自発的に開示するシグナリング理論[17]が妥当することになろう。

他方で、その他のステークホルダーにも重きを置くCSR報告や持続可能性報告等の社会報告の場合には、どうであろうか。財務情報等と同様に環境等情報の優位性を市場にアピールする目的なのか（この場合には、環境等パフォーマンスと環境等情報開示との関係には正の関係が予測される）、逆にレピュテーションの未然防止等に向けた社会における「正当性」確保の目的なのか（この場合には、環境等パフォーマンスと環境等情報開示との関係には負の関係が予測される）、その関係性は必ずしも自明ではないが、環境パフォーマンスと環境情報開示を扱った実証研究の多くは正当性理論（あるいはステークホルダー理論等）[18]を支持する結果を示している（東［2013］49頁）。

それでは財務報告と社会報告が融合する統合報告の場合には、どのように考えるべきであろうか。市場原理と非市場原理をどう結合するかの開示の理論が求められるが、IIRCが言及しているように[19]、統合報告の主たる利用者を投資家と想定するのであれば、シグナリング理論が基本になると考えられる。一方で、長期保有の投資家が望む長期的な企業価値の前提として、社会の信認が基盤として求められるのであれば、正当性理論の要素も無視できないことになる。シグナリング理論と正当性理論が二律背反ではないことは先行研究（例えば、古賀［2012c］12-13頁）でも指摘されており、上記のように長期の投資家を想定すると、シグナリング理論と正当性理論は一定の接合領域を共有することになると考えられる。すなわち、リスク情報はマネジメントの介在により自社固有のシグナリング情報に転化し得るのであって[20]、社

17　Spence［1973］pp.355-374のシグナリング理論では、企業は労働市場で求職者の実力を正確に把握し難い中にあって、求職者が自らの優秀さを他人に知らせるには、教育が効果的なシグナルになり得るとした。なお、エージェンシー理論の下でも、プリンシパル（株主）がエージェント（経営者）のモニタリングなどのために情報開示を求め、それが情報の非対称の緩和を通じて資本コストの低減につながり得るという意味では、シグナリング理論と共通の基盤を有するともいえる（Morris［1987］p.53）。

18　第1章でも述べたように、正当性理論（組織活動の社会的価値と社会の行動規範との調和による組織の正当性確保が目的）のほかにも、ステークホルダー理論（影響力の大きなステークホルダーへの開示を目的）や、アカウンタビリティ理論（意思決定有用性のためではなく社会的アカウンタビリティを履行する目的）が援用されることもあるが、これらの説明理論は完全に独立したものではなく、重複した部分が多いうえ、論者の目的に依存して最も有力と思われる理論が提唱される傾向があるとされる（國部［2012］248頁）。本章では代表して正当性理論をメインに論述している。

19　IIRC［2013］では、統合報告の想定利用者に関し、主たる対象は財務資本提供者と明示したうえで、長期視点の財務資本提供者の情報ニーズは、究極的に従業員等の他のステークホルダーの関心とも整合するとしている（1.7-1.8項）。この点で、南アフリカのキングレポート（King Ⅲ）のような多元的なステークホルダー・モデルによるコーポレート・ガバナンス観（SAICA［2009］p.20）とは一線を画しており、企業の価値創造能力に重要な影響を及ぼすステークホルダーのみが統合報告の範囲に含まれることになる（3.30-3.35項）。

会からのネガティブな懸念を払拭し得る情報（リスクマネジメント）の開示によって自社の信頼・信認を高め企業の持続的成長に資する点で、経済価値と社会価値が結合した新しい理論の基礎となるのが「持続的企業価値」の視点であろう[21]。

近年、環境問題に対する国際的な問題意識の高まりとともに、先述したように国連のPRIあるいは金融危機を契機として、投資家サイドにおいても、ESG要因に着目した潜在的な企業価値の掘り起こしが強く意識されるようになってきた。すなわち、ESG要因はコスト要因ではなく、長期的に持続可能な企業価値向上の要素として認識され、ESG情報などの非財務情報は将来の価値やリスクの分析に役立つという認識が高まってきた。こうした事業環境の変化につれて、財務諸表作成サイドにおいても、従来の事業環境であれば投資情報として重要視しなかったESG情報などについても、リスクマネジメントによる社会の信任獲得を通じて「持続的企業価値」に資する重要情報として財務報告に取り込む必要が生じ、正当性理論に基づく開示領域とも接合するようになってきたのである（図4-1）。

(2)　正当性理論とレピュテーション・マネジメント

投資家を念頭に置いた統合概念においても、「持続的企業価値」に関係する限りESG情報等の社会価値もリスク情報として考慮の外に置くことはできず、持続可能性と相容れない財務報告では開示目的を達成できないのである。すなわち、正当性理論の現実的展開として、ステークホルダーによる不信任、顧客等の悪い評判（レピュテーション）を回避したい企業の思惑から、ESG要素の開示を通じて社会的な正当性を獲得することは企業のリスクマネジメントとも重なり、長期的な企業価値に資する要因となる。このた

20　リスクマネジメント情報が投資家の評価対象になることで、企業にも情報開示のインセンティブを生むことになる。日本にはリスクマネジメントを戦略に統合する視点が乏しいが、欧米等では、ビジネスリスクのみならずESGリスクも含めリスクマネジメントを全社的な戦略作りのプロセスに組み込むとともに、開示によるアピールも行っている（姚［2013］294、311頁）。

21　財務情報と非財務情報がともに長期的視点で共通性をもち得ることは、古賀・姚・島田［2011］15頁においても、知的資産情報開示とCSR開示を対比した文脈の中で指摘している。

図4-1 「持続的企業価値」に資する開示の拡張

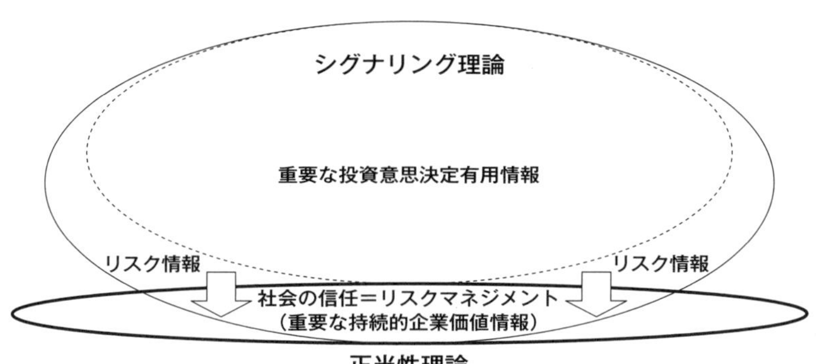

め、社会価値についてもリスク要因への事前対応としての正当性獲得の側面から、自発開示のインセンティブを生むのである[22]。こうした企業行動メカニズムを裏付ける開示面での観察事例として、GHGの開示促進に向けたCDPによる能動的活動と、これを受けた企業の積極的な情報開示を挙げることができる。

第3章で言及したように、CDPは機関投資家を生成基盤とするNGOであるが、その活動でユニークなのは、GHG問題への取り組みに関する年1回の企業への質問状と、その結果の公開や上位スコアリング企業の公表という手法を能動的に、かつ個別企業ごとに分権的に用いている点であった。質問状への回答に強制力はないものの、回答しなかった場合は、NR（No Response：無回答）とWebや報告書で開示されるほか、開示企業も内容面でのスコアリング結果を公表されることになるので、結果的に、企業側が積極的に気候変動に対応しているか否かで、消費者をはじめとするステークホルダーの評判ないし風評、市場評価等も変化し得ることになる。市場からネ

22　Yilmazand Kucuk［2010］、古賀［2013］でも同様の視点から、リスク開示を広く「リスクマネジメント＝レピュテーション・マネジメント」の一環として理解したうえで、リスク開示の理論的・制度的基盤を明らかにしようとしている。そこでは社会的・環境的分析視点も取り込みつつ、企業のレピュテーションの向上に関連付けることによって、企業のサステナビリティと制度としての正当性を確保することができるとする（古賀［2013］24頁）。

ガティブに見られるかもしれないとの正当性喪失の懸念を与えることによって、結果的に企業への事実上の開示圧力を行使してきたといえる。

このように能動的に開示のテーマを設定し、市場の力を背景にして分権的に規範形成に関与していくスタイルは、グローバル・イッシューを巡る開示規範形成ダイナミクスの１つのモデルと考えられる。CDPの例では、持続可能な成長に必要な情報開示に対する一般的・社会的期待を代弁する能動的な働きかけをNGOが担っていたが、企業サイドとしては社会的期待を事前に汲み取り、自社の戦略やリスクマネジメントに反映していくことが求められる。環境問題への取り組みによる企業のリスク要因として、消費者等ステークホルダーによる正当性喪失を懸念する市場（投資家）の評価まで視野に入れることにより、正当性理論という従来なら非市場原理に基づくとされた開示理論は、市場原理に基づく開示理論の枠組みと融合する。すなわち、企業がその持続可能な発展のために環境対策などを通じて社会的責任を果たすことは、レピュテーションの維持・向上につながるので、レピュテーションを媒介として、正当性獲得に向けた社会価値への取り組みが企業価値と接続し得るのである。

レピュテーションは、伝統的概念である「正当性」を今日的なコンテクストで操作的に敷衍した概念といえる（宮崎［2013］65頁）。そこでのレピュテーション・マネジメントは、正当性理論がプラットフォームを提供する領域で企業に潜在的な損害を与える可能性のある幅広い出来事を、組織的・論理的な方法で識別し積極的に損害を最小限にするように働きかけることであり、実質的にはリスクマネジメントであると同時に、IRとも密接に関係している（櫻井［2008］94-95頁）。リスクを含めた経営戦略をどのように説明、開示していくかを、主として投資家の視点で考えるのがIRであり、そのためにレピュテーションの要素がどのように企業価値とステークホルダーに関連しているかを識別、評価、活用する組織的なプロセスが求められる。そうしたIRの充実は、コーポレート・ガバナンスのあり方や、広い意味での内部統制システムの整備とともに、レピュテーション・マネジメントの重要な構成要素となる（櫻井［2008］139頁）。

4．　重要性概念と開示形態、IRとの関連性

⑴　持続的企業価値の視点による重要性概念

近年、非財務情報に関する重要性評価の方法論は、主に持続可能性報告の枠組みにおいて開発されてきたため、ともすればマルチステークホルダーへの影響を中心とした重要性評価がアニュアルレポートにおいても行われがちである[23]。しかし、統合報告は投資家を主たる利用者とした価値創造に注目しており、統合報告と持続可能性報告では目的が異なるので重要性判断も同一にはならない（上妻［2012c］120頁）。先述した「持続的企業価値」に基づく開示理論の下で、ESG要素は投資家の長期的意思決定に役立つ限度においてステークホルダーにとっての重要性と両立し得るのであって、持続的企業価値に必ずしも結び付かない社会価値は特定ステークホルダーの重大関心事項だったとしても、統合報告における重要性は認められないことになる。

統合報告においては、財務と非財務の重要性が統合的思考により判断されなければならないが、単に財務価値と非財務価値の最大化が重なり合うポイントでは、報告書を合体させただけの足して二で割る発想に止まってしまう。IIRCでは重要性概念の考え方として、組織の価値創造力に関する報告利用者の評価に著しく影響を及ぼすかどうかを重視しており、組織の戦略、ビジネスモデルまたは資本への影響を考慮して、経営陣が利用者の視点を考慮しつつ重要性を判断するとしている。なお、報告組織による重要性判断が客観的かつ実質的なものとなるよう担保すべきという利用者側からのニーズも踏まえ、国際統合報告フレームワークでは重要性の決定プロセスをブレイクダウンした記述[24]を行っている（IIRC［2013］3.18項）。

どのような課題を開示するかに関して、日本公認会計士協会［2011c］では、投資家による情報利用目的や企業による情報開示目的を確認することが

23　社会報告であるGRIガイドラインにおける重要性については、①ステークホルダーによる評価と意思決定への影響度、②経済・環境・社会的影響の著しさのマトリックスに基づいて判断される（GRI［2013］p.17）。

24　そこでは、①適合性を有する事象の特定、②影響の大きさ・発生可能性の2軸による重要性評価、③重要性を有する事象の優先付け、④重要性を有する事象に関する開示の決定、に区分している。

求められるとして、課題の重要性や目的適合性に焦点を当てた概念整理と、これに基づいた方法論の検討を行っている。すなわち、統合報告の目的は、企業の将来のキャッシュ・フロー見通しの評価に役立つ情報の提供であり、サステナビリティ課題の抽出や重要性評価の考え方等についても、投資家がどのような目的でサステナビリティ情報を利用するかの検討とともに、企業の将来キャッシュ・フローに及ぼす影響が総合的に評価されるべきとする。そして、その影響評価に当たっては、①影響発生までの期間、②影響の発生可能性、③影響の大きさという3つの観点を通すことで、より客観的な評価に役立てられ得るとしている（日本公認会計士協会［2011c］2-4頁）。

統合報告では、企業価値を生み出すプロセスが企業や業界ごとに異なるため、KPIや記述的情報等を画一化して整理・体系化することは事実上困難であり、基本的には個社ごとの重要性判断に応じたマネジメント・アプローチに依拠せざるを得ない。そこで報告されるESG情報の重要性とは、主に投資家である読者にとって重要なことであるとすれば、その他ステークホルダーと企業の関係において重要な（かつ投資家にとっては重要でない）領域が開示されない可能性がある。仮に将来的に統合報告書が一般的に採用されるようになったとしても、統合報告書は主に投資家を想定した情報開示である以上は、単独の持続可能性報告書等を発行する意義が失われることにはならない（魚住［2011］196頁）。投資家は企業にとって重要なステークホルダーであるが、企業は投資家以外のステークホルダーに対してもサステナビリティ・イッシューに関する情報を開示する意義は残り、そこでステークホルダーが要求する情報は、統合報告書に盛り込まれた情報に比して、当該イッシューに応じて、より個別具体的なものとなろう[25]。

⑵　統合報告形態の有効性とIRとの親和性

統合報告において、「統合」や「重要性」の意味の捉え方に応じて、開示形態にも影響が生じることになる。例えば、日本公認会計士協会［2013a］

25　例えば、武田薬品工業では、2006年以降、統合版アニュアルレポートを発行しているが、それを補完する形で、「詳細な環境関連のデータ」、「海外グループ各社による企業市民活動の個別事例」などのCSRデータブックをWeb上に掲載しており、サステナビリティ情報の十分な開示にも努めている（金田［2012］60頁）。

では、海外15社の開示事例を分析し、その体系や特徴を調査している。そこでは、現状の開示実務は現状では収斂しておらず、従来の長大な年次報告書を基礎とし、これを戦略やビジネスモデルを軸として再構成されたものであったり、情報開示の重要性を重視した簡潔な報告とは言い難いものが多いとされ[26]、統合報告に向けた報告体系の再構築の模索が続く状況と総括している。このように統合報告の形態が多様である背景には、統合報告フレームワークの具体的な内容が必ずしも明確ではなかったという時期的要因を割り引いても、開示の理論的基礎や、そこから派生する重要性概念が明確に共有されていないことも影響しているのではなかろうか。

統合報告では、企業の「持続的企業価値」創造の全体像をコンパクトに提示することが重視されており、自社の企業価値を端的に理解してもらい公正価値（株価）の評価につなげるという意味では、IR（Investor Relations）とも近似するように窺われる。現時点では多様な統合報告がみられる中にあって、投資家向け開示の目的や情報特性から最も有効性が高い形式は、企業価値との関連性に焦点を当て現行報告媒体の内容を一元的にカバーした簡潔な報告形態[27]とみられ（上妻［2012c］120頁）、その場合には特にIRにおける開示ツールとも非常に親和性が高くなるのではなかろうか。

IRは、1953年にGEの会長でCEOだったラルフ・コーディナー氏が広報部に、いかにして投資家ともっと優れた意思疎通を図ればよいか検討するよう指示したのが始まりとされる[28]。全米IR協会（NIRI）の定義では、「IRは、企業の証券が公正な価値評価を受けることを最終目標とするものであり、企業と金融コミュニティやその他のステークホルダーとの間に最も効果

26　日本公認会計士協会［2013a］84-87頁の調査区分では、①統合型年次計算書と併せて財務報告と持続可能性報告を別途開示、②統合型年次報告書と併せて持続可能性報告のみ別途開示、③統合型年次報告書を単一報告書として開示、④コンパクトな統合報告書を中心に年次報告書と持続可能性報告を併せて開示、などの報告体系が識別されている。

27　統合報告の制度設計で先行している南アフリカでは、会社法改正により上場会社の提出書類である統合報告書に簡約化した要約財務諸表の記載を可能にしている（上妻［2012c］117頁）。また、イギリスでは後述するように、取締役報告書に記載される「事業概況」（Business Review）の内容を強化した「戦略報告書」（Strategic Report）を別途作成することが要求されている（会社法第414C条）。

28　全米IR協会（NIRI）のホームページ（Origins of NIRI- Chapter I）に依る。

表 4-1　法定開示と IR の相違点

	法定開示	IR
1. 開示情報集合の選択	規制の枠内	情報の受け手のニーズを反映
2. 開示の時期や方法	規制の枠内（数値情報・文字が中心）	自由（言葉による説明や画像発信も可能）
3. 企業への光の当て方	会社の状況を一様に映し出す	強調すべき点を自由に選択可能
4. 責任のあり方	法的罰則	市場からの制裁
5. 情報に求められる点	成熟性	迅速性
6. 情報の属性	信頼性・客観性	有用性
7. 対象とする読者	投資家一般	投資家のうち特定のセグメント

（出所）伊藤［2014］156 頁に一部加筆。

的な双方的コミュニケーションを実現するため、財務活動やコミュニケーション、マーケティング、そして証券関係法の下でのコンプライアンス活動を統合した、戦略的な経営責務である」（日本IR協議会訳）。すなわち、IRは、会社に関するいかなる情報を、いかなるタイミングで、いかなるチャネルを通して投資家などの外部者に発信するかを、企業の独自の判断で決定し、それを実行する自発的な情報開示活動であって、企業価値を巡る数字にできない未来と現在の姿を伝える有用な手段となる（伊藤［2014］153 頁、吉川［2007］56 頁）。

わが国でも 1980 年代から IR が提言され始め、企業と投資家等との間で制度開示の財務情報を補完するものとして、良好な関係構築に向けた戦略的なコミュニケーション活動、あるいは企業という商品を売り込むマーケティング活動、アカウンタビリティ活動として浸透している（伊藤・加賀谷［2002b］115-117 頁）。もともと、IR と法定開示は相互排他的ではなく相互補完的な関係にあるが、強制か任意かという差異の当然の帰結として、IR は、開示情報集合の選択や開示の時期・方法等に制約がなく強調すべき点を自由に選択できるうえ、自ら有用と判断した情報を迅速に提供できる（表 4-1）。

制度開示が期末報告という宿命から逃れられないのに比べれば、IR は投資家への開示タイミングに制約のないコミュニケーション活動である。同時に対象の自由度を高くして、非財務要因と財務要因との相互関係を長期的な時間軸で戦略と結び付け、株式等の公正な価値を将来指向的に説明していく点では、統合報告とも近似する。統合報告では、財務諸表には表れない企業の強みを経営者がどのように認識し、それを活用した経営を行っているのかについて、投資家を含むステークホルダーに対して戦略的な開示を行うとともに、財務要因に影響する重要な非財務要因をリスクまたは機会情報としても開示していくことになる。財務報告サイドで企業価値創造過程に関し財務情報の補完的なアピールを、統合報告などのツールで強めようとするのであれば、その内容はIR活動との共通性を一段と増すことになる[29]。逆にIRの側から見ても、統合報告の基礎となる「統合的思考」は役立つ考え方となる。IR活動において、持続的企業価値に資する多様なステークホルダーの有する環境・社会ニーズにも配慮が怠れないのであり、その際、統合報告は有用な開示ツールとして機能し得るのである。

財務報告の本質的要素として、①報告目的、②報告対象、③情報量・質、④記載箇所、⑤適時性等、⑥報告理由を措定すると（広瀬［2012］3頁）、ともに企業価値評価に向けた戦略的非財務情報等の開示であり（①）、それを投資家等に向けて提供することによって（②）、情報の非対称性を解消する（⑥）点で共通している。一方、IRにおいては、言葉による説明や画像発信によるメッセージも可能（③）、場所や媒体等のチャネルも任意であり（④）、適時に実施される（⑤）など、制度開示に比して自由度が高い点では相違する。なお、IRは川下の特定情報を口頭・画像・見学等を含め多様な手法でアピールするのに対し、統合報告においては戦略遂行過程として財務

29　IIRCには一定の共通的な指標を策定することを求める声が寄せられているが、そのような指標の開発は、コンプライアンス目的の形式的な報告につながるものとして、否定的な見解を示しており、基本原則と内容要素に基づき、どのような構成、どのような順序で報告するかは、報告組織の自由とされる（森［2013］74-75頁、森［2014］17頁）。そこでは企業がその価値を主体的に伝達するアプローチに転換させようとする強い意図があり、そのために経営者の主体的な関与と重要性判断の下、外部環境の認識やビジネスモデルの説明、戦略目標と戦略やこれを担保するためのガバナンスの提示などを求める（森［2013］76頁）のであるから、結局、統合報告の問題はすべからくIRの1テーマともいえる（北川［2013a］35頁）。

図 4-2　統合報告、法定開示、IR の異同

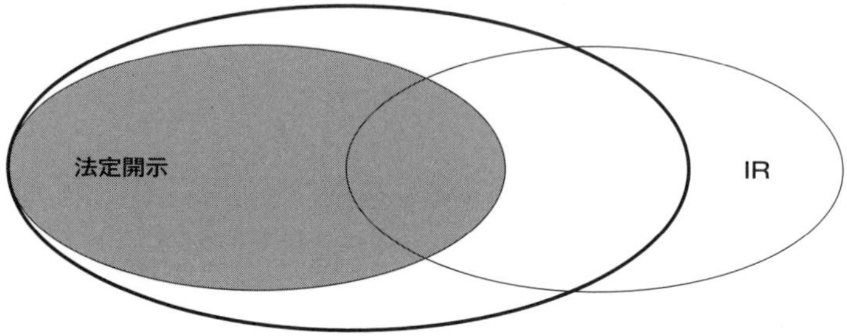

統合報告

法定開示

IR

（出所）近藤［2007］181 頁に統合報告を加筆。

情報との接点を意識しながら、IR では簡略ないしカットされがちな、川上の資本から川下のアウトカムまでのトータルな価値創造過程を報告することになる（図 4-2）。

5．　わが国における財務報告制度の現状と課題

(1)　わが国における財務報告制度の現状

統合報告の論理は制度開示にも影響を及ぼし得るものである。わが国制度開示への統合的思考のインプリケーションを検討するに先立ち、ここでは、その前提となるわが国財務報告制度の現状を点検しておくこととしたい。なお、財務報告を広義に捉えると、広範なステークホルダーに対する企業報告まで含まれるが（広瀬［2011］19 頁）、本節で扱う財務報告問題は、投資家を中心とした制度開示（有価証券報告書）に含まれ得る非財務情報に限定している。

わが国において、近年の財務報告分野における ESG 等の非財務情報の制度的取り込みは、国際的潮流から大きく遅れている。わが国の社会・環境情報の開示については、1990 年代から環境報告書で官民連携の積極的な取り組みがなされてきた経緯もあって、単独レポート（CSR 等）による開示を行う企業数は世界的にも多いが[30]、先述したように欧米諸国や IASB では非財

務情報に対する制度的関心が高まる中にあって、わが国の制度開示における非財務情報開示という分野は、制度的な盲点になっている感すらある[31]。そもそもIASBを含め諸外国の会計基準が「財務報告基準」と呼ばれるのに対して、わが国だけが「企業会計基準」と呼ばれるのは、財務報告が財務諸表を中心とする会計報告であったことを物語っている証左であり[32]、わが国の会計基準は財務報告基準に変革されるべきとの指摘（広瀬［2012］2、14頁、古庄［2013b］152-155頁）もある。

わが国における非財務情報の財務報告での制度開示については、有価証券報告書における財務諸表外情報の記載項目が開示府令によって規定されており、これを企業内容等開示ガイドライン[33]などで実質的にガイダンスする枠組みとなっている。わが国においては、アメリカの規則S-Kのような開示項目ごとの詳細な規定はなく、環境等のサステナビリティ情報に関する明示的な開示要請は今のところ存在しないうえ、直接に関係する例示もないなど、積極的に経営者に情報開示を促す姿勢が欠如している（上妻［2012a］233頁)。開示府令では、有価証券報告書に係る第三号様式（有価証券届出書については第二号様式）に付随する「記載上の注意」、あるいは企業内容等開示ガイドラインの中で「個別ガイドライン」と題して、幾つかの項目について記載上の補足説明をしているが、「投資家の判断に影響するほど重要な情報」の中身に関しては「記載上の注意」で比較的簡単に示されているだけ

---

30 KPMG［2011］pp.10-11により、34か国別の主要100社におけるCSR報告書等の発行状況をみると、日本では99%の企業が発行しており、34か国中でイギリス（100%）に次いで2番目に高い割合になっている。

31 こうした状況を眺め、わが国でも、企業財務委員会中間報告書「会計基準の国際的調和を踏まえた我が国経済および企業の持続的な成長に向けた会計・開示制度のあり方について」(2010年4月19日）において、情報開示制度全体の再設計（監査対応、内部統制制度、非財務情報開示等）の視点を盛り込むべきとの提言もなされている。

32 企業会計基準委員会（ASBJ）は、マネジメント・コメンタリー（MC）に係るIASB討議文書（2005年10月）において、MCが財務報告に包含されるかの設問に対し、主要会計基準設定主体の中で唯一反対意見を表明していた（古庄［2012］2、180頁)。

33 金融庁総務企画局から発出される「企業内容等の開示に関する留意事項について」(2013年8月最終改正）は、企業内容等開示ガイドラインとも呼ばれるが、「法令等の適用に当たり、留意すべき事項（制定・発出時点において最適と考えられる法令等の解釈・運用の基準）及び審査・処分の基準・目安等を示したもの」(同1頁）である。

で、実際の記載内容は各社の裁量に任されているのが実情である（水口［2011b］89頁）。

もちろん、企業によっては、財務情報を捕捉・補完する項目（対処すべき課題、事業等のリスク、財政状態・経営成績等の分析などの項目）において、環境や社会に関する問題が投資家の判断に影響する重要な情報ならば、これらの項目の中で環境や社会に関わる非財務情報も記載対象になり得る[34]（水口［2011b］89頁）。しかし、有価証券報告書において重要な事項につき虚偽の記載があった場合には、10年以下の懲役もしくは1千万円以下の罰金、またはこれを併科する（金融商品取引法第197条）という欧米諸国等と比較して重い罰則が科されており、企業の開示インセンティブを抑制する方向で作用しいている点も、わが国の制度開示問題を考えるうえで重要な特徴となっている[35]。

こうした枠組みは、個別具体的な重要項目の正確な開示という点では有効に機能するが、多様かつ不確実性の高い課題に対して定量的な情報や将来見通しを含めて開示を求めることには馴染まず（森［2011］44頁）、統合報告等で求めていたような情報特性を有する非財務情報開示を受け入れる制度的基盤が、わが国には存在しない。日本基準はグローバルベースの基準に比べて、財務報告として規制している対象を異にしており、これまでは財務報告が何たるかを明示化せずに、パッチワークで有価証券報告書に入れられてきたのが実情とされる（広瀬［2012］14頁）。このため、会計報告からから財務

---

34 具体的には、「第2 事業の状況」の中で「3 対処すべき課題」、「4 事業等のリスク」で「(8) その他の事項」の「③環境保全管理」、「6 研究開発活動」、「7 財政状態、経営成績及びキャッシュ・フローの状況の分析」、さらには「第3 設備の状況」で「1 設備投資等の概要」、「第4 提出会社の状況」で「4 コーポレート・ガバナンスの状況」などが挙げられよう。実際、環境リスクを積極的に低減するための環境保全活動を、「事業の状況」に関する情報の一部として、「環境保全管理」という項目で独立開示するような例もみられるようになっている（上田［2009］109-110頁）。しかし、有価証券報告書における開示は、環境報告書等の任意開示と比較して具体性やボリュームに乏しく、現在の開示レベルでは、投資家等が将来会社にどのような財務的影響があるか判断することは極めて難しい（松苗［2011］94頁）。

35 アメリカではMD&A等での将来予測に関する記述に関し、セーフハーバー・ルールが設けられており（Securities Act, Section 27A）、集団訴訟を利用した乱訴に対処する免責条項として機能している点も、開示インセンティブを考えるうえでのわが国との相違点になっている。

図4-3 法定財務報告とその他ディスクロージャー

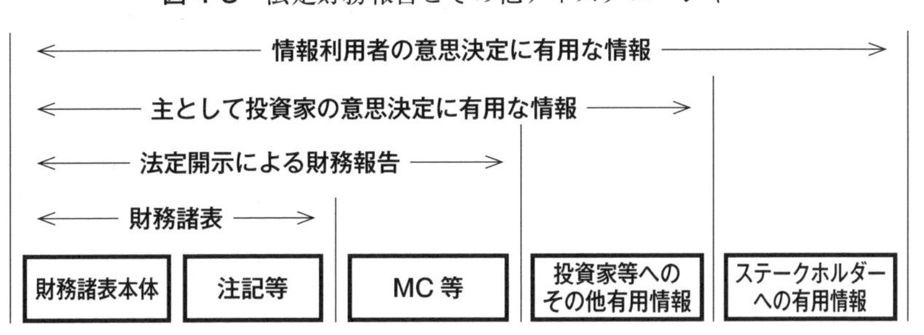

（出所）広瀬［2011］21頁を基に一部表示上の加工を施している。

報告への拡張に向けた体系的な制度設計に向けて、①財務諸表本体や②注記・附属明細表のみならず、③補足・補完的非財務情報としてのMC[36]まで視野に入れた総合的検討が必要となる（図4-3）。

IASB［2010b］では、MCの目的として企業や事業環境の文脈において財務諸表を説明する情報の財務諸表利用者への提供を求め、その構成要素として、①事業の性質、②目標と戦略、③資源、リスクと諸関係、④成果と見通し、⑤業績測度と業績指標を挙げている[37]（26-40項）。MCは、わが国の制度開示（有価証券報告書）を規定する開示府令[38]に則していえば、「第2 事業の状況」の「3 対処すべき課題」、「4 事業等のリスク」、「7 財政状態、経営成績及びキャッシュ・フローの状況の分析」等に相当するが（松苗［2010］

---

36 IASB［2010b］において、MCには財務諸表情報と同じ概念フレームワーク上の質的特性が求められており（13項）、IASBがMCを財務報告の1つの手段として重視していることの表れとなっている（渡辺［2011］123-124頁）。

37 また、近年の国際的議論においてFRC［2012b］では、取締役会の責任情報を提供する場合（戦略目的の設定、事業マネジメントの監督、株主への受託責任の報告）には、MCに加えて「コーポレート・ガバナンス」の構成要素を設けた開示も提案された。ただ、FRC［2012b］はIASB主導での開示フレームワーク設定を想定しており、あくまでIASB概念フレームワークのプロジェクトに貢献することが目標とされる。

38 金融商品取引法第24条1項により有価証券報告書を提出する必要があるが、企業内容等の開示に関する内閣府令（1973年1月30日大蔵省令第5号、最終改正：2013年10月28日内閣府令第70号）である「開示府令」において、第3号様式として「記載事項」が列挙されるとともに、その具体的な内容が「記載上の注意」として定められている。

77、82頁）、現行規制を批判的に検討する視点からは、投資家への重要な意思決定有用情報として制度開示すべき領域は必ずしも自明ではない。

MCについては、注記のように財務諸表との紐付けが必ずしも明確ではないだけに、開示の目的や特徴等は記述できたとしても、その配置基準ないし範囲を厳密な定義や例示によりアプリオリに画するのは容易ではない。統合報告における重要性の判断にみられたように、個社ごとに開示すべき補足・補完情報は異なり得るので、IASB［2010b］のようにMCの目的や構成要素を抽象的に記述することはできても、財務情報の補足・補完性を事前的な厳密な定義によって整然と画することが、そもそも投資家にとってどのようなメリットがあるかも疑わしい。もとよりダストボックス化を回避するうえでも適用指針や重要性のフィルターを議論する実益は否定されないが、最終的には非財務情報の有用性は実証的に明らかにすべき課題であり、市場のデファクトとなった任意開示情報の中から、均質化のメリットが作成コストを上回るものを、プラグマティックに取り込んでいく方法しか採り得ないのではなかろうか[39]。

例えば、財務報告拡張の１つのモメンタムとして、気候変動を起点としたESG情報への投資家の注目があり、こうしたニーズも多様な任意開示情報の中から醸成されてくるものであろう。規制リスクとともに機会（ビジネスチャンス）の両面が意識される中で、先駆けとしてのCDPのアンケート開示活動や、その流れを受けたCDSBの開示フレームワーク（CDSB［2012］）では、MCに開示する気候変動情報の詳細な報告枠組みを提示している。任意の枠組みであるが、日本の会社法や金融商品取引法には気候変動情報に関連する開示規定やガイドラインがない下では、GHGプロトコル[40]とともに、一種の国際的ベンチマークとして機能する可能性もある（上妻［2012a］218、231頁）。国際的潮流が国内にも影響を与え得るのであり、そうした非財務情報開示の制度開示化に向けたダイナミクスは、一義的な定義によって

39　非財務情報の有用性が確認されたうえで、かつ投資者が利用している非財務情報の質にばらつきが大きかったり、特定の投資者に当該情報が偏在している場合に、コスト・ベネフィットを踏まえて制度開示の要否を検討することになる。なお、海外を中心とした非財務情報の有用性に関するこれまで実証研究は、分析対象となる業種が限定されており、採り上げられた情報が最善の情報であるかについて判断できないなどの問題点があるとされる（須田［2011］137-141頁）。

事前的に記述し尽くせるものではないであろう[41]。

なお、参考までにMCと注記の境界について付言しておくと、財務諸表本体という確固とした計算体系に付随する注記の情報特性に鑑みれば、MCの外延を見極める際のプラグマティックなアプローチと異なり、注記との境界は定義（ないし状況の特定）により画していくことが適切と考えられる。IASB［2013］の第8章「表示及び開示」では注記の目的や範囲等の予備的見解を示しており[42]、最終的な検討成果は今後に委ねられているが、ASBJ［2014］では、関連する取引や事象の時期と完全な描写の記述（IASB［2013］QC13）を基礎として、財務諸表本体等の性質に応じて注記の範囲を画定しようと試みている[43]（表4-2)。注記に関し、こうした定義に依拠したアプローチを基軸に国際的な議論を深めていくことは、制度開示フレームワークにおける構成要素間の重複を回避し、首尾一貫性や連係関係を確保・構築する観点からも適切と考えられる。

---

40 GHGプロトコル（The Greenhouse Gas Protocol）は、World Resources Institute（WRI）とWorld Business Council for Sustainable Development（WBCSD）を中心とした、GHGに関する国際スタンダード等を開発するイニシアティブである。そこではGHG算定における事業活動に関して、企業の事業活動における直接あるいは間接的な排出形態により、スコープ1～3の概念で整理している。

41 統合報告を含め任意開示情報が、有価証券報告書等の制度開示に対して直ちに直接的な影響を与えることはないにしても、財務情報との関連を意識したESG情報の開示がベストプラクティスとして醸成されていけば、有価証券報告書のリスク情報を拡張する方向性を検討する原動力となり得る。必要とされる重要な情報が特定され、自主的開示では十分な品質を確保できないか、あるいは制度化による利益が著しく大きいなど実務上の醸成を待って（上妻［2008a］35頁)、コスト・パフォーマンスの観点から制度化の合理性が是認されることになろう。

42 注記開示に際して5つの要素の識別を提案している。すなわち、①財務諸表等を理解するために必要な情報、②財務諸表で認識した金額の分解・増減内訳等、③未認識の資産・負債の性質・程度、④資産・負債から生じるリスクの程度、⑤表示金額に影響を与える仮定・判断を挙げており、さらにリスクや仮定等を理解するに際し目的適合的な限度で将来予測情報も含めている。なお、IASBは、概念フレームワークのプロジェクトにおける検討と併行し、開示イニシアティブとして2013年以降、IAS1号「財務諸表の表示」の修正に関する議論も進めている（2014年4月には公開草案を公表した)。

43 IASB［2013］の見解と異なり、リスク対応等の記述が注記から除外されており、適切と考えられる。

表 4-2　財務諸表注記の範囲

A：見積り（含む公正価値）以外により測定される項目
B：見積り（含む公正価値）により測定される項目
C：未認識項目
D：修正を要しない後発事象
E：修正を要しない後発事象以外

○：注記範囲、×：注記範囲外

		期末日までに発生の取引等に関連			〃未発生の取引等に関連	
		財務諸表本体に認識		財務諸表本体に認識されていない		
カテゴリー		A	B	C	D	E
事実関係に関する情報	数字的描写	○	○	○	○	×
	事実に関する説明的記述	○	○	○	○	×
	当該項目に影響する要因等	○	○	○	×	×
	リスク対応等の記述	×	×	×	×	×
代替的な測定情報	代替的会計方針を使用	○	○	×	×	×
	代替的測定基礎を使用	△1	×	×	×	×
	代替的インプットを使用	×	△2	×	×	×

△1：原則として×（ただし、財政状態と財務業績に関し2つの測定基礎を使用せず、IASBの判断によりOCIを用いず1つの測定基礎のみを用いて財務諸表本体が作成された限定的な状況に限って、○）。
△2：原則として×（ただし、見積りの不確実性が高い場合に限って、○）。
（出所）ASBJ［2014］付録Bを基に簡略化して表示。

(2)　統合的思考のわが国制度開示へのインプリケーション

任意開示を通じてデファクト化したESG情報等が、制度的な補足・補完情報としてMCにどの程度盛り込まれるかは、その時点における各国・地域の規制動向やIR活動を含む開示実務の普及度合い等に大きく左右される。先行する欧米等では、気候変動情報を含む非財務情報に対して一定の制度的な対応がなされており、明示的な規定がないわが国においては、統合的思考のインプリケーションを制度開示に取り込んでいくには、法的枠組み等の検討が避けて通れないと考えられる[44]。

統合報告に記述されるような、企業の中・長期的な価値を創造して持続可能な成長へと導くビジネスモデルや事業戦略、ESG課題等を財務数値と関連付けて理解するための根拠を示すことは、投資家の将来見通しにも重要な情報であり、そうした方向に沿ってイギリスでは、法定書類であるアニュアルレポートを巡る会社法改正[45]が行われた。すなわち、従来「取締役報告書」の一部として記載されていた「事業概況」の内容を強化し「戦略報告書」に置き換えたうえで、独立した文書として開示する制度改革が2013年から施行されている。戦略報告書では、上場企業に対して会社の戦略とビジネスモデル等を記述的に説明することを求めており、統合報告とオーバーラップする部分を多分に有する形での開示制度改革の動きとして、今後の動向が注目される。

ただ、わが国の会社法には「事業報告」という非財務情報の報告区分もあるが、欧州のようにアニュアルレポートが法定開示書類となっておらず、会社法で投資家を含めた情報提供を律していく法体系ではない。しかも開示制度改革の経路等が異なるわが国において、一足飛びの改革を行うには法的障壁が高過ぎるとすれば、開示制度インフラ面で近いアメリカの動きを参照しつつ[46]、金融商品取引法の体系の下で新しいルール設計の議論が急務といえる。わが国の企業内容等開示ガイドラインにおいては、「開示しようとする項目・事項が個別具体的に規定されていないことや前例がないこと等をもっ

44　同様の視点に基づく有価証券報告書の改正提案ないし検討として、小西［2012］、水口［2013］、平松［2014］等がある。なお、IIRC［2013］では、MCにフレームワーク以上の情報を含めていても、その情報がフレームワークに従ってさえいれば統合報告書とされるとしており（1.14項）、上記提案の中には有価証券報告書の統合報告書化を展望している見解もある。ただ、本書では、あくまで有価証券報告書の開示ツールとしての改善を念頭に置いているに過ぎず、統合報告書化に拘泥しているわけではない。

45　イギリスにおけるビジネス・イノベーション・職業技能省（Department for Business Innovations and Skills）の報告書（UK［2012b］）を踏まえ検討が重ねられ、会社法第414C条規則に「戦略報告書」の開示内容が規定されている。すなわち、第2項（株主の評価を支援する事業と情報の公正なレビュー）、第3項（事業の発展と業績、財政状況に関する包括的な分析）、第4項（環境・従業員・地域・人権問題に関連する特定の方針等、上場企業において第3項を理解するうえで必要な戦略、ビジネスモデル、主要なトレンド及び諸要因）、第5項（上場企業において取締役・執行役・従業員人数の性別内訳）、第7項（財務的・非財務的KPI）などである。

46　金融商品取引法の前身である証券取引法は、アメリカの証券規制を範として戦後にスタートしており、わが国の有価証券報告書の記載項目は、アメリカの年次報告書Form10-Kの規則S-K（Item 101「事業の説明」、Item 303「経営者による財務・経営成績の分析」、Item 503(c)「リスク要因」等）と類似項目が多い。

て、開示する必要がないと考えることがないように留意する必要がある」(2頁）としているが、国際的なデファクトスタンダード化の流れを踏まえたうえで、呼び水となるような規定ないし指針や合理性に乏しい厳罰の機械的適用の留保は、現状改善の第一歩であろう。

アメリカでは、重要な影響が見込まれる環境情報等について規則S-K(「事業の説明」等）の開示項目で個別に規定されており[47]、わが国においてもコンセンサスが得られたESG情報等があれば、有価証券報告書において明示的な開示要請を行うことが望まれる[48]。また、アメリカでは2010年の気候変動開示ガイダンスによって、開示Itemについて気候変動情報の開示が必要となる場合を例示しており、わが国においても気候変動情報の適切な開示を促す場合には、開示府令の「記載上の注意」を工夫したり、金融庁ガイドラインや証券取引所規則等のソフトローによる規律付けも活用するなどして、実務に影響を与えていく方向性も考えられよう。そうした非財務情報は、財務的影響への発現が中長期的で不確実性が大きく個社ごとに重要性が異なり得るので、基本的には「強制的自発開示」(伊藤［2011］53頁）のメリットを生かす任意性の高い枠組み[49]としつつ、同時に、将来見通し情報等に対する罰則規定の免責に向けた見直し（セーフハーバー・ルール等）も不可欠であろう[50]。

ある意味で有価証券報告書は財務情報と非財務情報が既に合体された開示

47　規則S-Kにおける環境関連の開示要求としては、①環境諸法令の遵守が資本支出、利益及び競争上の地位に与える重要な影響の開示（Item 101)、②環境訴訟に関する開示（Item 103)、③環境に関するリスク要因（Item 503(c))、④環境に関して事業活動、流動性、資本源泉に影響を与える事象についての開示（Item 303）などがある（國部［2011］115-117頁）。なお、アメリカではスーパーファンド法に代表されるような、汚染者に対して懲罰的な賠償を求める法律が存在したため、環境リスクが高い業界にとっては、環境リスク情報の開示は必須であり、そのための解釈指針なども整備されてきた歴史がある。

48　例えば、小谷［2011］69頁は、有価証券報告書「事業等のリスク」の「記載上の注意」に例示されている項目の中に、環境保護に係る法令も含まれることを明示する記載例の追加を提案している。また、日本公認会計士協会［2008b］ではGHGに関連して、また日本公認会計士協会［2010b］ではサステナビリティ情報全般について、制度開示の必要性を検討している。

49　開示要求の目的や項目を例示したうえで、経営者が企業にとって重要な項目を検討するような枠組みにすることが有効ではなかろうか。

媒体ともいえるが、その有機的連関を読み解く情報源として今まで以上に有効に役立たせるには、企業価値創造プロセスを念頭に、一定の規律に基づく体系的な報告枠組みとして再構成していく努力が必要である[51]。ともすればコンプライアンスに重点が置かれがちな制度開示（有価証券報告書）を、諸外国と同様に、財務報告の目的をより貫徹するようなコミュニケーション・ツールとしていく方向性が望まれるのである。その際、ESG情報を含む非財務情報が、わが国のMCにどの範囲まで組み込むことができるのかを判断するうえで、既存の制度開示フレームワークの下での再構成に係る新たな動きとして、米国NGOのサステナビリティ会計基準審議会（SASB）[52]による取り組みが注目される。

SASBは、SEC提出の法定財務書類（Form10-K）において環境・社会等の非財務情報の開示制度化を目指しており、業種ごとに特化した開示基準の開発と財務報告への導入に取り組んでいる[53]。SASBの非財務情報の開示基準である「サステナビリティ会計基準」は、現行の財務会計の開示情報では

---

50 日本公認会計士協会［2010b］29-32頁では、サステナビリティ情報の適切な開示促進に向け当局による明示的な要請または指針とともに、非財務情報に関する罰則規定の弾力的適用ないし運用上の配慮を提案している。同様に上妻［2012a］234頁、小谷［2011］66頁でも、免責に向けた見直しの必要性に論及している。

51 中央環境審議会［2010］16-17頁では、有価証券報告書を通じた環境関連情報の開示には、財務情報と同一媒体内で開示されることで両者を関連付けた分析がしやすい特徴があるとしたうえで、情報の記載を明確化するため金融商品取引法に基づく体系の中において所要の措置が講じられることを望みたいとしている。

52 SASBは非営利民間団体（NGO）で、企業における環境・社会等の非財務情報の制度開示を推進するため2011年7月に設立された。その組成にはハーバード大学の研究者が当初関与したが、ロックフェラー財団、ブルームバーグ、ジェネレーション・ファンデーションなどが支援し、基準作りには金融機関、環境団体（CERES等）、年金基金等のマーケット関係者が多く参加している。なお、アメリカでの財務報告については、民間団体であるFASB（Financial Accounting Standards Board）が企業会計の基準をとりまとめる機関としてSECに正式に認められているが、SASBは、非財務情報の開示に関してそれと同じポジションの獲得を目指している（http://www.sasb.org/sasb/vision-mission/）。

53 SASBの基準では、非財務情報の汎用的な要素よりも、セクターや業種に応じて影響の度合いが異なることなどを重視し、業種ごとに実践的な開示ルール化を指向している。すなわち、それぞれの業種で最も重要だと判断された課題についてForm10-Kでの情報開示に適した業績評価指数を開発するため、複数カテゴリーごとに分類される43の指標により、ステークホルダーの関心と経済的影響の観点からサステナビリティ課題の評価と数値化に取り組んでいる（SASB［2013］pp.8-10）。

企業価値が十分に投資家に伝えられていないとの状況認識から、財務情報だけでなく非財務情報の義務的開示を促進するとの問題意識に端を発するもので、ビジネスモデルに基づいて重要と判断された非財務情報と財務情報を連係・統合させて、制度開示された財務報告の範疇で説明を試みていることが最大の特徴である（倍［2012］94-95頁）。より総合的な観点から企業価値を形成する要因を分析するという視点では統合的思考と軌を一にする試みであり、わが国の制度開示における非財務情報開示の取り扱いを検討していくうえでも、今後の動向を注視していく必要があろう。

6．おわりに

財務報告ないし事業報告の拡張というテーマは古くから議論されてきており、主として投資家向けの意思決定有用情報として、伝統的な財務報告では対象とされてこなかった非財務情報含め、企業が開示する情報量は拡大の一途を辿ってきた（伊藤［2011］50頁、広瀬［2011］173頁）。近年は統合報告の取り組みが広がりをみせてきているが、財務諸表作成サイドとしては、企業価値創造プロセスと非財務情報の関連付けをより簡潔・明瞭に伝達できるよう、統合報告というツールの導入を機に、社内向けと社外向けの情報一体化や開示の量と質の一元管理に努める必要があろう。そうした中で、独立した組織で役員の所管も異なることの多いCSR、IR、リスク管理部門が連携するなどの取り組みを通じて、リスクマネジメント、機会創出の両面でESGの事業戦略への組み込みを明確に打ち出すことが求められる。同時に、長期的な視点に立った投資促進に向けて長期的投資利益に適うものであることを投資家に実感してもらえるよう、メッセージ性やストーリー性等の訴求力（企業活力研究所［2012］18-20頁）も向上させていかなければならない。

ただ、経済価値と社会価値のバランスは時代環境とともに可変的であり、重要なESG情報としてどこまでを統合報告に取り込むべきかは状況依存的である。現在、短期主義への反省もあって（FEE［2011］p.6）、戦略的CSRないしCSV（Creating Shared Value）による持続的企業価値の向上（Porter and Kramer［2006］［2011］）にはコンセンサスが得られてきているように窺われるが、企業が外部不経済の内部化に向けてESGへの資源配分をどこまで行うべきかは、企業を取り巻く社会のニーズあるいは正当化要求レベルにも依拠する。企業が環境や社会にただ乗りする時代は終焉しつつあり、外部不経済を内部化する方法としてプライシング（CO_2排出権取引等）のみならず、レポーティング（外部性の拡大をいかに報告において内部化させるのか）にも関心が集まる中にあって、21世紀型のビジネスリスクともいえるESG要素に対して、企業は今後とも時代を先読みしたプロアクティブな対応が求められよう。

第5章

イノベーションを描写する動態的な統合報告

1．　はじめに

前章でみてきたように統合報告では、戦略関連情報等の開示も重要なコンテンツとなる。その際、ESG 要因は経営戦略の決定・実行・開示に至るプロセスを構築する重要な切り口の1つとなるが、ESG 要因への対応を事業戦略に十分組み込むマネジメント体制が構築されていなければ、戦略ガバナンスとの相互関連性を体系的に説明・開示することは覚束なくなる。本章では、企業が社会（これを踏まえた長期投資家）の要求する「正当性」に対応（開示）していくに際し、経営力（ガバナンス力）が重要なドライビング・フォースになるとの観点から、「失われた20年」から現在に至るわが国企業の対応力に焦点を当てながら、統合報告で開示すべき経営動態に関する考察を進めることとしたい。

安倍政権発足前に、PBR（Price Book-value Ratio：株価純資産倍率[1]）1倍割れの株価低迷局面が、多くの銘柄で長らく続いたことは未だ記憶に新しい。東京証券取引所の統計資料「業種別・規模別 PER・PBR」によれば、2008

年9月のリーマンショック以降、東証一部の平均PBRは2003年以来約5年半振りの1倍割れとなり、前政権末期[2]の2012年10月末時点には、実に33業種中24業種の平均値が1倍未満という惨状に陥った。その後、安倍政権のアベノミクスにより、金融緩和、円安の進行につれて株価全般も上昇[3]したが、長期間続いたPBR1倍割れの状況は「失われた20年」という成長期待消失の象徴ともみられていた。株価の回復は、上記マクロ要因のほか将来に対する市場の期待を反映している側面も強いが（武井［2013］148頁（伊藤発言））、長期間続いたPBR1倍割れというわが国固有の稀有な現象について、その要因を財務・会計・開示の視点から理論的に考察・解明しておくことは、今後の前向きな企業行動、ディスクロージャーにつなげていくうえでも有用と考えられる。

PBR1倍割れというのは企業を解散した方がベターという極めて異常な状況であり、これは資本コストを十分意識しない日本企業に対し海外投資家等が、時代遅れの経営・組織戦略、リーダーシップの国際的見劣り[4]などの理由で、人的・組織的な将来価値のディスカウントをも織り込んだ帰結ではないか、との仮説を本章では設定する。こうした見方が正しいとすると、アベノミクスというマクロ期待への働きかけによってミクロ面での懸念は一旦沙汰やみとなっても、本質的な企業経営に起因する問題への個社対応が遅れマクロ期待がミクロの企業レベルで現実化しなければ、株価調整を招来し再びPBR1倍以下に逆戻りする先も生じかねないのである。本章では、PBR1倍

1　PBRは、株主が投下した資本を事業活動によってどれだけ増やしたかをみる指標であり、各上場企業の時価総額（株価×発行済株式総数）を直近年度末の純資産合計で除した（換言すれば株価を1株当たり純資産で除した）数値である。

2　野田佳彦前首相は2012年11月14日に衆議院解散を表明した。ちなみに、その時点（11月14日）での東証平均取引所1部の平均PBRは、0.89倍であった。

3　この間のPBR（一部上場・連結）も、2012年末0.8→2013年末1.1→2014年末1.2と持ち直しているが、欧米等との比較あるいは日本株の長期トレンドで観察した場合には、依然として株価は見劣りする状態にあるともいえる（静［2014］31-32頁）。

4　伊藤［2000］は「失われた10年」の時点で90年代の「日本企業の7つの大罪」を総括し、従来型の神輿経営の下で価値創造型リーダーの不在を真っ先に断罪している。同様に、三品［2004］［2006］等も、経営戦略論の観点から経営トップの戦略不在に舌鋒鋭く論及しているが、後述するように、その後「失われた20年」を経過してもなお、基本的な問題構図は不変と観察される。

割れという現象を考察の端緒に、そうした観察対象を「自己創設負ののれん」の発生原因となる「負のインタンジブルズ」という概念で説明することを目標仮説とし、そこでの研究成果を分析ツールとして役立てることにより、人的・組織要素を含む統合報告コンテンツの考察につなげていくことを最終的な目標としている。

近年、財務数値の価値関連性の趨勢的低下が語られ（例えば、Lev and Zarowin［1999］pp.354-362、伊藤・加賀谷［2001a］49-50頁、加賀谷［2012］79-80頁）、これを踏まえてインタンジブルズのディスクロージャーが標榜されるとき、暗黙に無形資産あるいは知的資産などの「正のインタンジブルズ」が念頭に置かれていることが多い。しかし、インタンジブルズに関する「正」と「負」、つまり企業活動の両面が開示されなければ投資家から真の納得感は得られないであろうし、そもそも企業サイドが「負」の経営要素を抱えているのであれば、開示の技巧を尽くす前に開示と同期発火で経営自体を改善していく必要がある（伊藤・加賀谷・鈴木［2012］19頁、加賀谷［2014b］44頁）。企業価値向上に資する経営・ガバナンスの革新とともに投資家の正確な理解を求めるアピールが求められているのであり、そうした取り組みを投資家にコミュニケートする手段、あるいは企業価値の投資家判断に必要な情報を盛り込む器として、統合報告に今日的な戦略的意義が見出せるのである。

こうした問題意識の下、以下では、まずPBR 1倍割れを生む土壌として、日本企業がROE等の資本効率面で国際的に大きく見劣りし、必ずしも資本コストが重視されていないとみられる現状をレビューする。わが国における低水準のROEは今に始まった話ではないが、グローバル化等により経営環境が大きく変化する中で、近年、企業の経営・ガバナンス面の脆弱性が国際的にもクローズアップされ、企業価値のディスカウントを惹起した可能性を指摘する。次に、そうした企業価値毀損を理論的に説明するツールとして、「負のインタンジブルズ」概念が有用であることを提唱し、その概念の明確化に向けて、先行研究を踏まえつつ人的・組織価値やレピュテーション、リスクとの関係も比較考察したい。最後に、「負のインタンジブルズ」概念を理論的基礎とし、経営革新（イノベーション）と開示の同期発火による改善に向けて、イノベーションを描写する動態的な統合報告とともに、その基礎となる「統合的思考」(integrated thinking) に基づく経営（以下、統合経営）に向けたトップリーダーシップや、それを支えるガバナンス面での各種制度インフラの必要性についても論及する。

2. PBR 1倍割れを巡る諸要因の観察

(1) 資本コストと低水準のROE

PBRが1倍を割ると、分母の純資産より分子の時価総額が小さいので、理論的には、その企業の株を株式市場で必要株数買い付けて、株主総会で解散を決議し、すべての資産を会計上の価額で売却し借金を返済しても利益を得られる状況ということになる。その意味で、日本を代表する著名な大企業も含め多くの企業がPBR 1倍割れの状態が長引いたというのは、欧米のみならず世界にほとんど例をみない特異な状況である（木下［2012］10頁）。PBRはROE（利益／株主資本）とPER（株価／利益）の積であり、国際比較によればPERは一定レンジに収斂する傾向がある（柳［2013］61-62頁）中にあって、低PBRの背景として、国際的にみても非常に低い日本のROE[5]に注目が集まることになる。日本のROEが欧米諸国に比して構造的にかなり低い背景には、日本企業では薄利多売や低付加価値の事業を数多く続ける結果として、マージン[6]が非常に低い点がかねてより多方面で指摘されている（三品［2004］43頁、神山［2010］20頁、内閣府［2013］163頁、中神・小林［2013］5頁、松崎［2013］16-18頁など）。

低マージンの裏腹であるが、売上げ優先、シェア重視、低価格戦略等が高

5　過去30年以上をみても、日本のROEは欧米主要先進国に大きく劣後している（村上［2011］110頁）。なお、一般にPBR 1倍割れは割安銘柄といわれるが、この考え方は会社の過半数の株式を現在の株価で取得しすべての資産を簿価以上で売却できる場合に成立するのであって、より現実的に解散を前提としない継続企業の前提では、世界株式市場の平均PERの逆数となる株式益利回り（1株当たり利益／株価）以下のROEでPBR 1倍割れとなっているのであれば割安銘柄ではなく（佐藤［2013］）、むしろ将来価値の低下を見込んだジリ貧銘柄とさえ言えるのではなかろうか。

6　ROE（利益／株主資本）をデュポン分解すると、マージン（利益／売上）×財務レバレッジ（総資本／株主資本）×資産回転率（売上／総資本）となる。

度成長期の成功体験として、日本企業に根強く浸透し続けているのである[7]。他方、投資家は余裕資金の範囲で複数の投資対象を選択可能なので、株式に投資する際には、リスクフリーの国債金利に株式投資のリスクプレミアムを加えたものが、企業ごとの事業リスクに応じて投資家が期待する利回りとなる。これは企業にとって調達した株主資本に対する資本コストとなり、これを上回るリターンを生み出すことにより初めて株主のために企業価値が創造されるのであって、企業が売上げや利益を伸ばしても期待収益率が資本コストを下回っているのであれば、一般株主にとっては期待外れとなる（伊藤［1999］6、19頁、砂川［2013］24頁）。

ただ、わが国における低水準のROEは今に始まった話ではないので、近年に観察されたPBR 1倍割れという現象の理解には、株価を下押しさせる追加的な要因が存在したと考えられる。裏返して言えば、これまで低ROEにもかかわらず株価を下支えしてきた要因が、剝落してきている可能性がある。株価は市場による企業評価の公正価値であり、理論的にはその企業が今後将来的に生み出すキャッシュ・フローの現在価値の総和となるが、ここで留意すべきは、将来の経営判断・戦略に応じてキャッシュ・フローは大きく左右されるので、その個社ごとの戦略を見極め、織り込むことが実際の公正価値算定のうえでは、非常に困難かつ重要な問題となるという点である。将来利益の流列ないしターミナルバリューに一定の仮定を置くなどしてモデル計算すれば済むという単純な話ではなく、実際に経営戦略等を介在させて将来価値を見込む投資家にとっては、非常に広い判断余地が存在し、そうした判断には将来期待が強く影響する[8]。

近年におけるPBR 1倍割れの要因としては、経済政策、政治情勢等に起因するマクロ要因もあろうが、より基本的には、持続的な企業価値創造に向

7　生命保険協会［2014］5、7頁の調査結果によると、投資家の90.8％が「ROE」を経営目標として最も重視していると回答した一方、企業が中期経営計画において公表している具体的指標としては、「利益額・利益の伸び率」（62.7％）や「売上高・売上高の伸び率」（60.0％）が多く、投資家が最も公表を望んでいる「ROE」は35.8％に止まっている。

8　非金融資産の使用方法は個々の経営者に固有の経験、能力、ノウハウ等が反映され、状況に応じた会社の対応能力等が事業価値（企業価値）に大きな影響を及ぼす（徳賀［2012］151頁）。

けた日本企業の取り組みに対する資本市場からの信頼感ないし将来期待の低下[9]（伊藤［2012］）があり、それは同時に経営能力を中心とした人的・組織価値の劣化に対する懸念ではなかろうか。資本効率に対する理解が十分ではなく株主の期待利益に見合わない経営[10]に安住を続け（伊藤［2000］27-28頁、神山［2013］52-55頁）、その結果としてPBR 1倍割れが続いていた時期には時価総額に占める日本の世界シェアが大きく低下し、とりわけアジアの中における日本企業の存在感ないし魅力が相対的に薄れてきたことに危機感を抱く論調は多かった（例えば、辻本［2013］82-84頁、石田［2013］59-60頁）。足許はアベノミクスによる円安やマクロ期待等にも支えられ一服しているとはいえ、経営トップのリーダーシップによる経営戦略やビジネスモデルの再構築が急務である先において果断な革新経営が行われないまま、将来的にも資本コストを上回る収益が見込めず、マクロ期待がミクロの企業レベルで現実のものとならないと分かれば、期待の反動もあって投資家の日本離れを再燃しかねないのである。

⑵ 将来価値のディスカウント要因

次節以降で財務・会計面からの考察につなげる前に、以下では、PBR 1倍割れを招いた将来価値のディスカウント要因として、経営革新の遅れとリー

9 伊藤・加賀谷［2001b］114-115頁のサンプル調査（上場・店頭公開、連結）によれば、PBR 1倍を上回る企業は1983～91年度まで95％以上であったが、その後は1992年度90%、1996年度75％と低下し、1997年度には50％を割り込み、逆に1999年度には全体の約6割の企業でPBR 1倍割れという状況に陥ったとされる。この点に関連して伊藤・加賀谷［2002a］127頁では、日本のROEがアメリカより低くてもPBR 1倍以上の時期においては、将来に対する期待から株式市場で高い評価を得てきたためとする一方、1990年代に入るとその評価を低め、PBR 1倍以下の企業の割合が増えてきたとしている。同様に村上［2011］106頁では、20年以上の長期推移を踏まえ、わが国のPERは利益の成長期待が高かったことを反映し先進国に比して非常に高い水準を続けてきたが、「期待外れ」であることが判明するにつれ株価が大きく調整して落ち着くことになったと分析している。

10 生命保険協会［2014］7-8頁によれば、ROEが資本コストを「上回っている」とする投資家はわずか4.6％に止まっている。こうした中、投資家は、中期経営計画やエクイティ・ストーリーに関する説明の充実、経営方針・経営戦略説明会の開催等を要望しており（東京証券取引所［2012］85頁）、とりわけ外国人投資家からは日本企業に対し、株主還元や資本政策に関する説明に落胆する声や、資本コストの概念がよく理解されてないのではないか危惧する声すら聞かれるとされる（松崎［2013］18頁）。

ダーシップ不足を改めて記述的に敷衍しておきたい。その多くは日本経済の「失われた20年」の文脈で語られる現象とも重なるが、ベルリンの壁崩壊以降の経済のグローバル化の急進展とIT革命という世界的な環境変化の下で、日本の大企業の多くは、バブル経済の後始末に追われてうまく適応できず、構造改革をできないまま時間を無駄にした（日本経済調査協議会［2014］11頁）。すなわち、景気の循環性をそれまでの日本経済の延長で捉え、世界経済の構造変化を見損ない、日本的経営といわれる企業システムや過去の成長期に有効に機能した成功体験に安住しているうちに、次第にグローバルスタンダードと齟齬をきたすようになったのである（石崎［2010］2、下川［2010］164頁、経済産業省［2014a］5頁）。

伝統的な日本企業のマインドセットとして、お家大事の身内意識の発想からどうしても抜け切れないのか企業の存続という内向きの安全性を第一に、自らが投資先として選ばれる対象であるという外向きの意識が希薄なまま、気付かないうちに経営戦略や投資効率の重要性を比較的軽視し相当の長期にわたり低い収益性に甘んじてきた（正司［2012］228頁）とも言えようか。結果的に、複雑化するグローバルな事業環境の変化への適応や経営の転換など、持続的な企業価値創造に向けた取り組みに対する資本市場からの信頼を失い、日本を代表するような企業も含めてPBR 1倍割れの株価低迷を余儀なくされたのである。

ここで強調したいのは、市場からの信認低下が、日本を代表する大企業、すなわち高度成長期に成功した企業群において顕著であったという点である。すなわち、株価低迷期の過去10年間（2002年12月～2012年12月）におけるTOPIX（東証1部上場銘柄）は2％程度の上昇でほとんど横這いであったが、企業数でみれば66％の企業で株価が上昇している一方で、時価総額と流動性が特に高い企業30社で構成された株価指数「TOPIX CORE30」をみると、同期間に24％もの下落となっており、日本を代表する大企業こそ「失われた20年」の本当の戦犯（吉野ほか［2013］9-10頁（藤野発言））との見方もある。投資家に将来の企業価値創造に向けた経営能力等に疑念があるとすれば、それは大企業においてこそ顕著だったのではなかろうか。こうした市場の疑念を解消しない限り、円安化等の外部要因により一時的に収益が改善しても、持続的な企業価値向上による株価上昇、市場からの中長期的な信任回復は見込めないことになる。

競争がグローバル化し、変化の振幅やスピードが増加する中にあって、現下の差し迫った課題は日本企業の戦略的発想とそれを実行する戦略機能の弱さであり、スピィーディな意思決定とそれを可能とする戦略構築能力の必要性が強調されなければならない。戦略構築能力と迅速な決定能力の向上にはトップリーダーシップの発揮が不可欠であり、従来型の御神輿型経営ではない、経営戦略からオペレーションへとつながるトップダウン型経営が求められる（正司［2012］225頁、下川［2010］170頁）。変化と転換のときは新たな幕開けでもあり、既存の強みや卓越した優越性を生かし競争力を高めグローバル化を進めるべく、日本の企業経営者は自らの手で自社の持続可能な成長のため過去の事例に囚われない策を講じ、企業ごとに必要となる戦略の見直しや事業内容の転換プロセスに着手する必要がある[11]（PWC［2012］3頁）。

グローバル化など環境の不連続的な変化は、従来の延長線上ではなく新たな見方に立って新しい戦略を構想する企業にとってはチャンスである。既存のやり方の延長では解決困難なものが多いとすれば、経営者は環境変化のなかに新しい事業の機会を発見し、その機会を活用するために、構造改革や新たな事業コンセプトの創造に向けて社内外から多様な資源の動員を図るなど、革新的に事業を展開していくことが必要となる（金井［2006］21-22頁）。例えばソーシャルイノベーションとして、グリーンイノベーション[12]やBOP/MOPビジネス[13]等にも近年注目が集まっているが、環境変化に対応したビジネスモデルを軸に戦略を構築し、その戦略を実行していくには、

11　1999年3月に日産はルノーと資本提携し、同年6月に送り込まれたカルロス・ゴーンCOO（最高執行責任者）の下、同年10月に公表した「日産リバイバル・プラン」に基づき経営改革を断行したが、経営危機当時の日本人CEOは講演会で「ゴーンさんを日産に連れてきたことが自分の最大の功績」と語ったそうである（三品［2006］141頁）。経営者が変革を成し遂げるには、大胆さ、リスクテイク、スピード、柔軟性、適応力を含む新たな姿勢が求められ、新たな姿勢への変化はトップからしか起こり得ないのであるから、日本企業の経営陣自らが先頭に立って姿勢の変化を進める必要がある（Pwc［2012］8、62頁）。変化にはある程度の不確実性が付きまとうので、強力なリーダーシップが求められる所以であり、新たなアプローチとアイデアの追求は一定のリスクを伴うが何もしないことによるリスクの方がはるかに大きいのであって、急激に変化する世界情勢の中で生き延びるため、日本企業のビジネスリーダーは変化と、それに伴い必然的に生じるリスクを受け入れる準備をしなければならない（PWC［2012］3、62頁）。

強力なリーダーシップが求められるのである。

ビジネスモデルは、どのような仕組みで利益を生み出すか、付加価値を創造する大枠のメカニズムであり、戦略的なビジネスモデルの下で、財務情報やリスク等非財務情報を統合的に管理し経営に役立てる必要がある。同時に、むやみに内部留保だけが積み上がっているのではないかとの投資家の疑念を払拭するためにも[14]、そうした統合経営の取り組みを外部にも開示していくことが、コミュニケーションを通じて投資家による正しい企業実態の理解にもつながる。企業経営者が考えるビジョンや戦略を投資家から正確に理解してもらい、企業実態と投資家判断の間に生じかねないギャップを解消するためにも、統合報告が重要な意味を持つのである。すなわち、投資家の信頼を獲得し将来価値判断に役立ててもらうために、企業は財務情報のみならず、日本型コーポレート・ガバナンスの再構築に係るプロセスや、経営戦略

12　例えば、グリーン調達や環境配慮製品・サービスの提供等を通じて、持続可能な消費と生産を促進、環境配慮型製品・サービスの市場が拡大するとともに、競争優位なポジションの獲得によって自らの市場支配力を強化することが可能となる。新興国には量の勝負では勝ち目がないが、環境対策という質的側面では先進国のアドバンテージを生かした対抗軸にもなり得る。温暖化対策、廃棄物処理、リサイクル、公害対策等の環境分野での環境コストは長期的に企業価値を毀損する潜在的なリスク要因であるが、規制強化が機会要因にもなる。持続可能な社会に適合的なビジネスモデルの転換と戦略的対応が進んだ企業にとって、環境規制は、投資や技術開発を促進させ環境配慮型製品・サービスに新たな市場や雇用を創出するなど、新たなビジネスを育む絶好のチャンスにもなる。とりわけ日本はトータル品質管理力で世界の産業をリードし得る潜在力を有している。

13　グローバル戦略の構築に当たっては、アジア、アフリカ、中南米等の途上国におけるBOP（Base of the Pyramids：低所得層）、MOP（Middle of the Pyramids：中所得層）へのビジネス展開を加速する必要があることも指摘されてきた（経済産業省［2010］［2012］）。これら領域へのビジネス展開は、日本企業のモノづくり、インフラ支援に関わる技術力、ノウハウを生かせる有効な長期成長戦略となり得るのみならず、途上国にも就業機会の提供とともに貧困・衛生面等の克服にも寄与することから、日本企業（経済価値）と新興国（社会価値）の両者に価値（メリット）をもたらす意味で、Porter and Kramer［2011］のCSV（Creating Shared Value：共通価値の創造）につながるソーシャルイノベーションということができよう。こうしたグローバルCSVビジネスの相手国には政情不安、貧困など様々なリスクや社会課題があり、短期的に利益を上げることは容易ではないが、それだけに企業にとっては、モノづくりからサービス、インフラ支援に至る多様な領域において、中長期的な視点から日本企業の強みを生かして、新たな商品・サービスや販売形態などにイノベーションを促す契機となり得るのである。

等が企業価値創造につながる具体的シナリオ、それを達成するための経営資源等を含む非財務情報についても、説得的なディスクロージャーを展開していくことが必要となるが、こうした攻めの開示論については「負のインタンジブルズ」概念の分析を踏まえたうえで後述することとしたい。

3．「負のインタンジブルズ」による目標仮説の設定

(1)　インタンジブルズにおける「正」「負」の識別

IAS36号「資産の減損」では、PBRが1倍割れ、すなわち「報告企業の純資産の帳簿価額がその企業の株式の市場価値を超過している」状態を、資産が減損している可能性を示す兆候を評価する際に考慮する「外部の情報源」の1つとしている（「減損している可能性のある資産の識別」12(d)）。逆に、資産の減損を行ってもなおPBR1倍割れというのは、会計上は「(自己創設）負ののれん」の状態といえる（秋葉［2012］26頁)。「(自己創設）負ののれん」は、「正ののれん」との対比ではマイナスの超過収益力、すなわち過少収益力の状態であるが、ここで収益力の「超過」、「過少」のメルクマールとなる指標は資本コストである。超過利益は資本コストを超える成果で、その期待が（正の）のれん価値であり（斎藤［2013］18頁)、資本コストを下回る懸念が（負の）のれん価値ということになる[15]。

そもそも「(自己創設）負ののれん」は負債の定義を満たさない[16]ので、そ

14　上場企業の現金保有（対総資産）比率は2割近くまで達しており、この10年程度の間にほぼ倍増するなど、世界的にも珍しい状況（伊藤［2013b］）となっている。現金保有については、Dittmar and Mahrt-Smith［2007］、諏訪部［2006］等の実証結果によれば、ガバナンスが良好な企業の現金は、資本コストを上回る投資に有効に使われリアルオプションとしてプレミアムを得る一方、ガバナンスの劣後する企業の現金は企業評価においてディスカウントされるが、日本企業の状況はどちらかというとネガティブにみられがちではなかろうか（柳［2013］73頁)。株主の期待収益率を超えて再運用できる投資機会がない場合は、分配可能な剰余金は株主に配当することが一般株主の利益を最大化するのであって、配当せずに資本コストを下回るリターンしか上げられない投資機会に投資してしまうと、逆に企業価値を下げる結果となるので、配当政策は、常に効率的な再投資・新規投資の可能性を意識して策定され、かつ、そうした配当政策をなぜ採用したのかについて一般株主に対して説明を尽くし納得を得ることが重要となる（東京証券取引所［2012］99、101頁)。

の取り扱いについて内外の会計基準では明示されていない（秋葉［2012］28頁)。ただし、例外的に企業結合で生じた「(買入）負ののれん」については、企業会計基準第21号「企業結合に関する会計基準」(2008年12月26日改正〈2013年9月13日最終改正〉）により、当該負ののれんが生じた事業年度の利益として処理される（33項)。これは被買収企業の割安購入との考え方がベースにあるとみられるが（西川［2012］49頁)、企業結合が行われて貸方差額（企業結合により生じる受入純資産が買収コストを超える部分）が発生した場合、その発生原因に応じていかなる会計処理を適用すべきかという問題は古くから国内外で議論されてきた[17]。そこで会計的性格を左右する貸方差額の発生原因としては、割安購入、測定誤差、将来費用・損失のリストラ引当金などのほか、プラスのシナジーたる「正ののれん」の反対のものとしてのマイナスのシナジーたる「負ののれん」という議論もみられた。すなわち、被買収企業が正常利益以下の収益力しか持っていない状況を仮想すると、将来利益の実現により正常利益を下回る部分が実現することによってでしか貸方差額が解消されない場合には、被買収企業において生じていた「負ののれん」を受け入れることになるのである。

本章の考察対象は、企業結合会計における貸方差額としての「(買入）負ののれん」に止まらない、むしろ企業結合に特有なテクニカルな発生原因を離れた「(自己創設）負ののれん」である。そこでは、超過収益力の源泉となる知的資産など「正のインタンジブルズ」の議論との対比において、過少収益力を惹起する「負のインタンジブルズ」の存在についても論究する[18]。

15　なお、超過利益のメルクマールを業界平均とする文献も少なくないが、各社固有の資本コストがいずれ業界平均に収斂していくことを前提にすれば、事前的に観察不能な資本コストを短期で捉えるか長期で捉えるかの違いであって、基本的な定義のコンセプトに差異はないと解される。

16　資産・負債の定義はIASB［2013］で新たな提案がなされ議論が継続中であるが、いずれにしても、「自己創設負ののれん」は「現在の債務」ではないので負債の定義を満たさない。なお、「自己創設（正の）のれん」は資産の定義を満たすが、現行の概念フレームワーク（IASB［2010a］）では、資産の認識要件（4.38項、4.44項）を満たさないため資産に計上されない。

17　例えば、Catlett and Olson［1968］、Hendriksen［1977］、武田［1982］、Moville and Petrie［1989］、黒川［1998］、梅原［2000］、白石［2003］、西海［2006］、山内［2010］、高橋［2012］など。

わが国において「負ののれん」に関する論稿は企業結合において生じる貸借差額の原因等を論じたものが支配的であるが、海外において1990年代末には「知的負債」というコンセプトが登場しているほか、国内において同様の問題意識の論稿もわずかながらみられている。その意味で呼称は別にして、知的資産が存在するとすれば、それに対応する負の領域が存在するはずとの着想自体、とりたてて目新しいものではない。しかし、現時点においても負の概念の解明が十分に進んだとはいえず、研究上も未だ曖昧な部分が多い状況下、先行研究を踏まえてその概念を明確化するとともに、現実の現象（長期間のPBR 1倍割れ）を説明する目標仮説として、さらに非財務情報のプラス・マイナス両面での統合報告を考える理論的基礎としても役立てていくところに意義があると考えている。

(2) 「負のインタンジブルズ」概念の定義

イ．先行研究のレビュー

知的負債を体系的に論じた先駆的文献として、Harvey and Lusch［1999］とCaddy［2000］が挙げられる。まずHarvey and Lusch［1999］は、市場価格が帳簿価額を上回ることで知的資産が導かれるのと同じように、その反対の状況は「知的負債」(intellectual liabilities) の存在によって説明されるとし、その定義を最初に論じた文献である（Garcia-Parra et al.［2009］p.821)。そこでは、「知的負債」を4つの範疇に分類するとともに評価のための枠組みも提示した[19]。また、Caddy［2000］は幾つかの企業を分析し、「知的負債」は不適切な意思決定の結果もたらされ、その影響を除去ないし最小化するため、各企業は是正措置を講じているとした。こうした調査に基づいて、知的資産の獲得は価値創造のための必要条件ではあるが十分条件ではなく、

18　後述するように同領域について、先行研究では「知的負債」との呼称も存在する。こうした呼称は会計等式（資産＝負債＋資本）の類推から出発したことに端を発するためとみられるが、会計に引き付けて「負債」と呼称するのは内容的には必ずしも適切とみられないことから、本書ではインタンジブルズの負の側面であることを強調する意味で「負のインタンジブルズ」の呼称を用いている。

19　4つの分類（プロセス・人的・情報・構造）については、製品の属性（製品の劣悪な質）を製品そのものと異なるプロセス負債の中に含めるなど問題が多いとされ（姚［2013］218頁)、現在、一般化しているわけではない。

誤った判断の下での知的資産の不効率な使用は必ずしも将来価値の創造には結び付かず、同時に価値毀損を惹起する陳腐化や償却などの要因の存在を明確に認識すべきとした[20]。

いずれの立論も知的負債については、知的資産と同様に会計上の概念を超えた広い意味で、企業の価値創出に対するネガティブな影響とする視点では共通しているが（姚［2013］207-209頁）、Harvey and Lusch［1999］が非貨幣的責務という側面を重視しているのに対し、Caddy［2000］は知的資産の価値を減じ企業の競争優位を喪失させるという側面を重視している。Harvey and Lusch［1999］とCaddy［2000］は、その後の研究[21]の共通のプラットフォームとなる中にあって、知的負債を知的資産の非貨幣的責務として捉える立場を中心に、知的負債の分類や定義に係る研究が進められてきた（Garcia-Parra et al.［2009］p.823）。他方で、Zambon［2007］は、知的資産のリスクという研究領域[22]を超えて、リスク管理の視点から知的負債を考慮する重要性を指摘し、知的負債は企業パフォーマンスを破壊するリスク（財務リスク、管理リスク、レピュテーションリスク）をもたらすものと位置付けた。こうした中、Ortiz［2006］は会計等式から知的負債を導くことに疑問を呈するとともに、Gowthorpe［2009］は、資産と負債を企業価値創造のポジティブな利益要素とネガティブのリスク要素と考えるだけであれば、知的負債か知的資産は隠喩にしか過ぎないのであるから、知的負債は不完全な用語であるとした。

この間、わが国における負ののれんに関する先行研究は、先述したように、企業結合の対価から識別可能な資産・負債の測定額を控除した額がマイナスの値となった場合を対象に、負ののれんの発生原因と会計上の性質を関

20　中野［2009］185頁は、競争優位グループではインタンジブルズが超過利益率にポジティブな影響を与えている一方、競争劣位グループでは、効果がないか、負の効果が存在することを発見し、マイナスの効果も孕むアンビバレントな現象が日米欧に共通するパターンであるであると総括しており、「知的負債」を直接対象にした研究ではないものの、結果的にCaddy［2000］の見解とも類似したわが国等における実証例となっている。また、加賀谷［2006］394-395頁では、特許数が多くても「利益に結びつける力」がなければ株式価値につながらないことを析出している。

21　例えば、Konar and Cohen［2001］、Rosett［2003］、Cuganesan［2005］、Viedma［2007］、Boda and Szlavik［2007］、Stam［2009］、Giuliani［2013］など。

22　無形資産に係るリスク要因の実証研究として、例えばHansen et al.［2005］がある。

連付け、それらと会計処理の関係を検討したものが多い。そうした中にあって、山内［2010］、西海［2006］などでは企業結合時の貸方差額に止まらない領域にも論及しているが、企業結合の土俵を離れて「知的負債」を真正面から扱った先行研究としては、姚［2009］［2013］が挙げられる。そこでは無形資産レポーティングと同等のリスク・レポーティングモデルが存在しない状況は、企業資産に対して非対称性となる表示になる恐れがあり、知的負債は会計上の意味をもたなくても企業リスク開示の重要性を認識させてくれるとする。すなわち、プラス・マイナスを対比することで、企業が直面する機会とリスクの両方を観察でき、企業の全貌をイメージ可能となり、知的負債に対する体系化した認識は、企業リスクレポーティングのフレームワークを設ける際に1つのモデルを提供し得るとした。

ロ．インタンジブルズとのれんの関係

負の領域を考察することは単に言葉の問題に止まるものではなく、姚［2009］［2013］が指摘するように、開示のあり方を考えるうえで重要な理論的基礎となり得る。ただ、今のところ、「知的負債」あるいは「負のインタンジブルズ」の概念は十分に解明されたとはいえず、その概念あるいはレピュテーションやリスクとの異同も曖昧なままである。概念を鮮明することは定義を明確化することに他ならないが、その出発点として、まず正負を含む「インタンジブルズ」については、企業価値の源泉となるキャッシュ・フローに影響する無体または無形の価値決定因子と捉えられる[23]（広瀬［2004］75頁）。その接近方法を巡っては、差額アプローチと独立評価アプローチがあるが（広瀬［2006］84-88頁）、差額アプローチでは、将来キャッシュ・フローの現在価値である株式時価総額と会計上の純資産との差額（すなわちPBRの程度）とされる。

もちろん、純資産と時価総額の差額については、とりわけ短期的には様々

23　知的資産分野の検討を主導してきた経済産業省の定義によれば、知に由来する財の最広義概念として、知的財産や人的資産等を含む「知的資産」があり、これに知に由来しない法的権利等（借地権、電話加入権等）を含めたものが「無形資産」とされるが（同省ホームページ「知的資産経営ポータル」）、一般に正の「インタンジブルズ」は、会計上の無形資産概念を超えた広義の「無形資産」と同義として用いられることが多い（例えば、Lev［2001］（広瀬・桜井［2002］10頁））。

表 5-1 純資産と時価総額の乖離

会計上の帳簿価額	
±	①認識済みの資産・負債に関する会計上の測定額と潜在的価値との差額についての市場評価
±	②財務諸表に認識されてはいないが資産・負債の定義を満たす項目の潜在的価値についての市場評価
±	③資産・負債の定義を満たさない無形のバリュー・ドライバーまたは価値毀損要因についての市場評価
±	④企業の将来計画、事業機会および事業リスクについての市場評価
±	⑤過大評価、悲観主義、市場心理などのその他の要因
時価総額	

（出所）Lev and Hand［2003］（広瀬ほか［2008］572 頁）を一部修正。

なノイズ・アノマリーも混在し得るため（表 5-1）、独立評価額の積算値（理念的想定）と完全には一致しない可能性も否定できないが、会計上の資産価値の毀損については、時価（公正価値）評価や減損等を規定した会計基準と監査という枠組みの下で、多くの企業に共通した大きな含み損を生む要因はなくなってきているとみられる。こうした中で、現実の株価には需給要因や市場心理等を含み得るとしても、先行研究（伊藤・加賀谷［2001a］49 頁、伊藤［2006］15 頁、古賀［2012a］35-36 頁など）においては、現実的限界が意識されながらも差し当たり差額方式が定量的把握方法として比較的多く用いられてきた。

ここで、少し留意が必要なのは、「のれん」と「インタンジブルズ」の言葉の使い分け（ないし定義）である。上記差額（PBR の程度）を「インタンジブルズ」と呼ぶのか、「（自己創設）のれん」と呼ぶのか、あるいは、そもそも両者は同じ概念なのか、といったことを明らかにしておく必要がある。議論の文脈によって、その定義に広狭あり得るので、その差異を予め明確にしておかないと、その後の理解に錯綜を招いてしまうからである。この点は、山内［2010］において丁寧な整理が行われているが、用語の使い方に関し本書の基本的な立場（定義）を以下で改めて確認しておく。

① のれんは、先述したように将来キャッシュ・フローの期待に基づく企業価値であり、資本コストを上（下）回る超過（過少）収益力への期待（懸念）と定義され、毎期の利益（損失）として実現していく。

② したがって、将来キャッシュ・フローの現在価値である株式時価総額と会計上の純資産との差額は、自己創設のれんと理解される。

③ インタンジブルズは、先述したように将来キャッシュ・フローに影響する無体・無形の価値決定因子と定義され、超過（過少）収益力の源泉として後述するように、(a)無体・無形の資源等（ブランド等）、(b)その組み合わせ力（人的・組織価値因子）、が区別されると考えている。

④ 自己創設のれんは、(a)インタンジブルズや、(b)タンジブルズも含めた価値因子の相乗効果（シナジー）等によってもたらされ、資本コストを下回る成果（への懸念）を招来した価値因子が「負のインタンジブルズ」と識別される[24]。

上記の通り、のれんの源泉がインタンジブルズと理解される。インタンジブルズを構成する「資源等」については、次節で詳述するが、プラス価値因子（ブランド、顧客ネットワーク、システム等：ゼロ以下には減価しない）のみならず、マイナス価値因子（レピュテーション、リスク）も含まれると解される。また、もう1つの構成要素である「資源の組み合わせ力」は動態的概念であり、「正」「負」のれんの源泉として、プラス・マイナスの両面を有すると考えられる。ここで、シナジーの源泉となる「資源の組み合わせ力」は企業マネジメントそのものであり、イノベーションを生む基となる[25]。人的資産会計においては、伝統的に経営者に組織の現状を把握させることに重要な

---

24 原因（のれん＝シナジー）と結果（超過収益力）という整理（例えば、山内［2010］145頁）もあるが、本書では、のれんを超過収益力（の期待）と捉えることは株式評価理論やファイナンス論等とも整合的と考えており、あくまで原因は「組み合わせ力」を含む価値因子であって、その結果として資本コストを上（下）回る効果（シナジー等）が生まれ、それが超過（過少）収益力に他ならないと整理している。

25 Schumpeter［1912］（中山・東畑［1951］）は、生産要素の新たな組み合わせとなる新結合が、経営革新としてのイノベーションであり、経済や社会が発展する原動力である（邦訳164-168頁）と既に100年以上前に指摘していたが、その概念の重要性は現在でも全く色褪せていない。

機能を見出してきたため（若杉［1973］21-22頁）、どちらかといえば操業プロセスとしての労働者ないし従業員にスポットライトが当てられることも少なくないが、本書では、経営（なかんずく経営トップ）がリスクテイクし経営資源を戦略的に組み合わせる「経営力」にフォーカスしており、人的・組織価値因子の中でも経営トップの経営力が極めて重要なインタンジブルズと位置付けている[26]。

測定不能なのれんの価値を判断するのは投資家の役割であり、その際には将来価値への期待（懸念）が投影される。例えば、シロワーは、シナジー・トラップという概念を用いてM&Aにおける「のれん」のシナジー効果の実相を論じ、現存する資産価値ではなく、統合後に期待される企業の将来価値を錯覚することが、買収企業の経営者が陥りやすい罠であると指摘した（Sirower［1997］（宮腰［1998］20-21頁））。すなわち、M&Aによるのれんの正体がシナジーであるとしても、その本質について誰もが納得できる説明がないまま巨額プレミアムを正当化するために使われることが多いのは、統合後に期待される企業の将来価値に対するイリュージョンを伴う期待値が含まれ得る[27]ことを強調したのである（藤田敬司［2013］41頁）。将来期待にイリュージョンを伴うことがあるとすれば、そこにはレピュテーション等が介在する余地も大であろう。こうした将来期待（懸念）は、超過（過少）収益力の源泉であるインタンジブルズを考察する際にも重要な視点であり、資源の組み合わせとしての経営戦略等を含む人的・組織要因による将来キャッシュ・フローへの投資家の期待（懸念）形成が、企業価値評価（株価）に大きく影響することになる（表5-2）。

26　同様の問題意識として、刈屋［2005］7頁。なお、Schumpeter［1912］（中山・東畑［1951］）は、新結合の推進者としての経営者には特殊な職能が求められるとともに、新たな事態に対する指導力を必要とし（邦訳194-196頁）、同時に、新結合を生むのではなく、企業をただ循環的に経営するだけであれば企業者たる性格を喪失する（同192頁）と指摘していた。

27　なお、買収金額の合理性に関連して、わが国のデータを用いた分析において、のれんの金額が大幅に増加した企業グループは、それが小幅に増加した企業グループに比べて、将来期間の収益性が有意に悪化するという実証結果（増村・奥原［2013］71頁）もみられている。

表 5-2　のれん、インタンジブルズの態様

<table>
<tr><td rowspan="4">⇑
資本コスト
⇓</td><td rowspan="2">正ののれん価値</td><td>将来超過収益力（期待）</td><td>源泉は増価期待（経営資源の獲得ないし組み合わせ力）</td></tr>
<tr><td>現在超過収益力（期待）</td><td>源泉は現存する正のインタンジブルズ</td></tr>
<tr><td rowspan="2">負ののれん価値</td><td>現在過少収益力（懸念）</td><td>源泉は現存する負のインタンジブルズ</td></tr>
<tr><td>将来過少収益力（懸念）</td><td>源泉は減価懸念（経営資源の喪失ないし組み合わせ力）</td></tr>
</table>

（注）収益力の源泉であるインタンジブルズに関し、（見えないが）現存するものと、将来に獲得（喪失）すると投資家に期待（懸念）されるもの等を区分して作表している。将来生み出されると期待（懸念）されるインタンジブルズも踏まえつつ、投資家は企業価値判断を行い、のれん価値を含んだ株価が形成され得る。

4．「負のインタンジブルズ」概念の実相

(1)「負のインタンジブルズ」の構成要素

インタンジブルズは複合的な概念であり、キャッシュ・フローに与える影響に応じて階層状に堆積・沈殿していると解される。「正」「負」のインタンジブルズの内容については、投資家の将来価値期待（懸念）を左右する超過（過少）収益力の源泉として対比的に整理可能であり、それぞれ価値の増減態様に着目して幾つかの領域に区分されよう。そこで、財務諸表に計上されていないインタンジブルズとしては、大きく3つの範疇（①人的・組織要因、②レピュテーション要因、③機会・リスク要因）に区分されると考えられる（表5-3）。こうした区分に関しては、例えば無形資産（正のインタンジブルズ）の分類が論者によって多様であるように、「負のインタンジブルズ」の分類も多様に論じることが可能かもしれないが、本書では、経営トップのリーダーシップに依存するビジネスモデルや経営戦略等が、環境変化に合わせて革新していかないとすれば、そこに「負のインタンジブルズ」が発生し得るという文脈を超えて、「人的・組織要因」の細分類にまでは立ち入っていない[28]。

表 5-3　企業価値に関係した無形項目の整理
—シャドー部分が「負のインタンジブルズ」

		プラス価値の増加／マイナス価値の減少	プラス価値の減少／マイナス価値の増加
財務諸表計上	顕現化（定量化）	狭義無形資産（特許権等）	償却／減損（下限はゼロ）
	顕現化（貸借差額）	正ののれん（結合）を資産計上	負ののれん（結合）を利益計上
財務諸表非計上	顕現化（非定量）	ブランド、顧客ネットワーク等	資産価値毀損（下限はゼロ）
		人的・組織価値	人的・組織的な資源価値（労働価値、生産方式等）の毀損
		資源の効率使用、資本コストを上回る経営	資源の不効率使用、資本コスト割れの経営（ビジネスモデル、経営戦略等）など
		レピュテーション価値（名声）	名声という資産価値の毀損
		悪評の緩和	悪評によるキャッシュ・フローへの悪影響
	顕現化していない	機会（ビジネスチャンス）	機会の低減
		リスクの緩和	リスク（財務・業務リスク、レピュテーションリスク等）

これまでの知的負債等を巡る先行研究等においては、知的資産等の減損も含めて広く企業価値にネガティブな要素という文脈で一律に語られることも

28　組織資本については、人的資本以外に企業を成長させる資源として、様々な論者によって定義が議論され、整理されているものの、必ずしも統一的な解釈があるとは言い難い状況にある（加賀谷［2009］89頁）。他方で、例えばStam［2009］では、知的資産に関するMERITUM［2002］の3区分（人的資産、構造資産、関係資産）のアナロジーから、人的負債、構造負債、関係負債を識別し、その内容を論じている。なお、「正のインタンジブルズ」では、そこで分類・抽出した個々の無形資産について会計上の資産性を発展的に論じる余地があるのに対し、「負のインタンジブルズ」では一般に債務性は存在せず、会計上の無形負債に引き付けて論じることは極めて困難であるので、無形負債の分類学を中心とした会計研究（認識・測定）のインセンティブを削ぐことになるかもしれない。

多い。しかし、見えない（正の）インタンジブルズを「価値毀損」する場合には、（正の）価値を下回るゼロ以下にはならないので、超過収益力を縮小することはあっても過少収益力は惹起しない。そこでは「正のインタンジブルズ」が減少するだけで、そのフローを「負のインタンジブルズ」と捉えているわけではない。例えば、ブランド化のミラーイメージでコモディティ化の場合には、製品やサービスが企業ごとの個性を失い生活者にとって大差ない状態になったとしても、それは商品の機能的経済性を上回っていた価値が削ぎ落とされたに過ぎない。これに対し、例えば不祥事による悪評の発生であれば、（無の状態から生じた）ゼロ以下の新たな「マイナス価値因子」の発生となり、キャッシュ・フローが資本コストを下回る要因となり得る。同様に先述したような革新的経営判断の下せない経営者、ビジネスモデル・戦略が不整合なガバナンスなどが顕現化すると、資本コストを下回る価値しか生めない因子という意味では、やはり「マイナス価値」を投資家に想起させる要因となる。

⑵　各構成要素の内容・特徴

イ．人的・組織要因

インタンジブルズのうち人的・組織要因については、①経営者や従業員、組織に関係した無形の資源そのものの価値のみならず、②資源の組み合わせの巧拙によって、資本コストを上（下）回る超過（過少）収益力に結び付くのである。後者の動態的な人的・組織要因はマネジメント力そのものであって、経営環境を踏まえ経営全般に関するデシジョン・マネジメントはトップ・マネジメントの役割であり、ビジネスモデル選択や戦略計画、組織設計等を通じて、ミドル・マネジメントやロワー・マネジメントに委託される。

すなわち、人的・組織要因には、①既に存在する労働能力・スキルの経済的無形資源という意味に止まらず、より広く、②世評を介さず実在する人的・組織的な利益創出力の多寡も含む概念として用いている[29]。前者（無形資源）の意味では、ブランド等において資産毀損が発生し得る（超過収益力は縮小し得る）としても資産性がゼロを下回ることはないのと同様に、従業員等のノウハウやスキル等の無形要素を含む労働力の価値自体がゼロを下回ることはない。これに対して後者（利益創出力の多寡）の意味では、不適切なビジネスモデルや戦略不在などマネジメントの不備などによって、資本コストを下回る成果しか生めない場合に、この過少収益力状態を生んだ因子を「負のインタンジブルズ」として識別することになる。

このようにシナジーを生み出すような資源の組み合わせを可能にする能力が、インタンジブルズに包含され得る点は、既に先行研究でも論じられている。例えばLev and Radhakrishnan［2003］は、組織資本の定義に関し、業務遂行能力や投資能力、革新能力などの組織能力に大別されるとし、当該企業が資源の組み合わせを行う固有の能力に言及している。本書では、人的要因と組織要因は相互補完的にオーバーラップすることもあり人的・組織要因として一括しているが、ここで強調したいのは、①従業員やライン管理職によるマネジメントもさることながら、経営者（ないし取締役会）によるトップ・マネジメントこそが人的・組織的なインタンジブルズを決定的に左右し得る源泉であり、②とりわけその負の側面として経営力（戦略的な組み合わせ力）が拙劣な場合に、資本コストを下回る成果しか生み出せず企業価値毀損を惹起する点である。ともすればインタンジブルズは、ストック（Assets）のイメージから静態的に捉えられがちであるが、動態的な概念（Capability）として認識しておくこと[30]が、後述するように、経営革新（イノベーション）を描写する動態的な統合報告を考える際にも有用と考えられる。

29　この点に関連し嶌村［1976］196-197頁は、「営業権の実質は企業に有利な無形の諸要因の複合結果」とし、その要因に「顧客のれん」と「人間組織価値」を挙げたが、後者については、「人的資源としての人間組織価値」と「営業権構成要因としての人間組織価値」とは本来異質とみている点で本書と視点を共有している。ただ、「営業権構成要因としての人間組織価値」に関し、生きた実体である人間が創出した結果としての企業に有利な状況ないし企業信用と非常に広範な定義となっており、レピュテーションも視野に入れているとみられる点では本書とはやや立場を異にするが、この点はレピュテーションの箇所で後述する。

30　本書では、有形・無形の資源を利益に結び付けて、資本コストを上回る（下回る）成果を生むすべてのバリュー・ドライバー（企業価値決定因子）を正の（負の）インタンジブルズと捉えているが、そこで資源をいかに戦略的に活用し組織運営できるかの「経営力」は、「知的資産経営」（例えば、産業構造審議会［2005］）を包摂したダイナミックな価値因子となる。

ロ．レピュテーション要因

次に、レピュテーションについては、評判が超過収益力の源泉になる一方、悪評が顕現化すればキャッシュ・フローに悪影響を与え過少収益力の原因となり得るので、悪評という因子が「負のインタンジブルズ」と識別される。現実に、経営者の反社会的行為、不祥事等により一夜にして会社の評判が低下する事例は枚挙にいとまがない[31]。インタンジブルズの一種としてのコーポレート・レピュテーションに関する会計研究として、わが国では櫻井教授による先行研究の蓄積がある。そこでの定義によればコーポレート・レピュテーションとは、「経営者および従業員による過去の行為の結果、および現在と将来の予測情報をもとに、企業を取り巻く様々なステークホルダーから導かれる持続可能な競争優位」（櫻井［2005］1頁）とされ、その延長で会社のレピュテーション低下による「無形負債」（櫻井［2005］27頁）という状況にも論及している[32]。

レピュテーションに関する櫻井［2005］の定義では、投資家も含めたステークホルダーの判断に影響を与える要素とされているため、レピュテーションの毀損は、「風評だけでなく、企業の競争力低下、戦略的ポジショニングの低下、ステークホルダーの信頼性やロイヤリティの喪失、ビジネスモデルの失敗などからも生じる」ことになり、戦略的なレピュテーションリスクとして「戦略の不在や不適切な戦略なども含まれる」とされる（櫻井［2013］292-293頁）。このようにレピュテーションの概念を広範に定義すると、レピュテーションという言葉に、世評と、世評があろうがなかろうが機能的に実在し得る企業固有の人的・組織要因が、すべて包含されてしまうことになる。

しかし、世評以外の将来のキャッシュ・フローに影響を与える企業の人的・組織要因については、世評を得る以前の段階で、投資家による将来価値

31　例えば、海外ではアーサーアンダーセンの証拠隠滅、エクソンのバルディーズ号事故処理対応等、国内でも雪印乳業の食中毒事件、三菱自動車のリコール隠し、カネボウの粉飾決算等にみられるように、ネガティブな注目度は拭い去り難いことから、一旦悪い評判のレッテルを貼られると悪化した関係が長期間続いてしまうことになる（Fombrun and Van Riel［2003］（花堂ほか［2005］114-115頁））。

32　レピュテーションが無形のマイナス価値を生み出し得ることは、先述したHarvey and Lusch［1999］のほか、Cravens et al.［2003］などでも指摘されている。

判断の因子となる。すなわち、人的・組織要因は、持続可能な競争優位である点ではレピュテーションと同じであるが、イメージの蓄積による集団的価値観ではなく、人的・組織面の機能的実在として投資家の判断に影響を与える源泉となるのである。生成過程が異なるインタンジブルズには、異なる用語を割り当てることによって、その後の分析に役立てていく観点から、本書では、レピュテーション要因はイメージによる集団的価値観としての世評と定義したうえで、先述した人的・組織要因は世評を介在させない機能的実在性を有する経営要素であって、世評を得る以前の段階で投資家の将来価値の判断因子と区別して考えている。

例えば、イノベーションを生む差別化された戦略、革新的プロセス等の優れた経営は、世間の評判を形成することもあるが、それ以前の段階において投資家は、将来的な企業のキャッシュ・フロー予想や、将来価値の判断に際し、世評とは離れて当該価値因子を独自に評価する。すなわち、一般的な世論を通じて形成される会社の評判の確立以前に、会社の強み・弱みは独立して存在し得るので、両者は区別して論じることが適当と考えられる。世評の存在により、販売、採用、調達等に悪影響を与えかねないとの観点から、追加的に投資家が悪影響を織り込むルートも発生し得るにせよ、評判が存在しない中で、投資家による企業戦略等の人的・組織価値因子に対する各自の独自評価により、企業価値に係る将来判断がマーケットで裁定されていくと考えられるのである。

ハ．機会・リスク要因

最後に、事業機会やリスク事象が将来キャッシュ・フロー判断に影響する場合である。リスクは、顕現化していないマイナス方向での不確実性であり、もともとマイナス概念である。その蓋然性に応じて、キャッシュ・フローへの影響が懸念され引当を通じてオンバランス化される財務リスク（引当金）から、偶発債務、その他のリスク事象（注記、その他非財務情報等）まで、スペクトラム状に分布しており、財務・業務的なものから、コンプライアンス、環境、CSR、レピュテーションなど多面的かつ多様な範疇が想定される。リスクは顕現化しておらず頻度・インパクトに応じて軽重の幅が広いが、経営要素のフィルターを通したうえで、投資家の確率計算あるいは将来価値判断等の下でキャッシュ・フローの期待に影響を与える重要な事象が残るのであれば、そうしたリスク因子は「負のインタンジブルズ」と識別される。その際、リスクに対してマネジメントないしガバナンスを介在させることにより、企業のresilience（リスク耐性・対応力）によるマイナスの除去というプラス方向での価値を有事に生むことにもつながり得る。

企業経営にとっての不確実性は、機会（チャンス）の裏腹としての攻めのリスク（ビジネスリスク）と、守りのリスク（コンプライアンス、企業倫理等）という二面性がある[33]。機会やリスクに対応するのが経営であり、その意味では先述した人的・組織要因とも接点がある。例えば、市場の変化を把握できず、消費者の嗜好の進化に対応できない知識の陳腐化リスクは企業にとって致命的となるが、経営の将来の不確実性に対する分析と予測に基づくプロアクティブな行動を企業が選択できれば、マネジメント可能となる（姚［2009］176頁）。リスク事象と経営者対応は別物であり、機会とリスクの外部環境は、経営の対応力というフィルターを通して評価したうえで、キャッシュ・フローに重要な影響を与える因子となり得るので、その意味で「インタンジブルズ」の概念に含まれるのである。

レピュテーションも顕現化していない段階では、レピュテーションリスクに止まる。特に消費財関連企業の場合には、レピュテーションリスクが現実の評判に顕現化した場合の影響は相対的に大きいが、そのマネジメント（リスク管理、危機管理）により、脅威を許容レベルまで抑制するとともに、現実化したときのレピュテーション・ダメージを最小化できる。すなわち、リスクとそのマネジメントは、企業に潜在的に損害を与える可能性のある幅広い出来事を、論理的な方法で識別し積極的に損害を最小限にするように働き

---

33 新規事業機会にはリスクが不可避的に発生するので、リスクとリターンのバランスを調整することが株主価値の最大化に資することになる。攻めのリスクテイクに際しては、金融機関で代表的に用いられているような統合リスク管理やリスク対収益管理、さらにはストレステスト等の手法が有効であり、そこではビジネスの拡張ないし収益獲得との対比で、どこまでリスクテイクするかが画されなければならない。リスクマネジメントを企業のトータル価値創造の手段として企業の基本的目的・目標・戦略に関わらしめ、結果のポジティブとネガティブの両面を包含し広く経営管理の一環として戦略的に位置付けるのが統合的リスクマネジメントであり（古賀・河﨑［2003］9-13頁）、それにより新たな企業価値が創造されるのである。

かけるプロセスであり、負のレピュテーションにつながるリスクの起こりそうな領域へのマネジメントにより、マイナス縮小（プラス寄与）に転化可能である。

例えば過去に、ジョンソン＆ジョンソンの手際が良かったダイレノール回収[34]や、ペリエの莫大な費用をかけたボトル回収[35]などのように、危機に適切に対処し表明した気遣いは、会社が誠実であると国民に認識させることにつながった。当初株価に悪影響を与える事象であっても、逆境への対応力ないしレジリエンスに応じて、その後の株価が回復組と非回復組に分かれるのである（Fombrun and Van Riel［2003］（花堂ほか［2005］172-173頁））。同様に、情報セキュリティ等に関わるリスクやその取り組みの開示は、平時にはプラスの作用をもたらさなくても、有事には企業価値にプラスに作用する可能性をもたらすことが実証されており[36]、有事に情報が積極的に活用され、その情報が株価と高い相関性を持つ事象は「有事価値関連性」（伊藤［2010］9頁）と呼ばれる。有事価値関連性の発生メカニズムとしては、緊急事態や危機の発生に対していかに早く対処するかという時間価値がキーポイントとなるような事柄において、リスク情報とリスク対応力の事前開示によりリスク顕現化後の早期対応あるいはレジリエンスを期待させることにつながり[37]、有事に一定の役割を果たし得るものと考えられる。このため、いざという時に投資家の評価を得られるよう、平素からリスク情報やその対応など

34　1980年代央にかけて、ジョンソン＆ジョンソンの鎮痛剤「ダイレノール」に毒物が混入される事件が生じたが、ジョンソン＆ジョンソンは巨費を投じて店頭のすべての製品を回収した。

35　1990年代初頭、化学試験でペリエのボトルから微量のベンゼンが検出されたことを受けて、ペリエは莫大な費用をかけて製品を徹底的に回収した。

36　金鉉玉［2007］107頁では、事前にリスク情報を開示している企業は7日後には株価が回復したのに対し、非開示企業は15日を経過しても株価が回復しなかったとし、リスク情報を事前に開示している企業と非開示企業の間では株価の変動が異なることを示している。同様に、山本［2013］143頁では、環境情報の開示度が高い企業ほど、土壌汚染報道による株価に対する影響をやや受けにくい傾向があるとの実証結果を示している。

37　こうした期待が生まれる背景として、安井ほか［2013］94頁（加賀谷発言）では、開示という社会的なコミットをする以上、危機に対応した体制が整備されていると推測する方が合理的であり、実際に活動の質は開示で裏付けられているとの調査結果も示している。

を自発的に開示しておくことが有効となり得るのである[38]。

5.　経営革新と開示の同期発火による改善

(1)　イノベーションを描写する動態的な統合報告

投資家にとっては、企業に「正」「負」のインタンジブルズに係る情報を開示してもらうことが、企業価値の正確な理解につながる。そのためには、企業経営者の価値創出戦略がどの程度持続可能か、価値創出のためどの程度のリスクをとっているか、投資家に企業の不確実性をうまく管理していることを示せるよう、プラス面とマイナス面の両面をカバーしたレポーティングでなければならない[39]。企業価値を投資家に適切に評価してもらえるよう、経営者は、自社のファンダメンタル・バリューの基礎となるビジネスモデル、戦略、リスク対応などを開示して、双方向のコミュニケーションを促進しなければならない。その意味で、財務情報のみならず非財務情報のコンテンツを関連付けて盛り込む統合報告の枠組みは、わが国企業の人的・組織価値等に係る「負のインタンジブルズ」の払拭をアピールしていく際にも、非常に有用な戦略的ツールになると考えられる。

統合報告については、2013年12月に発表された国際統合報告評議会（IIRC）の国際統合報告フレームワーク（IIRC［2013］）では、企業活動の価値創造因子として、「財務資本」、「製造資本」のほか、「知的資本[40]」、「人的

38　例えばオムロンは、不測の事態が発生したときにも投資家にリカバリー手段の正当性を確信してもらうため、平時において有事を想定したリスク情報を積極的に開示している（安藤［2014］52頁）。ただ、こうした先は必ずしも一般的ではなく、わが国の有価証券報告書におけるリスク情報開示の現状をみると、外部環境要因を中心に少数の項目で簡便な記載を行っているに過ぎなかったり、リスク管理体制に関する記載がMD&Aやコーポレート・ガバナンスの状況等の開示内容と重複している例のほか、リスクへの対応に関する記載がコーポレート・ガバナンスの状況等に分割記載され、両者の関連や全社的な位置付け・影響度合いも判然としない例も混在するなど、投資家とのコミュニケーションの前提となるリスクマネジメント情報の開示としては不十分である（越智［2012］205頁）。

39　IIRCのフレームワークにおいても、統合報告書は、ポジティブ面とネガティブ面の両方について、重要性を有するすべての事象をバランスのとれた方法によって含められるべきとしている（IIRC［2013］3.39項）。

資本[41]」、「社会・関係資本[42]」、「自然資本」を列挙している（IIRC［2013］2.15項）。ここで「知的資本」、「人的資本」、「社会・関係資本」等がインタンジブルズに含まれると考えられるが、先述したようにトップ・マネジメント力を基軸とした人的・組織要因を独立した価値因子として明確に認識しておくことが、わが国企業の置かれた今日的状況と課題の克服を考えるうえで非常に重要と考えられる。日本企業のPBR 1倍割れを教訓として、価値創造のための戦略構築やプロセス改革、エクイティ・ストーリーが既に存在するのであれば、それらを「見える化」しなければならない。

投資家と企業との意識ギャップ解消に向けては、企業報告研究会が2012年7月に設置した企業報告ラボ（Corporate Reporting Lab）においても検討が進められており（加賀谷［2013a］103-110頁）、「伊藤レポート」では、産業界と投資家、市場関係者等から成る「経営者・投資家フォーラム」の創設も提言されている（経済産業省［2014b］20頁）。伝え方の問題もさることながら、むしろ開示以前の経営自体に問題があれば、その改善状況の訴求に向けて、単にコーポレート・ガバナンス面での静態的な体制整備情報だけではなく、トップ以下の実効的な戦略行動や経営成果を含め動態的な内容の開示が求められよう。

そこでは、まず「正のインタンジブルズ」の源泉となる、ビジネスモデル・戦略・ガバナンスの現状が、資本コストを超過する期待を投資家に抱かせるに足る状況にないのであれば、そもそも経営自体を革新しなければならない。同時に、ビジネスモデルとリスクは表裏一体であり、戦略策定の観点からは企業のリスクを許容する能力の限界について知っておくことが有益と

40　組織的な知識ベースの無形資産であり、特許・著作権・ソフトウエア・権利・ライセンスなどの知的資産、無意識的な知見・システム・手順・プロトコルなどの組織的資本、組織が築き上げてきたブランド・評判に関連する無形資産などとされる。

41　ここでの人的資本は、人々の能力、経験及びイノベーションへの意欲としている。例えば、組織のガバナンス枠組み・危機管理アプローチ・倫理的価値への同調と支持、組織の戦略を理解し・開発し・実践する能力、プロセス・商品・サービスを改善するために必要なロイヤリティ・意欲（リード・管理・協調するための能力を含む）などとされる。

42　社会資本は、ステークホルダーとともに構築し守ることを目指す信頼・対話の意志、組織が事業を営むことについての社会的許諾であり、関係資本は、個々のコミュニティ、ステークホルダー等との関係や、情報を共有する能力としている。

図5-1 戦略ガバナンスの切り口（イメージ図）

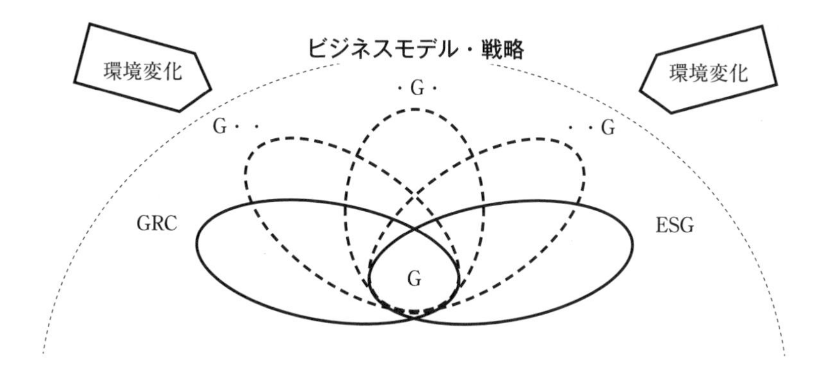

なる。既に先行実務において比較的広く取り組まれているESG（環境・社会・ガバンナス）やGRC（ガバナンス・リスク・コンプライアンス）については、自社が直面する正確な状況認識に立脚したうえで、戦略策定とともにリスク対応（リスク管理、内部統制、BCP、危機管理などを含む全社的な統合的リスクマネジメントなど）が求められ、これはレピュテーションリスク管理の側面も有している。戦略ガバナンスの基底となる「G（ガバナンス）」は、戦略策定とリスクマネジメントを統合した経営力を推進する扇の要であり、戦略構築力・リスク対応力と開示システムを同期発火で改善する原動力として、動態的な統合経営・統合報告を考える際にも鍵概念となるのである[43]（図5-1）。

戦略ガバナンスを基軸に、将来キャッシュ・フローにつながる因子を結合した動態を、価値創造ストーリーとして（産業構造審議会［2005］37-38頁）、

43 GRCやESGといった要因は、経営戦略決定、実行、結果の開示に至る一連のプロセスを構築する切り口の1つであり、戦略ガバナンスと密接に関わる問題として相互関連性に関し体系的な説明が求められることになる。そこではガバナンス（G）要因を起点として諸要因に接近するアプローチが有効となる（倍［2012］49、51頁）。その意味で、イギリスにおいて従前の「事業概況」に代わり、戦略及びビジネスモデルの説明をはじめ、その他業績、リスク、社会及び環境情報、ガバナンス・報酬等に係る重要な情報として「戦略報告書」を新たに導入したのは、統合報告の制度化への試行（古庄［2013a］100頁）として、同時に動態的な統合報告の考え方を実践する試みとしても、今後の展開が注目される。

起承転結で語る必要がある[44]。その際、経営を含めたガバナンスの革新あるいはイノベーションに結び付いておらず、開示上のテクニカルな次元の言葉のうえでの整合性確保に止まっていては、実益に乏しく、表示上のでき栄え(見栄え)に対する達成感だけに終わってしまいかねない。企業の成長力・イノベーション力創出に向けたイニシアティブは経営者の役割であり、そうした経営者のリーダーシップを前提に、開示により会社と投資家とのコミュニケーションを円滑化する素地も生まれる。創造性のある活動を行うにはリスクを伴うが、わが国では経営陣がリスク回避的に行動することが日本企業自体の低成長につながっているのは先述した通りであり、インタンジブルズ個々の分類・開示項目の深化もさることながら、マネジメントプロセスの動態をいかに財務業績と結び付けて説得的に語るかが非常に重要なポイントとなる[45]。

この間、「負のインタンジブルズ」の領域においてネガティブなリスク情報については、市場の懸念を増大させ株価にマイナスの影響を与えるとの懸念から、企業は開示に消極的になる可能性もある。これを制度開示による義務付けで解決を図る方向性[46]も考えられるが、任意開示の段階において、むしろ企業サイドは当該リスクの管理プロセス、すなわち正のインタンジブルズの源泉となる戦略策定・業績管理へ動態的に統合し、「ガバナンス」がネガティブな状況の克服に向けて舵取りを行っている姿を、明瞭に市場に伝達する取り組みこそ評価の対象になり得る点に着目すべきではなかろうか[47]。

他方で、「正のインタンジブルズ」の領域においても、競合他社に比べて

44　楠木［2010］は、戦略の神髄は統合であり部署でなく人が担うとしたうえで、戦略ストーリーの起承転結に関し、そのストーリー化のプロセスが経営者の仕事であるとする。その場の状況に応じて様々な対応があり最初から完成されたストーリーがあるわけではないとしても、個々の構成要素を機会とリスクを踏まえつつストーリーとして仕立てていこうという意識と意図、思考様式が重要なのであって、動態的にストーリーは変化するとしている（楠木［2010］14、221-222頁）。

45　井口［2014］7-8頁は、日本株アナリストに対する調査結果等を踏まえ、持続的な企業価値向上への貢献に対し論理的な説明ができるガバナンスが、運用者の投資判断に大きな影響を与える事実を析出している。

46　例えば、欧州の会計法現代化指令（2003/51/EC）では、環境・従業員に関する非財務KPI（Key Performance Indicators）等の開示を要求しており、加盟国企業には従業員離職率や労災事故件数などの開示例がみられる（企業活力研究所［2010］7頁）。

高い収益性を生むノウハウに当たるような情報は、外部情報利用者に出すことはほとんどないとされる（伊藤・加賀谷［2012］8頁）。確かに長期的な企業価値を支える競争力の源泉についての情報の開示に際しては、自社の競争力に重大な影響を与える懸念を生むことにも一定の合理性が認められるが、開示内容の抽象度を高めるなどの工夫を施してコミュニケーション力を高める余地はあろう。また、企業のディスクロージャー・ポリシーとして、守秘義務を伴う情報は開示しないとか、戦略上重要な情報の詳細は開示しないなどの方針自体を開示することにより、開示情報の意味付け、合理性が市場に対しより明確になることも期待されよう（産業構造審議会［2005］61頁）。

なお、「負のインタンジブルズ」の解消や「正のインタンジブルズ」をアピールする際には、開示情報は投資家の企業評価に対するインプットとして理解する必要があり、経営者が自己創設のれん価値を自ら評価して投資家に評価額として伝えることとは全く意味を異にする[48]。企業の将来キャッシュ・フローを評価するのは、企業ではなく資本市場における取引者の仕事であり（Kanodia［2007］（佐藤ほか［2011］22頁））、経済的便益を生み出す事業と一体で企業の事業ごとに異なるのれん価値を評価するために、当該企業が

47　山口［2013］57頁は、Campbell et al.［2011］の実証結果を踏まえ、経営者がリスク情報を開示すると、企業のファンダメンタルリスクに関する市場の査定が増加する一方で、開示された情報が一般に利用可能となるため企業の利害関係者間の情報の非対称性が減少するとしており、Solomon et al.［2000］pp.464-468でも、リスク情報は投資家との長期的関係を築くうえで役立つとされる。また、金［2008］132-133頁では、株式市場はリスク情報を同時に開示する業績予測情報をより高く評価するとの実証結果を踏まえ、株式市場がリスク情報をポジティブに評価している理由として、株式市場がリスク情報の開示を将来業績に対する経営者の自信の表れと捉えているのではないとみている。さらに、加賀谷［2013b］90-93頁、野田［2012］13頁は、実証分析に基づいてリスクに対するマネジメントを含んだBCP情報の開示が、平時における資本コスト低減効果に加え、有事価値関連性が資本コストの低下につながることを示している。なお、リスク情報は将来予測として不確実性を伴うので、わが国において開示を拡充していく場合には、開示情報の不確実性に対する企業の責任が免除されるセーフハーバー・ルールが不可欠であることは、前章で論じた通りである。

48　超過リターンを予想して先取りする自己創設（正の）のれんは、期待の実現を待って利益を認識することになるので、オンバランスにする積極的な意味がなく、どこの国の会計基準でも現在はオフバランスとされている（斎藤［2013］114-115頁）。そこでは、事実が期待通りならば、期待利益が実現した分だけ、取り崩されたのれんが実現利益に振り替えられる一方、結果が期待と違っていれば、期待を下回った分がそのまま消滅し、期待を上回った分は利益に算入される（斎藤［2013］34頁）。

生み出す将来のキャッシュ・フローを投資家が自己の責任で予測する必要がある（斎藤［2013］115頁）。こうした役割分担は、企業が日常的に行うIR活動と、これを受け止めてアナリスト等投資家が企業評価を行うプロセスと基本的に同じである。その際、戦略情報等は年に1回、定期的に定型フォームで報告する必要はないので随時にIR活動を通じて訴求すればよいのであるが、統合報告を通じて財務数値とともに戦略情報等を開示する意義は、前章でも触れたように、あくまで財務諸表に関連して、全社的な戦略遂行過程における成果がどのように財務数値に結実しているか、統合経営の文脈、コンテクストと関連付けて、投資家に体系的に理解してもらうことにあると考えられる。

(2) 統合経営に必要なトップリーダーシップ

統合報告にみられるような財務情報と併せて非財務情報も活用するという統合経営の考え方については、そもそもKaplan and Norton［1996］のバランスド・スコア・カード（BSC）において既に示されていたものであり、特段目新しい着想ではない（中村［2013］33頁）。BSCで示されている①財務の視点、②顧客の視点、③内部プロセスの視点、④学習と成長の視点などの枠組みは、EVA[49]（Economic Value Added：経済的付加価値）と高い補完性があることが実務レベルで確認されており（齋藤［2010］188頁）、中長期にわたる価値創造を目指す統合報告は、短期的意思決定の克服に向けた戦略的マネジメントツールであるBSCの発展形としても位置付けられる。しかし、BSCがわが国企業に紹介されて数十年が経過したにもかかわらず、全体として導入状況は芳しいものではない（中村［2013］33-34頁）。また、わが国における管理会計情報の外部報告化の可能性に関しては、そもそも経営者が非財務データを使って戦略的な意思決定をしているかに関し懐疑的な見方もあり、各方面のデータがうまく統合・分析されて企業全体の価値にどう結び付いているかの理解は足りず、そういう思考を必ずしも持っていないことも多いとされる（伊藤ほか［2013］114頁（古賀発言））。

---

49 EVAは、スターン・スチュアート社によって商標化されている企業評価指標であり、NOPAT（税引後営業利益）から投下資本コスト（投下資本×加重平均資本コスト率）を差し引いたものである。

市場の声を踏まえた戦略経営構築のうえで、資本コストはその基礎となる。わが国でもEVA等の経営指標が1990年代末から2000年代初頭にかけてマスコミ等でもてはやされたが（松村［2007］260-261頁）、そうしたツールを主体的に咀嚼して現場に落とし込む資本コスト経営が、現時点において必ずしも優勢といえる状況に至っていないのではなかろうか。戦略経営の定着実態に心もとない面もあるとすれば、投資家に動態的な統合経営を訴求することに耐え得るよう、そもそも開示と同期発火で経営自体を改善していかなければならない（伊藤［2013c］73頁、平塚［2010］1頁）。しかし、これまでわが国においては、先進的な指標を取り入れて市場向けのポーズをとるだけで本質的な経営は不変という「二枚舌経営」（伊藤・加賀谷・鈴木［2012］18頁）が横行してきたとの指摘もあり[50]、掛け声だけではダブルスタンダード経営を繰り返すことにもなりかねない。こうした言行不一致の背景として、資本効率指標の合理性が、実は経営トップの腹にストンと落ちていない可能性がある。それは単にファイナンス論の基本知識習得が遅れているというよりも、むしろ理解を阻んできた別の要因があるのではなかろうか。そこを克服していかないと、精神論だけでは改善していかないであろうし、新しい指標を採用したところで経営がうまくいくものでもない（武井［2013］164頁（伊藤発言））。

投資家の求める資本効率重視の経営が日本に根付かない理由は、「企業は誰のものか」というコーポレート・ガバナンスの古典的論点を巡る議論に集約され、わが国に特異なコーポレート・ガバナンス観あるいは株式会社観が挙げられる。これまで多くの日本企業では、企業価値は株主よりも従業員の人的投資と銀行の長期的融資によって生み出されてきた時期が長かっただけに、結果として従業員等関係者が得るベネフィットや銀行との取引を通じて得る長期的な存続メリットが優先される[51]（広田［2008］254頁）との指摘は少なくない。実際、現下におけるわが国上場企業にあっても、ステークホルダーとの関係を通じて企業価値の向上を図るというような、株主とその他の

50　中條［2011］、伊藤［2012］によれば、日本企業の約9割が中期経営計画を策定し約6割が外部に開示しているが、約2割の企業が社内用と社外用で中期経営計画を使い分けているほか、売上高で2割、営業利益で5割、当期利益で8割近い企業が計画未達とされる。

ステークホルダーを並列的に位置付けている先が多い（東京証券取引所［2013］3頁）。もちろん、ステークホルダーの利益は中長期的な投資価値（株主価値）にも資するとの考え方は国際的にも共有され得るが、わが国では論理的前後関係が分断されており、株主価値もさることながら（あるいは株主価値と同列で）、内部ステークホルダー重視の考え方が比較的根強く浸透しているのではなかろうか[52]。経営サイドに、社会の正当化要求を踏まえた株主ないし投資家の声を企業戦略に組み入れる素地がなければ、ESG要素のプラグマティックな促進に向けたドライビング・フォースとして機能し得なくなってしまう。

わが国の会社に対する基本的考え方として、従業員・顧客・取引先重視、安定性・存続重視のガバナンス観があり（松尾［2013］53頁）、あたかも封建社会からの藩や家の存続を願うように、身内の利害関係者あるいは組織としての企業の利益を重視する風土が、経営者という組織人に凝縮されて固着しているように窺われる[53]。さらに言えば、人間関係の取り方も含めた文化土着的な背景として、危険な大陸と海で画され農耕集団内部の和を尊ぶことがリーダーの最良解であった時代が余りにも長く続いたため、近世に至っても「藩」や「家」の概念にも通じる集団認識を皆が共有し、日本的な文化特殊的集団に制約されるリーダーシップ（リーダーは集団の一部に過ぎない）という現象（中根［1967］33、136頁）が、今なお澱のように日本社会（あるいは企業社会）に沈殿し続けているのではなかろうか。日本企業における経営革

---

51 広田［2011］404-405頁によれば、日本の大企業の最近30年の資金調達には、負債依存度の長期的低下とともに、メインバンク借入依存の継続という一見矛盾した特徴が観察される。これを、企業が企業価値を最大にするように負債と株主の構成を決定するとのトレードオフ理論で説明するのは困難であり、効率・利益よりも安定・存続重視の財務政策が採用されているためと分析している。

52 わが国の特殊的慣行を踏まえたうえで、学術的立場から、株式会社は法人であり株主の所有物ではなく、株主主権論自体が理論的にも現実の制度から考えても誤っているとの批判（例えば、岩井［2000］［2005］）等については、第1章脚注17においてコーポレート・ガバナンスを巡る議論の中で紹介・論及したが、わが国固有の集団的不作為や戦略不在経営の追認ないし正当化に転用される場合には留意が必要と考えられる。

53 ここで問題にしているのは長期的視点に基づく企業価値創造経営の不足であり、単に長期的存続重視の経営をもって「短期主義」への対抗軸、日本型経営の優位性と捉え、結果的に現状に安住してしまうと、問題の本質を見誤ることになる。

新の遅れとリスクテイクしたがらない傾向は、民族的なモノカルチャーと多様性の欠如に結び付けて論じられることも少なくないが、日本という島国の地理的・歴史的経路にも強く制約されているのである。

経営トップは既存業務の計画という次元に止まらず、機を捉えて、組織を超越して将来の戦略を打ち出す必要があるが、それができないのは経営者の個人的資質という問題にとどまらず、日本社会が抱える特殊な土壌が経営者に濃縮して体現されている可能性がある。冒頭に観察した「失われた20年」の遅々とした取り組みからすると、そうした傾向は、むしろ伝統的大企業において顕著なのかもしれない。大企業の多くは1990年代半ばから取締役の数を減らし意思決定の迅速化を形のうえでは推進したが、目に見えた実質的成果には至っていない先も少なくないのではなかろうか。

経営陣も内部利害関係者の一員として、自らが経営資源の中に深く組み込まれている場合には、再分配によって自らが大きな影響を受けることから、往々にして過去の成功体験も足枷となり、大局的に全体像を客観的に把握し、なすべき行動を実行に移すのは難しくなる（石田［2013］60-61頁）。むしろ内部昇進のシステムで事業経営責任者が管理職に成り下がり、戦略立案のトップとして機能しない、創業経営者の輝きが失われた管理型の「操業経営者」が生まれ、トップに近づくほど役割に相応しい革新的指導性を備えた人材が乏しくなるという「企業版高山病」（三品［2004］269頁）が生まれがちとなる。日本の経営者が、入れ子で何層も続くロシアの木製人形（マトリョーシカ）のように定期交代ごとにスケールダウンしていく（吉野ほか［2013］16頁（藤野発言））ようでは、ストライカーの人材不足なのにディフェンスラインである取締役会のあり方を議論するといった的外れ（武井［2013］6頁（江頭発言））も生じかねない[54]。

短期主義（short-termism）に陥る弊は避けなければならないが、グローバル経済社会の一員としてベネフィットを享受していこうという基本スタンス

54　日本企業は企業文化の継承などを重視し、生え抜き人材をトップに起用することが多いが、欧米では外部からプロ経営者を招聘することが一般的である。ただ、日本においても2014年に入り、資生堂やベネッセホールディングス、武田薬品工業、サントリーなど、外部から社長・CEOを招く例が目立つようになっており、グローバル化の下でのトップ人事の変革として、今後の広がりが注視されるところである。

図 5-2　自己完結的なワンセット主義の改革

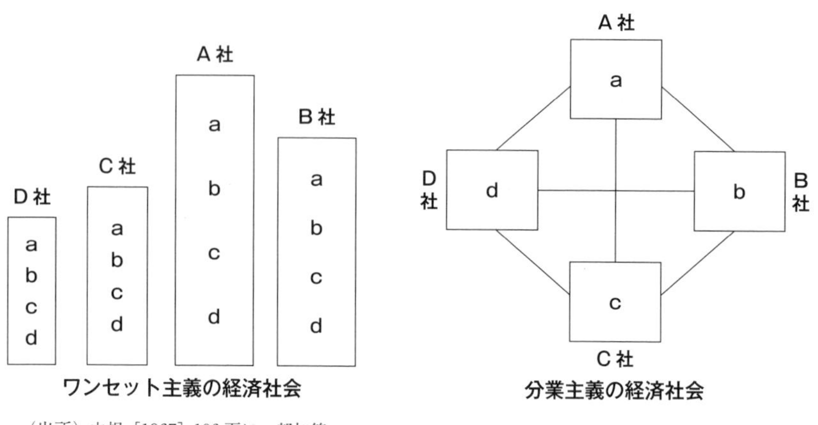

（出所）中根［1967］106 頁に一部加筆。

の下では、グローバルな投資尺度（ROE、資本コスト等）を用いた戦略経営や、これを実現していくトップリーダーシップの発揮、あるいは国際的にも通用するガバナンス体制の整備が求められる[55]。こうした取り組みを通じて、日本の特殊的集団としての企業社会に広く蔓延してきた自己完結的なワンセット主義、つまり何でも自ら帰属する集団内で手掛けようとする傾向から訣別し、ミクロ的には国内の行き過ぎたシェア・価格競争による低 ROE、低マージンを克服する[56]とともに、マクロ的には分業的な相互依存ネットワークによる効率的な社会経済システムを構築していく必要があろう（図 5-2）。

55　取締役会の独立性を世界比較した ISS 社調査において、日本は諸外国に比して極端に低く、世界から取り残されたようにみえるとされる（石田［2014］27 頁）。欧米諸国の比較はもとより、アジアにおける主要市場の中で、日本だけが上場会社の取締役会の独立性の度合を要求していない（光定［2013］76 頁）。

56　日本の収益性の格差は国際的にみても小さいが（中野［2009］184 頁）、その背景に関連して内閣府［2013］166-168 頁では、日本企業のリスクテイク行動の消極性や横並び志向の結果、製造業では企業間で同じような製品を生産し過当競争となり、抜本的な製品差別化を抑制し利幅の低いビジネスモデルに陥るとされる。このため、企業間の収益性のばらつきが小さくなるとともに、平均的な収益性の水準が低くなりがち（ローリスク・ローリターン）という構造的課題を抱えている一方、アメリカはハイリスク・ハイリターンで革新的な新製品が生まれやすく収益性の格差も大きいと分析している。

そうした過程で、トップリーダーシップを基礎とした戦略経営力は、ESG要因を巡る市場の声を汲み上げて戦略に組み込み、ソーシャルイノベーションを生み出す原動力にもなると考えられる。

(3) ガバナンスを巡る制度インフラの整備

投資家の視点を意識した効率経営を支えるコーポレート・ガバナンスとして、効率性の監督が会社機構内で十分に機能することが重要である。コーポレート・ガバナンスの見直しは、「日本再興戦略」でも採り上げられ（日本経済再生本部［2013］12頁など）、過去の不祥事も踏まえ統治機構の法改正を巡る議論も積み重ねられてきたが、コンプライアンスの観点のみならず、取締役会の役割として企業価値向上の視点からのモニタリングも期待される。ガバナンスは形ではなく実質が求められるとの観点からすれば、制度的に対応する方法以外にベストプラクティスを紹介していく取り組み[57]にも有効性が認められる反面、外国人投資家は国際分散投資において、各国特有な企業統治などの理解に取引コストが嵩む国や企業への投資に消極的であるとの実証結果（宮島・新田［2011］131-133頁）も踏まえれば、アカウンタブルな「形」にも留意する必要があろう。

会社法改正論議の中で社外取締役の選任義務付けは見送られたが、議決権行使助言会社のISSは、2013年2月から、総会後の取締役会に社外取締役がいない場合、経営トップである取締役の選任議案に原則として反対を推奨する旨の方針を示した[58]（ISS［2013］6頁）。社内取締役は社長の指揮の下、

---

57 東京証券取引所が2012年度からスタートさせた「企業価値向上表彰」では、資本コストの概念を経営の視点として深く組み込んで、価値創造経営を実践している企業に対する表彰を行っている。また、日本弁護士連合会が発表した「社外取締役ガイドライン」（2013年2月14日）は、社外取締役に期待されるベストプラクティスを取りまとめたものであり、取締役会において企業価値向上のための視点からのモニタリングに関する指針も示されている。このほか、経済産業省から実務上の参考指針として、「社外役員を含む非業務執行役員の役割・サポート体制等に関する中間取りまとめ」、その要点を抜粋した「社外役員等に関するガイドライン」も公表（2014年6月30日）された。

58 ISS方針が海外機関投資家の議決権行使にどのように反映されたかの分析によれば、社外取締役が1名もいない会社の会長・社長人事への賛成比率は、社外取締役が1名いる場合と比較して50ポイント超の下落となっている（藤本周［2013］12頁）。

自らが主体となって業務を推進する立場にもあるのが通例で、客観的な立場から株主にとっての企業価値の向上という観点を踏まえて行動することを常に期待することは困難であり（東京証券取引所［2012］3頁）、一般株主の利益保護のために積極的に行動する役割を担う独立社外役員が求められる[59]。

社外取締役導入企業を対象にした実証分析によれば、日本では監視を行う取締役会構成を、監視を受ける経営者が事実上決定しているため、経営者に対する監視・助言のために必要な情報を得るのが難しい企業ほど社外取締役の人数が多く、株主ではなく経営者にとって好ましい構成となっている一方、外国人持ち株比率が高い企業ほど経営者にとって望ましい構成となっていないとされる（齋藤［2011］210-211頁）。社外取締役の導入と企業業績との関係性を巡る現時点での実証結果は区々であるが[60]、社外取締役が経営者との個人的関係などから選任された人物ばかりである場合には、機能不全に陥ることは当然の帰結であろう。ガバナンス改革を牽引していけるのは、やはり経営トップのリーダーシップしかないのであるから、経営者の率先垂範が求められよう。

大企業を中心に金融機関の持ち合い株式処分の結果、メインバンクによる規律が後退する中にあって企業統治面での空白（宮島・新田［2011］147頁）を生じないよう、社外取締役には、外部の目で取締役会を監督するとともに、経営トップの効率性向上を促すモニタリング機能の発揮が期待されるが、モニタリング責任の一端は投資家にもある。機関投資家による規律付け

59　改正会社法の下で、社外取締役を置かない場合は「社外取締役を置くことが相当でない理由」を開示することが求められるほか、東京証券取引所は2014年2月に有価証券上場規程を改正し設置の努力義務を定めた。こうした中、東証上場企業の約6割（一部上場企業では約7割）が社外取締役を自発的に選任しており（東京証券取引所［2014］6頁）、とりわけ一部上場企業において今後は質（独立性）と量（複数選任）の改善が課題になると同時に、本当に必要な企業ほど自発的導入には後ろ向きなので、設置義務付けを今後とも議論する意義はあろう。なお、要綱で社外取締役の設置義務付けが見送られた以降も、経済同友会［2013］や日本取締役協会［2013b］では、法案提出に際して独立（社外）取締役選任の義務化を再度求めていた。

60　社外取締役の機能度に関しアメリカ企業を中心とした実証研究において、企業活動の特定の側面（報酬決定、企業買収の判断、利益操作・会計不正の防止等）に対する一定の効果が確認されるものが多い中にあって、わが国における社外取締役導入による企業パフォーマンスに与える影響については、肯定・否定の異なった報告がみられる（藤田友敬［2013］8-9、15頁）。

としては、イギリスのスチュワードシップ・コード（FRC［2012a］）を範として必要性が指摘され（日本経済再生本部［2013］12頁）、関係者間の意見調整を経て2014年2月に日本版スチュワードシップ・コード（金融庁［2014］）の策定に至った。そこでは、企業価値の向上や持続的成長を促すことにより、中長期的な投資リターンの拡大を図るとともに、経済全体の成長にもつなげることが謳われている。そのために、機関投資家の責務として、企業に対し「持続的成長と資本効率向上を促す」建設的な「目的を持った対話」（エンゲージメント）などが求められている。

ただ、先の金融危機の教訓として欧米では、短期株主が過剰に支配し近視眼的経営を助長している点が問題とされた一方、わが国が抱える問題状況は正反対で、日本企業では株主が、ガバナンスに対するドライビング・フォースとして十分に機能していないことがネックとされる（メイヤー［2013］11頁）。アメリカ等では強大な権限を持つCEOの暴走を牽制できるのかが焦点となるが、日本ではリーダーが変革への決断ができないこと、リスクテイクへの抵抗感が強いことが問題となっている（石田［2013］66頁）。一般に、その国におけるルール導入前の状況等がわが国の現状と異なるとすれば、わが国で同様のルールを導入した場合にも同じ効果がみられるとは限らない（藤田友敬［2013］9頁）。こうした点にも留意しつつわが国の問題状況に即した形で、企業ガバナンス機能の改善を「車の両輪」として、日本版スチュワードシップ・コードの実効的な運用に努めていく必要があろう[61]。そうした中で、PRI署名数で国際的に見劣りする本邦投資家においても、ESG要素を中長期的な投資尺度に組み込んでいくことが望まれる[62]。

これまで機関投資家は、年金基金や投資信託の資金運用に際し、市場インデックスに沿った分散投資（パッシブ運用）が基本であり、費用対効果から

61　2014年11月末時点で175社の機関投資家がコード受入れを表明しているが、わが国では機関投資家によるエンゲージメント行動はこれまで限られていただけに、今後は理念の実践が課題となろう。

62　海外ではアメリカのカリフォルニア州地方公務員退職基金（CalPERS）をはじめ、フランスの退職年金準備金（FEE）、オランダの運用機関（APG）、スウェーデンの国民年金（AP）、ノルウェーの政府年金基金など、資金規模の大きい公的年金や政府系基金が率先して署名しており（水口［2011a］6頁）、2014年末時点での署名機関数は1,335機関に上っているが、わが国は31機関に止まっている。

固有問題のエンゲージメントには消極的とされてきた（江口［2013］49頁）。こうした中にあって、エンゲージメントの積極化が求められているわけであるが、日本取引所グループ（JPX）は日本経済新聞社と共同で、2014年初からROE等を重視した新株価指数（「JPX日経インデックス400」）を算出・公表しており、パッシブ運用に傾きがちな国内機関投資家に対しても、投資先企業の問題改善に努める呼び水として機能していくことも期待される。また、わが国におけるコミット不足の株主の発言力、影響力を時間軸で高める制度インフラとして、長期保有株式に普通株式より多くの議決権を与える種類株式を可能にする（Mayer［2013］（宮島［2014］217頁）、宮島［2013］27頁）ことも、突破口の1つになるかもしれない。

さらに、グローバルな視点では経営者の育成・選抜もコーポレート・ガバナンスの本質的な要素であり（武井［2013］68頁（吉村発言））、トップ・マネジメントの改善に向けて、その選任のあり方、求める能力要件、外部人材の登用可能性など、継続的な検討が必要な事項は少なくない[63]。わが国ではプロフェッショナルとしての経営者を育成する社会的なインフラは極めて貧弱であり（東［1999］192頁）、経営トップ固有に求められる職能の獲得に向けて、中長期的には企業のみならず学校教育・社会レベルでリーダーシップをより明示的に意識した育成システムの検討も必要と考えられるが[64]、より短期的・実践的な改善策の1つとして、経営者報酬の見直しも挙げられる。すなわち、事業計画でROE等資本効率目標を掲げても業績連動報酬ではROEが支給額決定の算式に組み込まれていなかったり、組み込まれていた

63　約10年前に商法改正で可能となった「委員会設置会社」（その後、「指名委員会等設置会社」に改称）への移行は、そこで強制される指名委員会や報酬委員会の設置に対する経営サイドの抵抗感もあり進展しなかった（太田［2012］2頁）。その難点を回避すべく中間的な仕組みとして導入された「監査等委員会設置会社制度」（要綱段階で「監査・監督委員会設置会社」だったものが法案段階で改称）についても、結局のところ監査等委員会だけで指名委員会や報酬委員会がないのであれば、逆にガバナンスの機能度に対する海外投資家等からの不信感を招くことになるとの指摘（阿部ほか［2013］19頁（一丸発言））もある。

64　日本経済調査協議会［2014］は、こうした問題意識ないし危機感から葛西敬之委員長（JR東海名誉会長）の下で、「日本の再設計を先導するリーダーの育成」に向けて産学連携での委員会討議を重ねた成果である（筆者は事務局主任研究員として参画する中でトップリーダーシップのあり様に関し多くのご教示を賜った）。

としても業績連動報酬の割合自体が非常に小さい状況を改め、中長期の資本効率目標（ROE・EVA等）[65]を経営者報酬に直接リンクすることにより、経営者により抜本的な行動に向けたインセンティブを付与していけるのである（阿部・小西［2013］39-40頁）。

近年では、インセンティブ報酬の多額化が問題視された欧米において、株主からの「say on pay」といった役員報酬について（拘束力のない）株主総会決議を行う動き[66]が活発化するなど、適正なインセンティブ報酬に向けた議論が盛んである。他方で、わが国のCEO報酬は主要国で一番低い水準にあるとされ、インセンティブの割合があまりに低いことから、事なかれ主義で任期を全うしようとする動機[67]が生まれがちとなる（神田ほか［2013］12頁（内ケ崎発言）、14頁（武井発言））。同じ報酬問題でも欧米と日本では直面する状況は正反対であり、わが国の報酬問題は、先述した集団主義の下で悪しき平等化圧力が懸念される領域でもある。競争力向上による企業価値増大に資するよう、内向きの引力をもった役職員を含めステークホルダーの意識を変革するとともに、わが国にとって望ましい役員報酬のあり方について

65 そうした資本効率指標は投下資本を下げれば上昇するので、短期主義の経営では縮小均衡に陥りかねない。MBA等で得られる素養は、資本コストを意識した経営にとって必要条件であるが十分条件ではないのであって、経営者が理念や戦略、ビジョンを伴って将来判断を行わず、資本効率の過去指標をただ単に管理指標として自己目的的に用いて現場を委縮させるだけであれば、中途半端に知識があるばかりに状況を悪化させるリスクも内包している。しかし、だからといってバランスシートの改善のみに目を奪われた一時的な指標向上策を、通常の会社が資本効率指標を経営の現場でどのように実効的に生かしていくべきかという議論と混同すべきではないし、資本効率を短期的な株主が株主利益を振りかざすドグマに過ぎないと決めつけると、市場の大切なルールを見失うことになる（石田［2014］40頁）。

66 アメリカでは、経営者報酬の決定は株主総会の決議事項とはされていないが、金融危機後に成立したドッド・フランク法の下で、少なくとも3年に一度、経営者報酬について、法律上の効力を伴わない株主総会の勧告的決議を経ることが義務付けられており、イギリス等においても同様の制度が導入されている。

67 固定報酬の下で新たな事業に挑戦して大きな成果を挙げたとしても適切な報酬が得られないばかりか、その挑戦が失敗した場合にのみ解任や左遷といった責任を問われる構造にあるとすれば、任期中は大胆な改革にチャレンジするより、経営リスクをとらずに事なかれ主義で任期を全うしようとする動機が強まる（神田ほか［2013］14-15頁（武井発言））。こうした状況下、日本取締役協会［2013a］5頁では、良い「報酬ガバナンス」を有している企業と企業業績は高い相関があるとの調査結果を踏まえ、業績連動報酬の拡大や欧米並みの詳細な開示等を提言している。

も、グローバル化の流れを踏まえて再検討する余地があろう[68]。

その際、欧米の教訓を踏まえ短期主義を回避する報酬体系に留意するのはもちろんであるが、いくらリーダーシップが強くても経営者リスクから将来業績懸念が台頭するようでは本末転倒なので、推進力の動機付けとともに、各種経営指標の細部を補足しながら的確な判断をサポートするCFO（最高財務責任者）やCTO（最高技術責任者）など補佐役の機能も、今まで以上に向上させる必要があろう（武井［2013］160頁（伊藤発言）、榊原［2005］257-258頁）。

6.　おわりに

財務・会計面からの学術的論究において、わが国で長期間観察されたPBR 1倍割れという現象をメインターゲットとしたものは、不思議なことに必ずしも多くはない。本章は、この現象にスポットライトを当て、企業価値評価に与えるインタンジブルズの負の側面を概念的に析出・整理することにより、統合報告を通じて将来価値創造に向けた戦略経営力の強化を投資家に訴求していくうえで、前向きな示唆を導出しようとするものであった。「負のインタンジブルズ」の領域に係る論稿は多くはなく未だ曖昧な部分も少なくない状況にあるが、それは単にリスクやレピュテーションのみを示すものでもなく、動態的なマネジメント力を含む概念として過少収益力状態を生む人的・組織価値因子と捉えられる。わが国の「失われた20年」の下でのPBR 1倍割れについても、正体不明のマクロ外部要因ないし市場固有要因に帰着させ学術的に等閑視してしまうのではなく、日本企業の内発的要因を多角的に分析することを通じてこそ、わが国企業の弱みの源泉の認識と克服に向けた前向きな教訓を得て、今後の戦略経営力の強化につなげ得るのではなかろうか。

翻って、財務報告における非財務情報の活用という点では、前世紀後半か

68　わが国でも既に取締役に対する新たな業績連動型の株式報酬制度として、アメリカのESOP（Employee Stock Ownership Plan）信託の役員版に相当する「役員報酬BIP（Board Incentive Plan）信託」の導入を検討する企業が増加してきているとされる（内ケ﨑［2012］35頁）。

ら欧州のみならずアメリカでも、幾つかの機関が会計情報の有用性の低下懸念から革新を促す報告書を相次いで公表してきた。既存の財務報告システムでは十分に情報利用者のニーズに応えることができないのではないかとの問題意識の下で、ディスクロージャーのパラダイム転換が長年叫ばれ続けていることになるが、近年に至り欧州を中心に非財務情報を活用する統合報告が胎動してきた要因の1つには、金融危機の教訓を踏まえた投資家の短期主義の是正に求められる（IIRC［2011］p.9）。他方で、日本の現下の状況で、統合報告を論ずる意義としては、グローバル化の下で将来価値創造に資する企業経営の変革（イノベーション）、そのための経営トップのリーダーシップ発揮、それらを投資家に正確に理解してもらうための開示ツールという構図になるのではなかろうか[69]。

投資家との「対話力」を通じて適正な企業評価を獲得するためには「開示力」が必要であり、そのために統合報告も議論されているわけであるが、そこでの開示の核心が経営の動態にある以上、「開示力」の前提としての「経営力」が不可欠と言えよう。「経営力」に起因する（正負の）インタンジブルズ要素とPBRの関係性を巡る実証的解明は今後の課題に残されているが、逆にいえばPBRの長期1倍割れという稀有な現象を経験した日本企業を分析対象とすることにより、新たな視点に基づいた実証アプローチを日本発で生み出せる余地がある。「経営力」の変数設定やそうした非財務情報の開示量あるいは情報取得可能性にも制約は少なくない中にあって、国内でもガバナンスに係る各種非財務要因と企業パフォーマンスの関係性を扱った実証研究は少なからずみられている[70]。低PBR先の業績ないし株価との関連で、コーポレート・ガバナンス構成（経営トップの内部昇進比率・在職年

---

69 上場企業の情報開示担当者への質問調査（伊藤・加賀谷［2009］20-22頁）によれば、優れたビジネスモデルや経営トップのリーダーシップなどは企業価値に影響が大きいと認識されているにもかかわらず、数値化・定点観測が難しいこと等から内部管理目標となっておらず、開示対象にもなっていないのが現状とされる。しかし、そうした経営力ないしガバナンス力の動態（革新的ビジョン、戦略等）を統合報告において開示することが、長期投資を促す有用情報として、投資家の長期的な企業価値創造期待を高めると同時に、企業における安定株主確保に向けた資本政策として、長期のエクイティ・ファンディングにも資すると考えられる。

70 例えば、社外取締役に関し先述した文献のほか、中野・髙須［2013］、宮島［2011］、Nakano and Nguyen［2011］［2012］［2013］などがある。

数[71]、取締役会の人数、外国人・女性役員比率[72]、社外役員の人数・独立性、株主・従業員・ファイナンス構成等）などとの相関分析により、曖昧模糊としたPBR1倍割れの要因に徐々にでも接近していく実証会計研究（Accounting & Governance）の蓄積が進めば、わが国企業の戦略経営力（ガバナンス力）の強化にも貢献可能ではなかろうか。

戦略経営力の強化は、ESG要因等を巡る市場の声を汲み上げて戦略に組み込むことで、社会（これを踏まえた長期投資家）の要求する「正当性」への対応力を高めることにもつながる。ESG要因は戦略ガバナンスと密接に関わる問題であり、リスクマネジメントの視点だけでなく、例えば再生エネルギーやBOP/BOMビジネスなどにおけるイノベーションは、社会価値にもプラスであり持続的企業価値の論理とも重なる。ビジネスの力が社会の問題を解決し、それがまた新たな経済成長をもたらすのであり[73]、そこで環境変化に対応したビジネスモデルを軸に戦略を構築し、その戦略を実行していくには、強力なトップリーダーシップが求められるのである。市場との対話を踏まえた経営戦略決定、実行、結果の開示に至る一連のプロセスを構築していくうえで、ESG要因は欠かせない切り口の1つとなるので、統合報告書では、そうしたプロセスの開示が戦略関連情報として重要な開示コンテンツになり得る。他方、情報利用者にとっては、そうした動態情報の信頼性も重要な要素となるが、この点については第Ⅲ部で考察を進めることとしたい。

71　野間［2013a］4-5頁では、ハーバード・ビジネス・レビューの2013年1月号に掲載されたランキング調査を基に、日本のCEOの内部昇進者比率が9割と最も高く、在任期間も短いことから、企業の長期的戦略の一貫性などの面で企業競争力の足枷になりかねないとの懸念が表明されている。また、三品［2004］227、239頁では、戦後における日本の社長在任期間は漸次短縮化傾向にあり、社長の任期が短い企業の業績が上がらないことをデータで裏付けている。

72　野間［2013b］5頁の実証分析によれば、ガバナンスの弱い企業では女性取締役が多いほど企業価値や業績を高めるとされる。

73　日本経済調査協議会［2013］は、再生エネルギー・ビジネスの力で循環型社会の実現とともに、地域経済の活性化にも資することをテーマとした実践的研究成果である（田邉敏憲主査〈尚美学園大学長〉の下で、筆者は事務局主任研究員として参画した）。

第Ⅲ部

統合報告書の信頼性と監査・保証業務等

第6章

ESG 情報の報告形態と監査・保証

1. はじめに

社会・環境関連情報の開示については、かねてより広範なステークホルダーを念頭に持続可能性報告書等の公表が行われてきたところであり（第Ⅰ部）、近年は国際的に、ESG 情報を戦略的な非財務情報に含め財務報告に取り込む動きが活発化している（第Ⅱ部）。両者の動きが接合したのが統合報告書であるが、その開示実務は未だ国際的にコンセンサスのとれたものにはなっていないのが現状である。そうした中で信頼性付与の枠組みを論じることは時期尚早との印象を抱かれるかもしれないが、開示のコスト・ベネフィットをトータルに考えていく際には、情報への信頼性付与策のフィージビリティが開示のあり方をも左右し得る[1]。そうした問題意識の下、第Ⅲ部では、統合報告書を遠景に据えつつ、ESG 情報等の非財務情報開示の信頼性付与に向けた監査・保証業務の成立要件を考察する。

本章では、監査・保証問題を検討するに際し、持続可能性報告書等のように独立した報告書で ESG 情報が開示される場合と、財務報告の一環で補足開示される場合とを区分し、両者を対比させながら、その立証構造や証拠収集を巡る論点を浮き彫りにしたい。ESG等の非財務情報を独立した意見表明の対象として位置付けるか、あるいは財務情報の補足情報と位置付けるかに応じて、監査・保証のあり方も変わってくる。そこでの考察をベースとして、ESG情報等の非財務情報が制度開示における財務報告に取り込まれ、かつ監査等が義務付けられた場合を中心に、信頼性付与の方向性や監査上の難点を克服する開示基準のあり方について論及する。なお、ESG情報の有する社会価値を単独に焦点を当て、既に様々な専門職による審査等の信頼性付与実務[2]も事実上行われているが、本章では統合報告書を念頭に、あくまでも監査・保証業務の枠組みに沿った信頼性付与のあり方を考察している[3]。

2. 独立した報告書で開示される場合

(1) 監査・保証基準の動向

まずESG情報を含むサステナビリティ情報全般について、これまでの監

---

1 投資家が、信頼された情報をみて、どのような経済的意思決定をするか、その意思決定が信頼性を付与することによってどれだけ有用性が増すかとのベネフィットや、保証のためのコストを踏まえ、全体としてのコスト・ベネフィット判断の下で、保証の程度（投資家にどういう保証をすることにニーズがあるのか）が検討されなければならない。他方、多様なステークホルダーへのアカウンタビリティという観点からは、個別企業の費用対効果だけでは判断できなくなるので、企業価値のみならず社会価値を重視した情報利用者のニーズに如何に応えていくか、あるいは社会的なガバナンスのツールとしての情報開示制度として非財務情報をいかに扱うか、といった視点からも議論する必要が生じる（水口・魚住・古室・渡邉・佐伯［2007］97-99頁（魚住・水口発言））。

2 国内では、環境配慮促進法を受けて設立されたサステナビリティ情報審査協会の下で、2007年にはサステナビリティ情報審査実務指針が策定され、サステナビリティ情報審査登録制度として、同協会が認定した審査機関が審査を行い一定の基準を満たした先に登録マークの使用を認める実務が広く行われている。

3 国際保証業務の枠組み（ISAE3000）は保証業務の成立要件として、①三当事者関係、②適切な主題、③規準の適合性、④十分かつ適切な証拠、⑤書面による報告書を要求している。逆に言うと、行為・システム・情報のある側面について、上記要件を確保していないものが「保証業務」の呼称を用いることは許容されない（内藤［2014］270頁）。

査・保証を巡る動向をレビューしておくと、持続可能性報告書等への一般的な国際的保証業務の嚆矢としては、2003年12月に国際会計士連盟（IFAC）から公表されたISAE3000（改訂）「過去財務情報の監査又はレビュー以外の保証業務」がある[4]（2005年発効、2013年改訂）。欧州会計士連盟（FEE）の討議資料「持続可能性報告書の保証業務における主要な論点の概要」（FEE［2006］）では、スウェーデン、フランス、オランダ、ドイツについて、持続可能性報告書の保証業務基準を分析しており、そこでは、主題が複雑なことから、持続可能性報告書の領域においては、「一般的な国際保証業務基準だけでは十分ではないが、一般的な国際保証業務基準は、より特定の基準設定のための適切な出発点である」（FEE［2006］p.6）として、ISAE3000をベースラインに位置付けている。

ISAE3000は、幅広い分野での適用が想定された一般的な枠組みであり、個別具体的な保証ニーズの充足に向けて、幾つかの国では国内保証業務基準を策定している[5]。FEE討議資料「持続可能性報告書の保証業務」（FEE［2002］）の時点では、加盟欧州各国について「持続可能性報告書の保証報告書の内容について定めた特定の基準は現在のところない」（FEE［2002］p.7）としていたが、その後、ドイツでは、2006年に監査基準PS821「正規の持続可能性報告書の監査・レビュー基準」を公表しているほか、オランダでも、2008年にRoyal NIVRA 3410N「持続可能性報告書の保証業務基準」が公表されている[6]。そこでは、ISAE3000の規定と同様に、サステナビリティ情報の信頼性について保証水準に応じて合理的保証を与えることができる

4　その他の基準として、例えば、イギリスのアカウンタビリティ社によるAA1000保証基準（2003年〈08年に改訂〉）等がある。

5　ここでの保証業務とは、企業の経営者が一定の適切な基準によって、持続可能な発展の目標に向けた、あるいは持続可能な社会の実現に向けた、企業等の組織の環境的・経済的・社会的側面の対応状況を評価または測定した結果を表明する情報（サステナビリティ情報）について、それらに対する主要なステークホルダーの信頼の程度を高めるために、保証業務実施者が自ら入手した証拠に基づき基準に照らして判断した結果を結論として報告することを指す（日本公認会計士協会［2010a］4頁）。なお、サステナビリティ情報を巡る国際的動向については、KPMG［2010］18-74頁（4. Inventory of Selected Legislation、Standards、Codes and Guidelines）に網羅的に列挙されており、これをKPMGあずさサステナビリティ株式会社が「持続可能性報告に関する法制度、基準、条例、指針等」として、日本語で一覧化している（http://sus.kpmg.or.jp/knowledge/research/r_azsus201005.pdf）。

場合と、限定的保証を与えることができる場合とを区分している。例えば、オランダの保証業務基準（Royal NIVRA 3410N）では、合理的保証と限定的保証、あるいは二種類の保証業務が組み合わされた業務について、その相違は必要な範囲において明示的に記載することとされており、ドイツ（PS821）も同様である。

この間、わが国では、環境省「環境報告書審査基準（案）」(2004年3月)、企業会計審議会「財務情報等に係る保証業務の概念的枠組みに関する意見書」(2004年11月)、日本公認会計士協会「財務諸表監査以外の保証業務等に関する実務指針（公開草案）」(2005年7月）などに続き、監査・保証実務委員会研究報告第20号「公認会計士等が行う保証業務等に関する研究報告」(2009年7月）が示されているが、非財務情報に関する体系的かつ具体的な保証基準設定は今後の課題に止まっている。監査・保証実務委員会研究報告第22号「サステナビリティ情報保証業務に関する論点整理」(2010年1月13日）では、サステナビリティ情報は、①その想定利用者が多岐にわたるため情報に対する利用者の期待が一様ではない、②開示すべき情報には定量的情報に止まらず定性的情報も含まれ、③開示すべき情報の種類も一律に規定することは困難であるという特徴を有するとしたうえで、主題情報の性質の相違によって、合理的保証業務または限定的保証業務を実施できる場合とそうでない場合があるのか検討を要するとしていた（日本公認会計士協会［2010a］1-2、5頁)。

(2) 監査・保証のあり方

そもそもCSR・サステナビリティ等の非財務情報の信頼性付与においては、1つの情報に収斂するように他の情報が関係付けられて開示されるということが予定されていない。このような相違は、保証命題として何を保証するかということにおいて、財務諸表監査の場合のように、財務諸表全体を対象とした意見の表明方式が、そのままCSR情報等非財務情報の保証業務に

6　スウェーデン、デンマーク等でも持続可能性報告書等の国内保証基準を既に策定している一方、イギリス、フィンランド、スペイン等では、主にISAE3000（一部ではAA1000AS）を使用しているとされる（日本公認会計士協会［2009］8、16、18、22、27頁)。

当てはまるとは言えないことを意味している。主題情報の範囲は情報作成者の任意であり、各情報範疇に記載すべき情報内容は、様々に変化する可能性がある（内藤［2007］114-115頁）。ISAE3000等では合理的保証業務も成立し得るとしているが、CSR・持続可能性報告書等の作成基準で情報が網羅的に規定されていなければ、保証業務実施者としては、経営者と同等以上に企業を取り巻く経営環境を理解し、ステークホルダーのすべてのニーズ等を網羅的に把握して、主題情報の網羅性について十分かつ適切な証拠を得ることは困難となる[7]（日本公認会計士協会［2010a］11頁）。こうした状況下では、適正表示の実質判断を伴う積極的形式による結論の表明には、原則として無理があると考えられる。

ただ、仮に開示項目・様式が定型的に限定規定され、対象項目・対象範囲の適切性、算定結果の合理性、開示方法の適切性など、適合する基準の要件に関する具体的な判断基準（基準準拠性）が確保される限りにおいて、適切な主題または主題情報となり得るので、準拠性判断に基づく合理的保証が可能となる余地は残されている。例えば、社会・環境以外の非財務情報への保証として、日本公認会計士協会の業種別委員会報告第36号「グローバル投資パフォーマンス基準準拠の検証に関する実務指針[8]」（2011年6月7日改正）や、ＩＴ委員会研究報告第39号「情報セキュリティ検証業務[9]」（2010

7　同様に、環境省・日本公認会計士協会の共同研究では、①広範囲の対象の中から事業体の経営者が認識して対処しているものがCSR情報として開示されているので、CSR情報審査の対象項目についての完全性を審査によって検証することは困難、②事業体が個別に設定した基準をCSR情報審査の判断の基準として使用することには、確立された基準と比較した場合、相対的に限界があり、基準の適合性を考慮した場合、合理的保証を与えることができるほどの基準の適合性を一般に認めることは困難、③事業体の社会的責任の状況をすべて対象としていると誤解されたり、確たる基準への準拠を証明していると捉えられるおそれ、④事業体に関わるすべての社会的責任を表現しているかどうかを審査する手続が、十分に開発され適用されているといえる状況には至っていないなどの問題点を指摘している（環境省・日本公認会計士協会［2007］4-5頁）。

8　ここでの「検証」については、GIPS基準への準拠を表明する会社が、コンポジット構築に関するGIPS基準の必須基準のすべてに会社全体として準拠しているかどうか及び会社の方針と手続が、GIPS基準に準拠してパフォーマンスを計算し、提示するよう設計されているかどうかを確かめるために独立した第三者が行う保証業務としている。そこでは、パフォーマンスそのものではなく、あくまでその基準準拠性を検証する合理的保証業務となっている。

表6-1 サステナビリティ情報に対する保証の類型

保証形態	意見の中身	立証命題・保証内容等
合理的保証	準拠性に関する積極的形式の結論表明（注）	確立された特定の基準への準拠性
限定的保証	消極的形式の結論表明	主題情報に重要な虚偽表示を信じさせる事項はないか

（注）網羅性、完全性等に関する適正表示についての保証は困難（開示基準を限定的にすれば可能となるが、その場合には準拠性意見に近似）。

年5月18日）などにおいては、基準準拠性に基づく検証報告が行われるのであって、適正表示の実質判断を伴う意見が表明されるものではない。他方で、そうした具体的な準拠基準が開示規範として明示できない以上は、保証業務実施者としては、経営者がステークホルダーのニーズの収集や経済的・環境的・社会的影響の程度の検討、主題情報の決定等に際し、適切な過程を経ていることの検証等を通じ、実施した手続に基づけば、主題情報に重要な虚偽表示があると業務実施者を信じさせる事項はない旨の限定的保証が可能となるに過ぎないと考えられる（表6-1）。

3．財務報告の一環で開示される場合

(1) 国際監査基準等の取り扱い

ISAE3000は国際会計士連盟が策定した公認会計士等が準拠すべき枠組みであって、もとより各国の法定監査に際し適用が義務付けられているわけではない。財務報告として開示される非財務情報の監査人の関与については、ISA720「監査済財務諸表を含む書類におけるその他の情報に関連する監査人の責任」で規定されており[10]、そこでは、監査人は監査済財務諸表との重

9 そこで用いられる「情報セキュリティ評価規準」は、検証対象である経営者の記述書作成の「評価規準」であるとともに、検証業務を実施する者の「評価規準」としても使用されるが、そこでの検証業務の主題情報は、情報セキュリティに関する管理状況について「情報セキュリティ評価規準」への準拠状況を評価または測定した結果を表明した経営者の記述書とされる。

要な相違を明らかにするため、非財務情報部分を通読（read）しなければならないとされる（6項）。同様に、欧州では会計法現代化指令により環境・社会関連情報の年次報告書への記載を義務付ける（第4号会社法指令第46条）と同時に、監査人には財務情報との矛盾がないかどうかの整合性チェック（consistency check）を求めている（同51条）。これを受けて、開示義務を履行している欧州各国はすべて整合性チェックを行う一方、スウェーデン、ドイツ、デンマーク[11]といった国々では、整合性チェックに止まらず、通常監査対象の一部（part of the full audit）として取り込む動きもみられた（FEE［2008］pp.41 and 54-56）。

この間、イギリスでは、2005年10月に公表された「公開草案―国際監査基準（イギリス及びアイルランド）720（修正）」では、OFR（Operating and Financial Review）の監査に関し、当初、「結果」というよりもOFR作成「プロセス」の適切性を検証するという考え方を導入していたが、最終的には制度化の過程で検証内容が後退し、不整合に関する検証に止まった経緯がある。すなわち、結果的には国際監査基準と同様に、OFRに記載されている情報が当該年度の財務諸表と整合しているかが求められたに過ぎず、監査人としての機能遂行において要求される監査手続や文書化の手続を超えて、OFRに記載されている情報に追加的な監査手続を用いて検証したり、あるいは文書化を行うことまでは最終的には求められなかった（山﨑［2006］37-40頁）。

アニュアルレポートが会社法に基づく法定書類[12]となっている欧州では、

10　クラリティ・プロジェクトを実施する過程で現行ISA720の見直しも俎上に上り、2012年11月には公開草案「監査した財務諸表及び監査報告書が含まれる又はそれに付随する開示書類に含まれるその他の記載内容に対する監査人の責任」が公表された。その後、コメントを踏まえて2014年4月には再公開草案が公表され、その他の記載内容を通読し、監査した財務諸表との整合性だけでなく、監査人が監査の過程で得た知識と整合的であるかどうかについて考慮することが提案された。

11　デンマークでは、2008年6月末まで同国監査基準585号において財務諸表とともにマネジメントレポート部分も通常監査の対象であったが、2008年7月以降、他の多くのEU諸国と同様、マネジメントレポート部分は整合性チェックのみで足りることに改められた（FEE［2009］p.39）。

12　制度開示書類として、わが国では金融商品取引法に基づく有価証券報告書、アメリカでは証券取引所法及び証券取引員会（SEC）の規則に基づくForm 10-Kが代表的であり、アニュアルレポートはわが国やアメリカでは法定書類ではない。

スウェーデン、ドイツ等において現代化指令で盛り込まれた非財務情報部分（ESG情報等）を含め通常監査も行われており、そこでは主観的判断情報に対する監査可能性ないし検証可能性の問題が浮上することになる（FEE［2008］p.41.）。この間、わが国でも、IFRSの影響下で、従来は財務諸表外情報であった金融商品のリスク情報等の注記開示化に伴い、非財務情報の監査対象化が進行している。従来非財務とされた情報が監査対象になるという意味において、財務諸表本体以外の情報を財務報告上どこに区分するかの問題[13]は別にして、スウェーデン等と日本（あるいは同じ対応を行っている国々）は、同様の監査可能性の問題状況を共有しているともいえよう。

(2)　監査・保証のあり方

非財務情報の監査・保証問題については、財務報告とは独立した報告書で開示される場合と、財務報告の一環で開示される場合とを、区別して論じることが適切と考えられる。独立した報告書の場合には、あくまで開示情報自体の適正表示（ないし基準準拠性）が問われるのに対し、財務報告の一環で開示され、かつ法定監査の対象となる場合には、リスク情報等の注記に対する監査と同様に[14]、財務諸表を補足・補完する非財務情報として十分な開示が行われているかの観点が重要視されると考えられる。そこで監査可能性の問題を論じる際に留意すべきは、非財務情報あるいは注記は有用ではあるが

13　注記・その他非財務情報の境界は、本体・注記のように測定硬度の視点のみに基づくものではなく、むしろ定性情報を含む計算の根拠など財務諸表本体金額との直接的関連性、その説明力等が中心的なメルクマールになっていると考えられる。しかし、中にはゴーイング・コンサーン注記のように、監査を受けることが望ましいか否かという政策的な判断とも密接不可分なものが含まれる。また、近年の英米における会計基準設定主体は、注記の範囲を決定するに際しアドホックなアプローチを適用している（古庄［2010］31頁）など、現状の注記事項をすべて理論的に整然と定義し線引きすることはますます困難化してきている（越智［2012］173頁）。

14　日本公認会計士協会・業種別委員会報告第45号「銀行等金融機関における金融商品の状況の開示の監査に関する実務指針」（2010年5月18日）では、時価等開示適用指針の規定を受けて監査人は、市場リスクの定量的情報が、その限界を理解できるよう適切に記載されているかどうかを検討する（21項）ことが求められる。すなわち、監査人が関与するのは、計測方法選択の妥当性ではなく、マネジメント・アプローチの下で、あくまで金融商品から生じるリスク等が明瞭かつ包括的に説明されているかの検証が主眼となっている（越智［2012］178頁）。

情報を欠いたとしても財務諸表本体の計算構造には何ら影響を及ぼさないのであって、非財務情報あるいは注記は財務諸表本体で採用された見地を補い、もって企業の全体像を明らかにすることにその役割があるという点である。こうした補足説明機能に着目すると、その立証命題については、情報の網羅性ないし完全性よりも財務諸表本体情報との関連性を通して、説明の適正性、妥当性を判断することが主眼になると解される（越智［2012］176頁）。欧州における非財務情報の開示基準は定性的で各社裁量の幅がある中で、非財務情報の内容に関して網羅性等は厳重にチェックされておらず、あくまでも非財務情報が財務情報を補っているかどうかが問われているとの指摘（企業市民協議会［2009］8頁）もある。

他方で、このように非財務情報を財務情報の補足・補完として位置付けるのではなく、財務情報とは独立した情報に対する保証業務として捉える方向性も存在する。米国公開企業会計監視委員会（PCAOB）が2011年6月に公表した「監査済み財務諸表に対する報告書に関連するPCAOB基準の改訂に関するコンセプト・リリース」（PCAOB［2011］）では、監査報告モデルの変更に係る幾つかの提案を行い、その中で監査人がMD&Aの正確性と十分性に係る保証を与えることを求め従来の報告モデルからの拡張を勧告していた。すなわち、監査報告に関する4つの改善提案として、①監査人による検討と分析（Auditor's Discussion and Analysis：AD&A）の新設、②強調事項パラグラフの義務付けと拡大、③財務諸表外のその他の情報に対する監査人の保証、④標準監査報告書の文言の明確化などが列挙されていた。このうち③は、PCAOB証明業務基準（AT Section 701）において、監査人がMD&Aに対する証明業務を実施する場合の要求事項が規定されていることも踏まえ、改善提案に盛り込まれたようである。

上記PCAOB提案のような財務情報から独立した情報と位置付けた保証業務を指向する場合、新たな監査人の責任の拡大につながるだけに、SECと連携して経営者の報告の枠組みと追加の保証基準を開発することが必要となる（甲斐［2011］22頁）。その際、サステナビティ報告書等の合理的保証の成立可能性について先述した通り、準拠性に係る合理的保証を可能とするような立証命題（網羅性等）を限定した開示基準の策定が必要となる（表6-2）。しかし最終的に、2013年8月に決定された監査基準の変更提案

表6-2 財務報告における非財務情報に係る保証の類型

保証形態	意見の中身	立証命題・保証内容等
合理的保証	財務報告の適正表示に関する意見表明の枠内	制度化された財務報告内の補足情報として、財務情報との関連性、説明性、補足性等を保証。
	準拠性に関する積極的形式(注)の結論表明	独立した非財務情報として、確立された特定の基準への準拠性を保証。
限定的保証	消極的形式の結論表明	財務報告中で合理的保証（財務情報）と限定的保証等（非財務情報）を併存。

（注）網羅性、完全性等に関する適正表示についての保証は困難（開示基準を限定的にすれば可能となるが、その場合には準拠性意見に近似）。

(PCAOB [2013]) においては、その他情報の監査済財務諸表との重要な不一致あるいは事実の重要な虚偽表示の可能性を識別した場合に手続が追加されている（AU Section 550の更新）とはいえ、情報の作成基準と保証基準に基づいて意見表明を行う枠組み（例えばAT Section 701）とはなっていない。

4. 制度開示された統合報告書への監査・保証

(1) 統合報告の情報特性

第Ⅱ部でみたように、統合報告の推進母体であるIIRC（International Integrated Reporting Council）は2013年12月に報告フレームワークを公表したが、統合報告書には、①財務報告書と持続可能性報告書等における開示媒体の統合という意味と、②企業経営のプロセスにおいて財務パフォーマンスと社会・環境パフォーマンスを関連させ統合して表示するという2つの意味が含まれている（國部［2011］123頁）。前者の開示媒体の統合には、基準設定主体に増大した開示量の簡素化の観点から財務報告のあり方に再考を促す要因も作用した一方で、後者の意味での統合報告には、環境や社会に関わる情報（ESG情報）を含め企業財務に結び付けることにより、企業の中長期的な戦略を浮き彫りにし、持続可能な価値創造に向けた経営と開示を促す狙いがある。結果的に、統合報告は、複雑さが増す状況の中で組織が事業を行うに際し、社会上及び環境上のコンテクストを反映しつつ、組織の戦略、ガバナンス、業績見通し等に関する重要な情報を首尾一貫した全体にまとめ上げるものとなる。そこでの情報特性としては、現在及び将来にわたって価値を創造する動態的な組織の能力を示すことになることは、第5章で詳述した通りである。

現行の財務報告は将来キャッシュ・フローそのものを予測して開示しているわけではないので、財務会計を補足し将来予測を修正するものとして、様々な非財務情報が役立ち得る。それは単なる「環境に関わる情報」ではなく「投資判断のための情報」となり、当期の業績を単純に延長した将来像を、より現実的に修正するための判断材料の1つとなる（水口［2011b］110-111頁）。企業価値を測る際に、公開財務データから一歩踏み込んで利益の継続性や源泉となっているものは何かという企業の根源ともいえる部分を確認しようとするとき、環境への取り組みをトータルに評価することは、この課題の解の1つになる可能性がある（菊池［2011］201-202頁）。ある種の環境問題や社会問題については、それらの問題に対する企業としての戦略やリスク認識の状況が、その企業の将来の方向性を予測するうえで重要になり得るのである。そこでは、気候変動に起因する食糧生産や水資源の問題、生物多様性と森林資源の保護など、様々な問題が浮上してくる可能性があるが、企業と投資家の接点として企業価値に関連した重要性が強く問われることになる。

ここで重要性という概念は、第4章で論及したように持続的企業価値の視点から捉える必要がある。それは投資家を中心としたステークホルダーの意思決定や自社の企業戦略に重大な影響を及ぼす社会・環境の要因を評価して、あくまで将来の財務情報に影響を強く与える自社に特有な課題を絞り込む（水口［2011b］111-112頁）という考え方であり、企業固有の戦略と密接にリンクする。結果的に、統合報告の中核は組織のビジネスモデルそのもの、すなわち組織が価値を創造・維持しようと努めるプロセスとして捉えられることになり、そこでの開示情報の選択（開示基準）は、必然的にマネジメント・アプローチに大きく依拠せざるを得なくなる。個々の企業の特性を反映した重要課題が開示されるためには、重要性の概念やその評価方法等を開示枠組みとして示し、これに基づき開示企業が自ら重要課題を特定していくアプローチが適切との提案（日本公認会計士協会［2011c］3頁）がなされる所以でもある。

(2) 監査・保証のあり方

統合報告書におけるESG情報の監査・保証のあり方は、先に財務報告の一環で補足・補完的な非財務情報を開示する場合の監査・保証でも論及したように、監査の主題情報に何を設定するか、立証命題をどう捉えるかよって結論は変わり得る。統合報告書は多くの国で未だ任意開示を模索している段階にあり報告形態も多様であるが（日本公認会計士協会［2013a］84-87頁)、財務報告の一環で、財務諸表の理解を補う情報としてESG情報や戦略情報等の非財務情報が統合報告されるのであれば、基本的には財務諸表情報に対する補足的な説明性・関連性等を検証する観点から、非財務情報の開示・監査基準を組み立てていく方向性が現実的であろう。すなわち、統合報告が制度開示され法定監査の対象となる場合には、統合報告書における監査の主題は、財務諸表と注記、さらにはESG情報等からなる「一組の統合財務報告」と解され、全体としての財務報告の適正表示に関する監査意見を表明することが究極的な立証命題と構成されるのではなかろうか。

そこで監査人が非財務情報の監査に関与し得るのは、重要な非財務情報の開示に係る網羅性あるいは経営判断の合理性などの検証というよりも、金融商品おけるリスク情報の注記開示における監査と同様、あくまでマネジメント・アプローチによる経営者判断の下で組織が管理・保有する情報が適切に記載されているかの検証が中心になると考えられる。財務諸表の個別の立証命題として、監査基準では、「実在性、網羅性、権利と義務の帰属、評価の妥当性、期間配分の適切性及び表示の妥当性等」を規定しているが、「等」が示しているように、そこにおいて示された立証命題は例示に過ぎず、黙示的なものもあることを示唆している（鳥羽［2009］231頁)。統合報告書において、特定の注記情報やESG情報等の制度開示された補足・補完的説明情報に対して監査を行う場合には、説明情報自体の網羅性よりも財務情報との関連性や説明性が重要となろう。すなわち、重要な非財務情報の選択・開示に関しマネジメント・アプローチに基づく前提条件・限界等の開示も経営者が併せて行ったうえで、これを受けて監査人としては、経営者によって財務諸表情報の補足・補完としての非財務情報が明瞭かつ包括的に開示・説明されているかの検証を行うことになるのである。そのためには、監査人が監査手続を通じて個々に立証しようとする対象となる命題を、明確に特定できるような制度的枠組み（開示基準等）を整えておくことが重要になると考えられる（越智［2012］179頁）。

他方、財務諸表情報とは独立に、ESG情報自体の社会価値を含めた信頼性の合理的保証に向けてESG情報の網羅性（完全性）などの保証命題を設定し、保証業務実施者独自の実質的判断を基礎に非財務情報の適正開示に関する意見表明を行うことは、現実的には極めて難しい。とりわけマネジメント・アプローチを活用した統合報告において、そうした傾向は顕著であり、保証業務実施者が経営判断の合理性を問うことが適切かの問題が生じる（内藤［2008］333頁）。加えて、マネジメント・アプローチの下で、個社別に重要性の概念が異なり得るESG情報や戦略情報等について、画一的な準拠基準の設定（及び準拠性意見表明）も困難だとすれば、保証業務実施者としては、統合報告における非財務情報策定プロセス等の検証を通じ、実施した手続に基づけば、主題情報に重要な虚偽表示があると業務実施者を信じさせる事項はない旨の限定的保証が可能となるに過ぎないと考えられる。

5.　おわりに

ESG情報については、これまでCSR報告書や持続可能性報告書などで任意開示されてきたが、近年、欧米では年次報告書での義務的開示が要請されたり、気候変動情報を中心に財務情報と統合した報告書の検討も始まるなど、ESG情報を企業実態あるいは企業価値の把握に役立てようとする開示規範策定の動きが強まっている。折しも先般のグローバル金融危機に際し、その発生要因として短期主義（short-termism）に焦点が当てられた（IIRC［2011］p.9、UK［2012a］p.8）。環境問題や社会問題は、長い目で見れば規制が導入されたり、市場の評価に反映されたりすることで影響が出てくる可能性があるので、長期的には企業価値に影響するという立場からESG情報は有用な投資情報であり、投資の論理からみた責任投資の根拠ともなる（水口［2011b］112頁）。

他方、わが国においては、気候変動などのビジネスモデルの変化に伴い生じてきた非財務情報に関する開示規範やガイドラインはなく、国際的潮流の中で後れをとっている実情は第4章で述べた通りであるが、財務報告分野において適切な開示情報や開示システムを考察するには、開示のニーズないし背景を踏まえたうえで、開示の目的、その効果達成が投入コストとの見合いで合理化されるのかを明らかにすることが先決となる。そうした開示の枠組みを検討する際のコスト・ベネフィット判断の一環として、監査・保証の問題についても、開示目的に関係付けて総合的な検討が行われなければならない。

ESG情報の開示目的に関し、主として財務数値の補足・補完と捉えるのか、財務諸表情報とは独立した社会価値を重視するのかによっても、監査・保証の立証命題は影響を受けると考えられる。ESG情報が財務報告の一環で統合開示され監査の対象とされる場合には、財務諸表の理解を補う情報が提供されているかとの観点から財務諸表情報との関連性や説明性を主眼に据えることにより、全体としての財務報告の適正表示に関する意見表明を行うことが現実的であろう。一方、例えば任意開示の統合報告において、財務諸表情報とは独立してESG情報等の非財務情報自体の信頼性を保証しようとする場合には、マネジメントの判断そのものの合理性や開示情報の網羅性等を直接的に検証することには限界がある中で、別途の対応が必要となる。この点は次章でさらに考察を掘り下げていくこととしたい。

第7章

任意開示された統合報告書への信頼性付与

1. はじめに

前章では、ESG情報等の報告形態に応じた監査・保証の類型・特質を比較検討したうえで、統合報告書を含め非財務情報が制度開示に取り込まれ、監査等が義務付けられた場合を中心に論及したが、本章では、任意開示の統合報告書を中心に、財務諸表情報とは独立して非財務情報自体の信頼性を保証しようとする場合について掘り下げて論じる。

前章でも述べたように開示・会計・監査の領域は密接に関連し合っており、統合報告においても、財務情報を補う非財務情報を開示上どのように位置付けるかによって、情報への信頼性付与の枠組みは可変的である。また、監査・保証の有効性やコストが制度開示等の適否にフィードバックされる関係にもあり、それだけに開示と監査・保証問題を一体的に分析していく視点が重要となる。折しも国際監査・保証基準審議会（IAASB）では、統合報告を含む各種非財務報告書等に新たな保証業務基準の開発が必要かどうか、作業グループを通じて保証ニーズの基礎的研究等から着手していく方向にあるが（関口［2013b］24頁）、多様な任意開示実務が各国で模索されている途上にあって、そうした開示実務に対する信頼性付与の方策は今後の課題に残されている。

国際統合報告評議会（IIRC）から2013年12月に公表された国際統合報告フレームワーク（IIRC［2013］：以下、フレームワーク）では、各社が開示の判断を行ううえでの基本原則として、A戦略的焦点と将来志向、B情報の結合性、Cステークホルダーとの関係性、D重要性、E簡潔性と並んで、F信頼性と完全性、G首尾一貫性と比較可能性が掲げられている（3.1-3.57項）。しかし、フレームワークでは外部保証の方策については具体的に述べられておらず[1]、そもそもフレームワーク自体が統合報告の詳細な作成基準を提供するものではない（1.5、1.9項）。個別指標等の測定方法についても、あくまで他団体の開発した個別測定基準が利用されることを想定しており、重要事項の測定に用いられた基準につき、報告要素の一部として開示を求めているに過ぎない（1.10項）。

任意開示された統合報告書における非財務情報に対し信頼性付与のあり方を考える際にも、そこに盛り込まれる非財務情報の特性を十分に勘案しておく必要がある。統合報告の狙いは、組織が事業を行ううえで、社会上及び環境上のコンテクストを反映しつつ、組織の戦略、ガバナンス、業績及び見通しに関する重要な情報を首尾一貫した全体像にまとめ上げることにある。複雑にリスクが増す状況の中で、現在及び将来にわたって価値を創造する組織の能力を示すことに特徴があるが、そこで示される価値創造能力は動態的な概念であり、静態的な情報の監査・保証の射程に収まり切らない側面を有することに留意しておかなければならない。

以下では、まず次節において、非財務情報への信頼性付与アプローチとして、財務諸表の存在を前提にした間接的なアプローチと、国際保証業務基準（ISAE）等に基づく財務諸表を前提としない直接的なアプローチを識別し、

1　フレームワークでは、情報の信頼性に関し、「強固な内部統制及び報告システム、ステークホルダー・エンゲージメント、内部監査又はこれと類似した機能、独立した外部保証などのメカニズムによって高められる」（3.40項）と言及しているに過ぎない。その後、IIRCは2014年7月、統合報告書の保証を検討する出発点として、論点整理と質問の2分冊（IIRC［2014a］［2014b］）を公表した。

直接的アプローチによる保証可能性を本章の主題に設定する。そのうえで直接的アプローチによる保証可能性について掘り下げていくこととし、第3節では、統合報告書における戦略関連情報等に求められる信頼性の意味を分析しつつ、会計士等が関与し得る領域を明らかにするとともに、市場において証券アナリストが果たす役割にも論及する。第4節では、非財務情報開示の信頼性確保に向けて会計士等が関与し得る方策として、数値やプロセスの検証を基礎とした保証スキームを考察し、非財務情報作成・開示に係る内部統制について、2013年改訂版COSO（COSO［2013］）の下で統合的な内部監査の重要性にも論及する。

2．信頼性付与を巡る2つのアプローチ

統合報告書は多くの国で未だ任意開示が模索されている段階に過ぎないが、そこに含まれる非財務情報の信頼性付与を論じる際、それが制度開示の対象となっているか否か、あるいは主として財務諸表情報の補足・補完と捉えるか、財務諸表情報とは独立した情報として扱うかの想定によっても、信頼性付与のアプローチが変わり得ることは、前章でも述べた通りである。そこでは、①非財務情報が制度開示の対象となり、財務諸表情報の補足・補完情報として信頼性付与を考える場合と、②任意開示段階を含めて非財務情報を独立した対象として信頼性付与を考える場合とが識別された。

本章では上記②（非財務情報を独立して保証の対象とする場合）に焦点を当てて考察を進めるが[2]、これは任意開示の各種報告書のケースはもちろんのこと、制度開示の場合にも財務諸表の監査とは別に、非財務情報部分に任意の保証を求めるケースや発展的に制度的な保証スキームを構想するケースもあり得よう。非財務情報の保証枠組みとしては、ISAE3000「過去財務情報

2　上記①の場合は前章で論じた通り、財務諸表外情報であった金融商品のリスク情報等の注記開示化に伴い、包括的説明性にフォーカスした監査が行われているように、非財務情報を法定監査の対象とする場合の立証命題については、経営者開示を前提に、情報の網羅性ないし完全性よりも財務諸表情報との関連性を通して、包括的な説明性を判断することが主眼になると解される。

の監査又はレビュー以外の保証業務」(2013年改訂) などが公表されており、実際、デンマークのNovo Nordisk社では、2004年のアニュアルレポートから統合報告書形式にて非財務情報の開示とともに、財務諸表監査とは別に任意契約で限定的保証 (レビュー) が継続的に行われている (Novo Nordisk [2013] p.111)。

先述したようにフレームワークの基本原則では、「信頼性と完全性」とともに「首尾一貫性と比較可能性」を掲げている。自発開示の場合にも、証券市場は開示の継続性を通して、開示の経年効果から企業の姿勢や情報の信頼性を読み取ろうとしており、こうした傾向は開示の対象が非財務情報の場合に強いとされるが (伊藤 [2011] 56頁)、統合報告書においても、情報への信頼性付与により各社ごとに時系列的な一貫性は保たれ得る。しかし、統合報告書ではマネジメント・アプローチが採用され各社の独自性が許容されるので、他企業との比較は難しいうえ、そうした開示特性の下で完全性ないし網羅性を担保し得る情報作成基準の策定も困難とみられる。統合報告書の開示特性の下では、定量的指標で他団体から適切な作成基準が策定されている場合は別にして、概括的なフレームワーク以上に具体的な報告基準 (準拠基準) の整備には限界があり、保証業務実施者が非財務情報開示の全般に合理的保証の基礎を得ることは極めて困難と考えられる[3]。

主題情報の総体に積極的な意見表明が困難な状況下で、異なる保証水準を用いる考え方も検討の余地がある。こうした考え方を財務諸表監査レベルで展開したものとして、2003年のアメリカン・アセンブリーにおける提案があり (American Assembly [2003] p.12、山﨑 [2012] 37頁)、この提案を受けてPCAOBは2005・2010年の説明文書において同様の論点を提起していた

3 統合報告では、企業によって異なる価値創造の多様性や個性を表現することを重視しており、必ず遵守しなければならない規則や基準を細かく規定する性質を有しておらず、フレームワークについてもKPIや個々の課題の記載方法を規定するものではない (三代 [2014] 30頁)。フレームワークは「統合報告書」と呼ぶに値する要素の原則を示すものではあるが (IIRC [2013] 1.14項)、仮に「統合報告書」に該当するかの要素認定業務を独立第三者が行ったとしても、それは情報内容自体の信頼性を検証する保証業務とは異質の作業であることは言うまでもない。逆に、開示項目を具体化するなどして情報作成基準の精緻化を進めると、情報作成者や保証業務実施者の準拠基準としては好都合でも、企業固有の価値創造ストーリーにはならず統合報告とは呼べない代物となってしまう (住田 [2014] 65頁)。

が、最終的にPCAOB［2011］において、監査報告書で財務諸表項目ごとに異なる水準の保証を提供するという論点は削除されるに至った。他方で、非財務情報の保証を巡っては、ISAE3000などの枠組みの下で、合理的保証と限定的保証の同時記載も可能となっている。以下では、任意開示の統合報告書において、非財務情報に対する合理的保証と限定的保証の同時記載を含む直接的な保証が、どのように確保され得るのかにフォーカスして考察を進める[4]。

3．　戦略関連情報等の保証ニーズを考える

(1)　戦略関連情報等の信頼性とは

統合報告書では、マネジメント・アプローチに基づいて、将来キャッシュ・フローの創出に結び付く価値創造ストーリーを構成する非財務情報が開示される。不確実な将来キャッシュ・フローを評価するのは、企業ではなく投資家の仕事なので、経営者は企業の投資から得られる将来キャッシュ・フローの分布に影響するような、企業の収益性に関する情報を投資家に開示することが求められ、その意味ではIR（Investor Relations）の機能とも近似する。その際、経営戦略やリスク管理等において優先させるべき事項は企業価値の源泉によって千差万別であり、企業はその固有性についての情報開示が望まれるが（神林［2012］14頁）、こうした情報の多くは機密性が高く検証不能であり、概略的で定性的にしか伝達することができないことが多い（Kanodia［2006］（佐藤・奥村・鈴木［2011］24頁））。

逆に、経営者ができる限り自由度をもちつつ、戦略経営の考え方や方針を明らかにするという開示メカニズムの本旨からすれば、動態的な経営判断情報に関して投資家は経営者のメッセージをダイレクトに聞きたいのであっ

4　制度開示された財務報告において異なるレベルの保証を混在させることは、情報利用者にとっての分かり難さ、財務諸表の信頼水準を誤解させるリスク等の視点も加味して慎重な検討を要すると考えられるが、任意開示の報告書における非財務情報の保証であれば相対的に誤解のリスクは低減するため、ISAE3000等の枠組みの下で表示上の工夫を施すことなどにより、非財務情報に関し異なる保証水準の同時記載も許容し得るのではなかろうか。

て、会計士等がその妥当性の保証に参画してくることは、経営者を身構えさせ情報鮮度の低下を招きかねず、通して欲しくもないフィルターを通すようなもの（CAQ［2012］p.3）との見方も生じ得る。実際、アメリカではPCAOB［2011］において、財務諸表以外のその他の情報（MD&A）に対する監査人による証明業務の義務付けを論点として提示した際、これに対する投資家からの賛同は少なかったようであり[5]、そうした情報に対して監査人が保証を提供することに投資家は便益をあまり見出していないともいえる（甲斐［2013］27頁）。また、イギリスで過去にOFR（Operating and Financial Review）に対する信頼性付与について議論された際にも、定性情報に対する監査人関与の拡大によって、株主と会社間の意味のあるコミュニケーションが喪失しボイラープレート化を助長するリスクが存在し、むしろ監査人によりコミュニケーションのプロセスが阻害されることで状況を悪化させる懸念が示された（ICAEW［2009］p.28）。

投資家は、足許の財務数値を起点に非財務情報を組み合わせて長期の将来業績を予想し、その解釈が正しくて市場コンセンサスを上回れば超過収益を獲得する一方、それが誤っていれば失敗に終わるのは自己責任として自明である。その際、会社が提供する将来情報等の価値解釈そのものが信頼性判断とも密接に結び付いており、その判断責任を投資家自身が負うのは言うまでもない。例えば、戦略関連情報は長期投資家にとっては重要な情報源であり、その実現可能性を含めて投資家が解釈する一方、その内容の妥当性に踏み込んで会計士等に保証してもらうことを投資家は望んでいるのであろうか。同様の構図はIR情報の信頼性を巡っても観察される。IRでは、有用性が低い情報を自発的に開示する意義はないので開示情報の有用性にプライオリティが置かれるが、そもそもIR情報に対する保証ニーズ自体があまり聞かれないのは、投資家は情報の信頼性（妥当性）を含めた情報の有用性を判断しており、そこでの信頼性（妥当性）は有用性と密接不可分[6]なので、そ

5　当初は、情報の作成基準と保証基準に基づいて意見表明を行う枠組み（例えばAT Section 701）が提案されたが、最終的に、2013年８月に決定された監査基準の変更提案（PCAOB［2013］）においては、その他情報の監査済財務諸表との重要な不一致あるいは事実の重要な虚偽表示の識別に関する手続の追加（AU Section 550の更新）に止まった。

こに会計士等が介在することのニーズを肌感覚として感じていないからではなかろうか。

ここで信頼性の概念を分析してみると、会計測定の信頼性の程度である「信頼度」（測定値から真の価値への距離）は、「忠実度」（測定平均値と真の価値への近さ）と「客観度」（測定の偏差の小ささ）の和として表現できると考えられるが（越智［2012］123頁）、非財務情報開示の情報特性としての信頼性の概念についても、測定問題ではないものの着眼点としては類似している。例えば、戦略関連情報等において「（戦略情報の実現可能性が）信頼できるのか」といった場合、「妥当性」（実現への近さ）と「透明性」（戦略策定の客観性〈恣意性の低さ〉）に分解されるのではなかろうか。そこでは、「妥当性」に関し経営者に確信ないし信念があったとしても本当に実現するかどうか（開示情報が真の姿を表しているかどうか）は事前的には観察不能であり、投資家自身が判断しなければならない一方、会計士等としては、適切なプロセス（組織的情報収集・判断等）により情報が作成されたのかに関する「透明性」の部分にしか、関与できないと考えられる。

その際、極論すれば（例えばワンマン経営者の個人的直観に基づく情報のように）不透明でも妥当だと投資家が信じる理由があれば、真偽は事前的に観察不能な下で、その直観は当該投資家にとって信頼が置け有用な情報になる。とりわけコミュニケーション活動としてのIR情報等であれば、その有用性は経営者手腕そのものへの信認にも支えられた信頼性に係る妥当性判断に左右される。同様に統合報告書における戦略関連情報等の有用性についても、情報の信頼性に係る妥当性判断と密接にリンクすることになる。しかし、だからといって情報の透明性が信頼性を構成する要素であることには変わりはなく、透明性の保証に会計士等が参画する意義が失われることにはならないと考えられる。他の条件が同一であれば、会計士等が透明性を保証した分だけ、情報の信頼性は向上し得るのであり、その限りにおいて投資家の意思決

6　会計測定において「真の価値」が事前的に観察不能な場合には、「忠実な表現」であるためには利用者にとっての潜在的有用性が求められるようになり、情報のスクリーニング機能の点で「目的適合性」と「忠実な表現」は同質的な（重複した）特性としての側面を有することになる（越智［2012］130-131頁）。これと同様に、不確実性の影響下にある経営判断情報の有用性も、信頼性に係る妥当性判断と密接不可分になると考えられる。

定に役立つのである[7]。

(2) 会計士等と証券アナリストの役割

戦略関連情報等の非財務情報に関し、その信頼性を「妥当性」と「透明性」に分解した場合、会計士等は「透明性」への関与が中心となる一方で、「妥当性」に結果的に関与している職業的専門家が存在している。それはIR情報等にみられるような証券アナリストの関与である。もとよりアナリストの仕事は企業開示情報を基にした業績予想であるが、その前提として企業発信情報の調査も当然に行うのであって、IR等によって企業から開示された情報についてアナリスト達が事実上の吟味を行うことにより、アナリスト・コンセンサスに具体化され得る（西山［2008］9頁）。そうした調査は保証とは異質の業務であるにせよ、その職能が投資家の開示情報に対する信頼性（妥当性）を事実上左右し得ることになるのは、統合報告における戦略関連情報等でも同様であろう。もちろん、最終的には投資家が、計画策定の透明性や経営戦略の妥当性を含め判断して企業価値評価に役立てるのであるが、その際に当該会社をアナリストがカバーしている場合には、プロの判断者あるいは情報の解析者としてのアナリストの関与が、非財務情報の妥当性への投資家の信頼に事実上貢献している可能性がある（西山［2008］9頁）。

統合報告においても、その神髄はIRと同じように動態的な価値創造プロセスを投資家に訴求することにある。第Ⅱ部で述べたように、そこでは静態的な情報だけではなく、超過利益の源泉となる資源組み合わせ能力の開示も重要となるが、それは仮に当事者において自覚できたとしても、必ずしも第三者によって正しく認識されるとは限らない。価値創造力を引き出し価値実現につなげていく能力（西山［2008］19頁）は、価値創造活動における機能の仕方という動態的概念であり、それを投資家が信認できるかどうかに依存する[8]。経営者は、財務情報や非財務情報を統合して投資判断材料を提供す

7　例えば、財務情報の繰延税金資産の測定では中期経営見通しが基礎となっており、経営者による主観的展望を監査人は評価しなければならないが、そこでは経営者の採用した前提条件、展望を形成するプロセスが適切かなどのチェックを通じて、計画が不合理とは言えないことが検証されている。もとより中期経営計画の合理性ないし蓋然性にお墨付きを与えるものではないが、透明性を中心に、投資家はそこから一定の信頼性を読み取るであろう。

る一方、日頃からマネジメントと接触する機会のあるアナリストはその実行可能性をあらゆる面から判断する。そこでは、長期的に株主価値向上を図るために経営トップがどのような考えで経営に取り組んでいるかの姿勢を問うているのであり、その実質性を重視しつつ、その確信度を評価していることにほかならない（北川［2013b］31頁）。

そうした投資家の信認は、年1回の報告書のみで形成されるものではもちろんない。投資家、とりわけアナリストと良好な関係を築くためには、経営者の日常的なコミュニケーションが欠かせない要素となる。継続的に語りかけることこそ信認を得る礎であり、どんな質問にも真摯に説明責任を果たすことも信認を一層高める要素となる。相手にどのように伝わるのかを考えながら話すコミュニケーション能力が求められており、プレゼンテーションも自分自身の言葉で語っているか否かでその優劣が判断されたりもする（近藤［2007］288頁）。経営トップが経営理念と戦略に基づき、短期的な業績だけではなく、実現可能性の高い中長期的な展望を語ることこそ大事であり、その中長期的展望を実現していくリーダーシップも経営の求心力を高めるうえで欠かせない要素なので、当然にアナリストの注目度も高くなる（近藤［2007］287-288頁）。

4.　非財務情報開示の信頼性確保に向けて

(1)　データの保証

統合報告書に含まれる非財務情報を直接的に保証するスキームを構想する場合には、①データレベルの信頼性、②データ処理・非財務情報作成プロセスの信頼性、③非財務情報の内容自体の信頼性を明確に区別した理解（内藤［2012b］338頁）が必要となる。まず定量的指標等については、統合報告書で他団体の開発した適切な個別測定基準が利用・開示されていれば、保証業務実施者にとっては適切な準拠基準になるので、原則として十分かつ適切な

8　投資家の主観的評価に依存するインタンジブルズ（人的・組織価値因子）の一種と考えられ、派生的にレピュテーションのように信頼感（不信感）の増幅（減衰）といった状況も生じ得る。

証拠の入手が可能となる。なお、フレームワークでは、KPI（Key Performance Indicators）のような定量的指標や金銭評価額は、組織による多様な資本の利用及びそれらに与える影響を説明するうえで有用であるとしている[9]（IIRC［2013］1.11、3.8項）。

非財務情報であるデータの検証では適切な算定基準[10]が必須となる。例えば温室効果ガス（GHG）排出量のようにISO14064-1等の算定基準があれば、ISAE3410「温室効果ガス報告に対する保証業務」（IAASB［2012a］）の枠組みの下、報告書の脚注で適用される基準の適切な説明を記載したうえで、当該基準に準拠して作成されている旨の結論の表明により合理的保証等を行うことが可能となる（IAASB［2012a］72-76項）。ただ、あくまで基準準拠性による保証が可能となるに過ぎず、GHG情報が排出量を適正に表示しているかどうかについての実質判断を伴う意見表明を行うものではない。定量情報とはいえ、一定の仮定（モデルや使用されるパラメータを含む）に基づいて計測されるものであれば、そのような仮定を利用した測定に関する不確実性の前提、GHG情報測定の科学的限界等[11]を併せて開示しておくことが必要となる（IAASB［2012a］76(e)項）所以である。

他方で、データレベル以外の経営判断部分については、情報のフィージビリティや妥当性の判断を交えつつ投資家が企業価値評価に役立てることになる。そうした中で、会計士等のフィルターを通すことの有効性やコスト等を総合的に勘案すると、先述した内容の妥当性に係る保証（③）に会計士等が関与することは困難と考えられ、会計士による非財務情報への信頼性付与に

9　ただ、数値のみではコンテクストを十全に補足し得ないので、定量面と定性面が相互に補完し合うことが想定されている（IIRC［2013］1.11項）。例えば、温室効果ガス排出量という物量情報だけでなく、そのデータの企業価値における意味やその評価についての追加情報とセットで開示を促進していかなければ、将来の財務的影響が推し測れず開示の意義が薄れかねないのである。

10　適切な算定基準とは、温室効果ガスの例では1つの排出実態に対し、その算出基準に基づき算定される限り、いかなる者が排出量の算定を行ったとしても、恣意性が介入せず、原則として実態に即した同一の結果が得られる基準をいう（日本公認会計士協会［2010c］8頁）。

11　GHG算定のために数理モデルが利用する排出量要因については、不完全な科学知識により、すべての状況の下で正確に特徴付けられないことなどのため、不確実性の影響下にある（日本公認会計士協会［2011a］3頁）。

ついては、データの基準準拠性（①）やプロセスの透明性（②）を基礎とした保証に意義を見出すべきであろう。データやプロセスに着目した保証については、主題情報の性質（硬度）や業務要件の成熟度等に応じて、合理的保証業務または限定的保証業務の実施が検討されることになる[12]。

(2) プロセスに着目した保証

戦略関連情報等の非財務情報に関し、その信頼性に係る妥当性は投資家が見極めるのであり、会計士等が関与し得るのは、データレベルの検証のほかは、情報の透明性に資するプロセスチェックに止まる。すなわち、情報が組織的な内部統制の下で適切なプロセスを経て作成されたことの検証であり、保証業務実施者としては、実施した手続に基づけば、主題情報に重要な虚偽表示があると業務実施者を信じさせる事項はない旨の限定的保証により一定の信頼性が付与される。過去にイギリスでOFRへの保証が議論された際にも、OFR作成のプロセスに着目した保証が提案されたことがあった（最終的には財務諸表との整合性チェックに止められた）が、非財務情報を独立して保証する場合に、プロセス検証は有効性やコスト・ベネフィットの観点から現時点での１つの到達点（ベストプラクティス）といえよう（吉見［2008］563頁）。

こうした限定的保証を実効性あるものとするには、非財務情報報告に係る企業組織の自律的な作成・開示の仕組みの整備が必要となる[13]。イングランド・ウェールズ勅許会計士協会（ICAEW）は2003年に、作成プロセスに着目してOFRを保証しようとする基本思考の下で、OFR作成プロセスに係る中間指針（ICAEW［2003］）を公表した。その中で取締役のためのOFRの6

---

12 非財務情報の保証において、主題情報の性格や項目等により保証水準が異なるケースを１つの保証報告書で報告する場合には、業務実施者は、すべての保証業務対象項目に合理的保証を付与したと想定利用者が誤解することのないよう留意する必要があるため、①対象、②業務概要、③結論をそれぞれ別個に記載するなど、保証水準の差別化の下で多元的伝達方法が工夫されなければならない（日本公認会計士協会［2010a］27頁）。

13 フレームワークでは信頼性に寄与するため、ガバナンスに責任を負う者が、統合報告書の誠実性を確保する責任を有しているという認識等の表明を、統合報告書に含めるべきとしている（IIRC［2013］1.20項）。

つの作成原則[14]を明示していたが、OFRは組織化された作成プロセスから創出されるのであり、取締役会に対する日常の報告と承認を基礎とすべきであって、企業組織における内部報告とOFRの内容について整合性を求めていた。第三者が作成プロセス自体の信頼性を確保する前提として、あくまでも企業の自律的な財務報告プロセスを基礎とすることが重要と考えられたのである（古庄［2011］46頁）。

わが国でも事業者自らが非財務情報開示の信頼性を高める手段として、環境省「環境報告書の信頼性を高めるための自己評価の手引き」では、当初段階（2007年12月）から、①自己評価の実施を基礎として、②内部管理の徹底、③内部監査基準や環境報告書作成基準の公開、④社内監査制度等の活用などの項目を示していた[15]。組織が環境マネジメントに関する情報の信頼性を高めるために内部統制システムを設置していれば、当該システムに関する検証が、情報の保証プロセスにおいても有用な役割を果たし得るのであり、こうしたアプローチは、「二重責任の原則」の下で情報の信頼性を高める方策の基本的な筋道と考えられる。

(3) 統合的な内部監査の重要性

企業が非財務情報の作成・開示に向けた内部統制を構築していくうえでは、2013年5月に改訂されたCOSO［2013］の考え方が参考になろう。COSO［2013］では、重要性が高まっている非財務項目を含め事業体に係る報告全体の信頼性を、内部統制の目的として明確に据えた。これにより、各種非財務報告に係る内部統制が体系的に行われていなかった場合には、内部統制の見直しを有効かつ効率的に行うためにCOSO［2013］の原則が活用

---

14 原則1：OFRは取締役会全体の責任である。原則2：OFRの作成に関して公式のプロセスが存在すべきである。原則3：OFRはその内容に関して現時点で公表されている諸勧告に適合・合致すべきである。原則4：OFRは企業報告プロセスの結合部分であるべきである。原則5：そのプロセスは、OFRの内容が信頼し得て均衡のとれた理解可能なものであるかどうかについて明示的な考慮を含むべきである。原則6：継続的な評価と改善が行われるべきである。

15 当初手引きの解説自体は、「自己評価の実施」のみであったが、2014年5月発表の第2版では、「内部管理の徹底」のほか、「第三者による審査」についても解説に加えている。

され得ることになる。

各種非財務報告の中でも統合報告書の場合には、統合的思考に基づく統合経営の開示が求められるのであるから、開示に係る内部統制が体系的に行われると同時に、内部統制監視の中核となる内部監査も全社横断的・統合的でなければ、有効かつ効率的な監査として十分に機能し得ない。多くの企業において、内部監査活動が目的・種類ごとでばらばらに行われていることが少なくない状況下、全社的リスクマネジメントとしての有効性を高めるとともに、モニタリングを受ける立場から重複を省く効率化の観点からも、統合的内部監査への高度化が求められる（あずさ監査法人［2009］14頁、Deloitte［2011］p.10）。例えば、不正による企業価値毀損リスクに対応するためには、会計上の不正リスクだけを監査するのではなく、業務上の不正リスクやコンプライアンス上の不正リスクを対象として、会計監査、業務監査、コンプライアンス監査と連携して内部監査を実施することが有効であり、同時に業務を支える情報システムを監査するシステム監査との連携も必要となる（島田［2013］5-6頁）。

統合報告書のように全社的な事項を扱う場合には、限られた経営資源で報告を投資家の求める水準で提供するため、報告の基礎となる情報を作成するプロセスや監視体制の再編・連携による強化・高度化が求められるのである。この点に関連して、バーゼル銀行監督委員会は、2012年6月に内部監査機能に関する各国の銀行監督当局向けのガイダンスを改訂（BIS［2012］）[16]するとともに、2013年1月には「実効的なリスクデータ集計とリスク報告に関する諸原則」（BIS［2013a］）を公表し、金融危機の教訓として金融機関に対し、リスクデータ集計と内部のリスク報告プロセスの強化を求めている。そこではモニタリング機能である内部監査の高度化が求められており、当局向け報告及び内部向け報告において、経営管理と銀行監督のために、リスク管理部署と各種報告作成部署が連携して適時に正確で信頼でき関連性の

16　「銀行の内部監査及び監督当局と監査人との関係」（2001年8月）を約10年振りに改訂した。旧ガイダンスでは原則9で「全ての業務と組織が内部監査の対象となるべきである」としていたが、新ガイダンスでは同趣旨の原則6に加え、当局が着目する分野として、リスク管理、自己資本の十分性と流動性、当局向け報告及び内部向けの報告、コンプライアンス、財務を挙げ、内部監査の対象とすべき具体的な項目を原則7で詳述している。

ある報告を作成するためのプロセスが有効かを、内部監査で定期的に評価する必要がある。また、銀行の資本の調達先、要件、比率計算を記録する定型的な報告書や規制上の事項など、透明性と市場規律に資するために開示される各種非財務情報の開示事項の妥当性も、内部監査の範囲に含められている（BIS［2012］37-38項）。

このように報告作業が適切に実施されたかどうかを、内部監査部門か外部の専門家が検証することを要求していることを踏まえ、アメリカでは通貨監督庁（OCC）が、経済や資本市場に影響を及ぼす大規模銀行に対し、リスク管理や内部監査機能について、検査結果の5段階評定の上から2番目「Satisfactory（満足できる）」の水準にはもはや満足しないとし、最上位の「Strong（強固な）」の水準を目指すよう要請している[17]。当局の動きも眺めつつアメリカの大規模銀行では、リスク管理、コンプライアンス、各種経営管理情報等の内部監査を適切に実施できるよう、内部監査部門の地位を一層高め、より高度な機能を発揮できる体制を整備し始めている（瀬廣・楠［2013］7、13頁）。

5．おわりに

統合報告書では、企業価値創造過程がマネジメント・アプローチに基づいて開示され、戦略の遂行過程として当期の財務情報と結合する。もともと非財務情報は完全性ないし網羅性の命題設定が難しいうえ、投資家の意思決定の有用性が信頼性を付与することによってどれだけ増すか、マネジメント・アプローチに基づく情報への保証ニーズや保証コストを含め、全体としてコスト・ベネフィットの判断が必要となる。統合報告書は未だ多くの国で任意開示が模索されている段階に過ぎないが、制度化以前の任意開示段階において会計士等が信頼性付与に関与できるのは、適切な準拠基準に基づいて作成された数値の合理的保証等や、非財務情報の作成プロセスに着目した限定的

---

17 わが国の金融検査当局においても、海外の先進的な事例を踏まえ、内部監査が監査役監査や外部監査と連携して適切に機能・貢献しているか検証していく姿勢が示されている（森［2013］14頁）。

保証に止まり、情報内容の「妥当性」に踏み込み形での積極的形式による結論の表明は困難と考えられる。

非財務情報開示の透明性に会計士等が貢献し得るとしても、その実効性を担保するには情報作成サイドにおいて、非財務情報の作成・開示プロセスに係る内部統制を体系化し、それを自社内で統合的にモニタリング可能な内部監査機能の高度化が求められる。他方で統合報告書に閉じた問題ではないが、今後の作成・開示実務の進展に応じ保証業務実施サイドにおいても、保証業務実施者の要件や保証業務の実施に当たって考慮すべき重要性の具体的基準、証拠収集手続等に関する実務的事項、保証業務リスクないし法的責任問題など、保証業務基準検討の中で深めていかなければならない課題が残されている。

第Ⅲ部　補章

経営者不正に備えた制度インフラ

補章1

不正リスク対応基準と監査人の職業的懐疑心

1．　はじめに

これまで第Ⅲ部においては、財務諸表の信頼性を所与の前提としたうえで、統合報告書に盛り込まれた価値創造プロセスに係る非財務情報への信頼性付与方策について論じてきた。情報利用者にとって、非財務情報への信頼性付与を通じて財務報告全体としての有用性が高まることは、適切な企業価値の判断に役立つのみならず、資本市場の効率性が高まることにもなる。統合報告では、企業を取り巻く各種リスク情報やその管理態勢も開示され、そこには不正リスクへの備えも含まれるが、従業員不正は別として経営者不正には内部統制の牽制が十分及ばない[1]のが実情である。経営者不正による重要な虚偽表示（以下、経営者不正）が事後的に発覚すると、企業価値は大きく毀損され関係者は多大の損害を被るのであるから、情報利用者目線では自

1　内部統制の有効性は、それを設定・管理・監視する人々の誠実性と倫理的価値観の水準を超えることはできない（COSO［1992］（鳥羽・八田・高田［1996］34頁））。

浄作用（リスク管理とその開示）以外の外部的統制・検証システムの有効な機能が決定的に重要となる。企業価値創造プロセスを描写する統合報告の信頼性をトータルに論じるには、そうした外部的統制・検証システムまで視野に入れる必要があり、こうした問題意識から第Ⅲ部補章では、経営者不正による企業価値毀損リスクに備えた外部検証システムの機能向上策について考察を加える。当該システムのうち本章では、財務報告の番人である外部監査人と不正の問題を採り上げる。

折しも2011年後半に大王製紙やオリンパスを巡る会計不祥事が相次いだところであるが、過去にも経営者が関与した粉飾決算は国内外で繰り返し発生しており、その度に監査人がどのような形で不正発見責任を負うべきかを問われる構図は、非常に強い既視感（デジャブ）にとらわれる[2]。そもそも経営者不正を巡る監査人への期待ギャップ問題は、1970年代にアメリカで認識されて以降、国際的にも未だ解決をみない問題の1つであり、会計のプロである監査人は不正による重要な虚偽表示を見抜くことができるのかが今日に至るまで議論されてきた[3]。わが国でも既に、重要な虚偽表示につながる不正の発見は監査の目的に含まれるとのコンセンサスの下で、監査基準改訂（2005年）により「事業上のリスク等を重視したリスク・アプローチ」が導入されたほか、各種制度対応の強化も図られてきたところである。しかし、経営トップが積極関与し外部との共謀がなされた類型の重要な会計不正は後を絶っておらず、そこでは「内部統制報告・監査制度」（2008年適用）も有効な防波堤とはなり得ず、「法令違反等事実発見時における監査人の当局への申出制度」（2008年施行）も期待通りの効果を挙げていないように窺われる[4]。

重大な会計不正事例が続発する中で、わが国における企業会計審議会監査

2　例えば、エンロン（2001年）、カネボウ（2004年）、ライブドア（2006年）といった会計不正を受けて、アーサーアンダーセン会計事務所（2002年解散）、中央青山監査法人（2007年解散）、港陽監査法人（2006年自主解散）などの責任が問われたことは記憶に新しい。

3　1950年代以降の関連文献をサーベイすると、不祥事等を機に数年タームで「不正と監査」の問題が、その時代の制度的背景の下で繰り返し集中的に論じられてきている。また、日本監査研究学会全国大会等の統一論題テーマについても同じことが言える。

部会での「不正と監査」を巡る議論や、金融危機の教訓を踏まえた海外での見直し議論において、その焦点の１つに監査人の職業的懐疑心のあり方が大きく浮上した。わが国の見直しは、2013年３月に「監査における不正リスク対応基準」（以下、不正リスク対応基準）等として結実したが、職業的懐疑心を具体的にどのように発揮すればよいのかについては、必ずしも明確な共通認識が醸成されているわけではないように窺われる。こうした状況を踏まえ本章では、最近の制度見直しや先行研究を踏まえつつ、重要な不正の発見に向けた監査人の懐疑心の発現態様として、不正リスク仮説に基づく反証的アプローチによる監査手続の必要性を論じ、その適用局面やプロセス等を明確化することを主たる目的としている。

なお、本章で扱う「重要な不正」については、重要な虚偽表示に結び付く経営者関与による意図的な粉飾にフォーカスして論述している[5]。また、本章で「反証的アプローチ」というのは、財務諸表の適正性を裏付けるアサーションの基礎となる個別監査要点の証拠収集過程において、重要な不正が疑われる場合等に、負の証拠（反証）によって直接的に重要な不正を立証しようとする監査技術の用い方という意味であり、正の証拠を積み上げて監査要点を裏付ける「実証的アプローチ」と対比的に用いている[6]。両アプローチは監査手続の目的や適用方法こそ異なるものの、用いられる監査技術自体は同種で、ともに監査実務指針等で規定される「実証手続」に含まれる。同じ「実証」という言葉を用いているのでやや紛らわしいかもしれないが、実証手続の中に反証的アプローチと実証的アプローチが含まれており、そこで適用される反証的アプローチは、不正の手口を必ずしも特定しない段階での追加的な手続拡充（収益認識等）から、手口を具体的に想定した質的にもより

4　金融商品取引法第193条の３の申し出制度は、監査人の地位強化を標榜し立法化された。しかし、善意でなした当局への通報が必ずしも免責されない状況の下では、不明瞭な発動要件が現場の足枷になって監査人は委縮し、結果として実効性の乏しい運用を助長することにつながりかねない（越智［2008］73-74頁）との立法当初の懸念が現実化している感があり、現時点で監査人サイドから、制度を有効に機能させるための再検討が必要との指摘（山崎［2012］87頁）がなされる所以ともなっている。

5　日本公認会計士協会［2010d］115-116頁によれば、分析対象会社30社の事例の７割を占める共謀のうち、そのほとんどは経営者や上級管理者が関与している内部共謀・外部共謀であり、そうした場合には内部統制の歯止めが効かず影響額も多額になることから、本章では当該不正類型に焦点を合わせて考察を進めている。

深度ある手続拡充（不正の疑義の検証等）まで幅のある概念である[7]。

以下では、まず、経営者不正問題を踏まえたリスク・アプローチの展開をレビューし、監査手続がブラッシュアップされてきた経緯やその意義、現行監査手続に結実された成果等を整理しておく。次に、金融危機後、国内外において「不正と監査」を巡る見直し議論で焦点の１つとなっている監査人の職業的懐疑心について、制度見直しや先行研究も踏まえつつ、懐疑心の具体的な発現態様として不正リスク仮説に基づく反証的アプローチの必要性を論述する。こうした考察を踏まえ、反証的アプローチの重点適用領域を明確に位置付けるとともに、レベル３公正価値など経営者の主観的判断が多く含まれる場合の課題にも論及する。さらに、監査人の責任を画する正当な注意義務に関連して、職業的懐疑心に基づく反証的アプローチを用いることの訴訟上の意義についても論じる。最後に、本章の要約とともに、派生的に生じる

6　適正性命題あるいはアサーション命題の証明方法として、実証主義（存在の肯定証拠積み上げ）と反証主義（不存在の否定証拠積み上げ）のいずれが適切かといったより広範かつ一般的な哲学的議論は、本章の射程外である。ここで「反証主義」という用語の意味については、わが国の監査論者によって必ずしも一定していないようにも窺われるが、本章で扱う反証的アプローチの「反証」は、監査の考え方ではなく監査手続を実施するうえでのアプローチの問題であって、あくまで重要な不正が関係した局面において、負の証拠となる反証の直接的立証活動という意味で用いている。なお、職業的懐疑心に関し反証主義に基づく証拠論と関連付けた日本の先行研究等については、町田［2014］でレビューされている。

7　ここでの用語確認を簡単な設例で敷衍すると、例えばある衣料販売会社において商品の売価は本社指定単価の２割以内で店長判断により値引設定が可能、かつ売価のシステムへの登録変更は店舗端末機から店長の責任で実施可能な状況で、リスク評価手続や内部告発情報等から、店長による重要な不正の疑義があると監査人が判断した場合に、不正の手口（店長が正規価格で行われた売上げを取り消し値引き後の売上げを計上し正規売価と値引き後売価との差額を着服）を想定したうえで、当該証憑や帳簿との「突き合せ」などの実証手続を行うことが本章で扱う反証的アプローチに相当する。そこでは、財務諸表の適正性命題の実証（不適正命題の反証ではない）に向けて、売上げの実在性などのアサーションを実証（不存在命題の反証ではない）するため、それを基礎付ける個々の監査要点の１つとして、不正が疑われる場合には不正の手口に基づいた反証的アプローチが必要になるのである。反証的アプローチとして、不正の手口まで想定していない段階では、サンプル数の増大などでリスク対応手続の量的拡充を行うことになるが、偽装工作を伴う場合には（例えば設例で大口値引先担当者との共謀など）、証憑等突き合せの量的拡大だけでは核心に迫れないので、疑義の程度に応じて第三者への「確認」などの反証的アプローチの質的拡充が必要になってくる。

残されたその他の課題に触れる。

2．リスク・アプローチにおける経営者不正への対応

(1) リスク・アプローチのブラッシュアップ

1974年にアメリカで組織されたコーエン委員会は、初めて「期待ギャップ」を公式に認識するとともに、これまで監査の副次的目的として理解されていた不正摘発を監査目的として明確に位置付け、監査人が不正の発見という監査機能の重要な側面をより効果的に遂行できるよう改善勧告を行った。その後、1987年のトレッドウエイ委員会「不正な財務報告」も踏まえ不正発見の責任に関する米国監査基準書（SAS）の改訂は進んできたが、2000年の公開監視委員会（POB）「監査の有効性に関する専門委員会報告[8]」（POB [2000]）などを受けて、2002年にはSAS99号「財務諸表監査における不正の考慮」で不正リスク対応手続が強化された[9]。この結果、国際監査基準（ISA）240「財務諸表監査における不正に関する監査人の責任」が2004年に改訂され、2006年にはわが国の監査基準委員会報告書（以下、監基報）35号「財務諸表の監査における不正への対応」、同40号「財務諸表監査における不正」等にも影響を及ぼし、この時点でアメリカ、ISA、わが国の不正リスク対応はほぼ足並みが揃った[10]。

この間、アメリカでは1980年代にリスク・アプローチが導入され、重要

8　米国証券取引委員会（SEC）からPOBに監査モデルの検証等が依頼され、これを受けて1998年に「監査の有効性に関する専門委員会」が設置された。同委員会の最終報告書（POB [2000]）は「オマリー・パネル報告書」とも呼ばれるが、すべての監査局面において不正捜索型の監査手続（forensic-type fieldwork phase）を含めるように勧告した。

9　SAS99号では、SAS82号を大幅に拡充し、不正リスク要因に対応して、チーム内のディスカッションや通例ではない予期せぬ関係の検討、収益の認識における不正リスクの想定などが盛り込まれた。

10　その後、ISA240は、クラリティ・プロジェクトを経て2006年12月に現行版ISA240（The Auditor's Responsibilities Relating to Fraud in an Audit of Financial Statements）に改訂され、これが、わが国の監基報240「財務諸表監査における不正」（2011年12月22日）に影響を及ぼした。

な虚偽表示が生じている危険性の高い領域を認識し、当該領域へ重点的に監査資源を配分することによって有効かつ効率的な監査を達成しようとした（瀧［2002］25頁）。さらに当該アプローチは、アメリカ大手監査事務所の実務において1990年代以降に発展してきた監査手法を採り入れ（福川［2006］83頁）、従来監査を上回る有効性を有する手法としてビジネスリスク・アプローチにブラッシュアップされた。わが国でも、1991年及び2002年の監査基準改訂によりリスク・アプローチの導入・定着が図られた後、2005年の監査基準改訂により2007年3月期決算に係る財務諸表の監査から「事業上のリスク等を重視したリスク・アプローチ」（以下、BRA）が導入されている。そこでは、「事業上のリスク」が経営者の意思決定に影響を及ぼし、場合によっては財務諸表に重要な虚偽表示をもたらす要因になることから、監査人は、事業上のリスクを理解することにより重要な虚偽表示のリスクを識別できる可能性が高くなる。その意味において、BRAにより経営者不正の動機を探るヒントを獲得し、効果的な不正リスク仮説を生成する効果が期待されたと考えられる。

しかし、リスク・アプローチの導入及びその後のブラッシュアップによって、監査は効果的に不正な財務報告に対処できるようになったのかといえば、最近の国内外の事例にみられるように、必ずしも期待された結果とはなっていないように窺われる。リスク・アプローチは、不正な財務報告に対処すべく適切に資源の配分を図るものであったが、効率性ばかりが重視されて有効性の概念が見失われているのではないか（町田［2006］149頁）、もともとリスク・アプローチには効率性偏重の危険性が内在しているのではないか（松本［2005］60頁）、といった指摘も少なくない。BRA導入の背景には監査の有効性をより一層高める狙いがあったが、事業上のリスクを意識して経営者不正（重要な虚偽表示）を看過しないための具体的筋道が必ずしも明確ではない中にあって、BRAは理念的な整理に止まっているのではないか、当該アプローチの採用によって具体的にどのような過誤防止効果が得られたのか（あるいは監査が失敗した事例において監査人の判断過誤の原因は何であったのか）、といった疑問は十分には解消されていないように窺われる[11]。

(2) 経営者不正リスクに対応した監査手続の進展

先述した2002年のSAS99号では、不正リスク要因に対する具体的監査手続を規定するのみならず、監査人の職業的懐疑心の重要性が強調され[12]、これが現行のISA240等にも引き継がれている。わが国の監基報240でも、入手した情報と監査証拠が不正による重要な虚偽表示の可能性を示唆していないか継続的に疑問をもち、不正による重要な虚偽表示リスクを検討する場合には、職業的懐疑心を保持することが特に重要としている（A6項）。そのうえで、不正リスク要因が存在しているかどうか、及び不正による重要な虚偽表示リスクの評価において、不正リスク要因を考慮するかどうかについての決定に、職業的専門家としての判断[13]を求めている（A22項）。

監査人は、通常、記録や証憑書類を真正なものとして受け入れることができるが、不正の可能性の兆候がある場合には、さらに調査を実施し、問題事項を解決するため監査手続の種類、時期及び範囲に修正または追加が必要であるか否かを決定することが要求される（監基報240の12項、同500の10項、同505の9-10項、15項）。監基報315「企業及び企業環境の理解を通じた重要な虚偽表示リスクの識別と評価」、同330「評価したリスクに対応する監査人の手続」等では、重要な虚偽表示リスクの識別と評価、評価したリス

11　そもそもリスク・アプローチが現下においても有効な理論的フレームワークかどうかに関しては、金融危機後のバルニエ報告書（European Commission［2010］p.7）において、貸借対照表の実証検証に焦点をおく「基本に戻る」方法への模索が標榜されるなど疑問が呈された経緯もあり、近年の経営者不正の多発は従来アメリカの学会を支配してきた理論の破綻を示すものではないかとの指摘もある（志谷［2010］301頁）。内藤［2013］14-15頁では、ディスクロージャー制度の質を高めるアクティブ・セーフティの確保策の１つとして、より質の高い監査の実施に向けて、重要な会計事実・判断のすべてに悉皆調査を実施する「マテリアル・アプローチ」の方向性にも言及しているが、本章はあくまでリスク・アプローチの有効性を高める観点からの考察であって、リスク・アプローチの理論的検証までは踏み込んでいない。

12　米国コーエン委員会において、不正による重要な虚偽表示の発見（期待ギャップへの対応）との関連から、監査人の精神的状態の１つである「職業的専門家としての懐疑心」という用語が初めて用いられた。その後もリスク・アプローチが注目される中で、1988年のSAS53号により規定化され、さらに1997年のSAS82号において正当な注意の中に位置付けられてきた経緯がある（千代田［2012］29頁）。

13　職業的専門家としての判断とは、「個々の監査業務の状況に応じた適切な措置について十分な情報を得た上で判断を行う際に、監査、会計及び職業倫理の基準に照らして、関連する知識及び経験を適用すること」（監基報200）と定義されている。

クに対応する手続の立案と実施に関する目的及び要求事項を記載しており、不正による重要な虚偽表示リスクが識別された場合には特別な検討を必要とするリスクとして取り扱われ、リスク対応手続の立案と実施が求められる。

具体的には、例えば財務諸表全体レベルの不正に応じて実施を考慮すべき事項として、重要性やリスクの観点からは通常選択しない勘定残高やアサーションに関する実証手続の実施、監査手続の想定される実施時期の変更、異なるサンプリング方法の使用、往査事業所の選択方法変更又は予告なしの往査など、企業が想定しない要素を組み込んだ手続を含めて列挙されている（監基報240の27-28項、A34項等）。予告なし往査等は不正リスク対応基準の策定過程でも改めて注目が集まった[14]が、このように不正による重要な虚偽表示リスクが識別された場合に一種のサプライズ監査の要素が既に盛り込まれていたのは、POB［2000］やその後のエンロン事件等を受けたSAS99号の流れに由来するものであり、次に述べる収益の認識と並んで、負の証拠の発見に向けた反証的アプローチの1つと位置付けることができよう。

収益の認識については、不正リスクがあるという推定に基づき、どのような種類の収益、取引形態又はアサーションに関連して不正リスクが発生するか判断しなければならないとされる（監基報240の25項前段）。経営者の誠実性に対しては中立的な立場を前提としながらも、収益の認識のような不正リスクが高い領域には、不正の存在を推定した「推定的疑い」（presumptive doubt）に近い立場から追加的な監査手続を実施するアプローチが採られているが[15]、財務諸表の適正性についての意見表明という財務諸表監査本来の枠組みを超えるものでないことは言うまでもない。あくまで不正リスクを推定しているに過ぎず、経営者の不誠実を決めつけているわけではなく中立的立場に立脚しているので、収益認識に関する不正の推定を適用する状況にないと結論付けた場合の手続も規定（同25項後段）されている所以である。

不正の兆候として不正のトライアングルを利用する考え方は監査にも採り

---

14 日本経済新聞2012年12月12日付朝刊では、新基準の下で抜き打ち監査が制度化されるかのような記事も掲載されたが、その内実は既存の「予告なし往査」のことであった。

15 粉飾決算事例の多くで収益認識に関して経営者が操作を行っていた事実を踏まえ、SASやISAにおいて収益認識に不正が存在すると仮定する規定が盛り込まれるに至り、これがわが国の監基報240として採り入れられた。

入れられている（監基報240の23項）一方で、監査と不正探索は、実施時期、範囲、目的、方法論等、多くの点において異なる（田中［2012］42頁）。また、監査が経営者は中立的であることを前提とするのに対し、不正探索では不誠実との仮定を置いている（瀧［2002］30頁）。こうした違いを踏まえつつ、あくまでもコスト・ベネフィットを踏まえた現実の監査を念頭に、収益の認識等に準じるような不正リスクが高い領域においては、監査人が重要な不正を発見する蓋然性を高める観点から、不正探索の手続や考え方を参考にして不正リスク仮説に基づいた検証が必要になると考えられる。監査は不正探索ではないという前提を受け入れたうえで、そうした機能を監査で活用する局面の特定、実務的な線引きを検討する方向性が妥当と考えられるが、その考察を進めるに際し、近年における職業的懐疑心の強化を巡る国内外の議論を振り返っておくことが有益であろう。

3.　職業的懐疑心に関する国内外の議論

(1)　職業的懐疑心の強化を巡る金融危機後の議論

金融危機を受けた国際的な問題意識として、監査の有効性向上に向けた議論も活発になされてきたが、そこでの焦点の１つは監査人の職業的懐疑心であった。すなわち、監査監督機関国際フォーラム（IFIAR）は調査結果を踏まえて職業的懐疑心の欠如を問題の原因とした（IFIAR［2012］pp.10-11）ほか、英国監査実務審議会（APB）は2010年８月の討議資料において、職業的懐疑心の発揮に向け「推定的疑い」に基づいた監査を全般的に実施すべきと提案した[16]（APB［2010］pp.6 and 20)。国際監査・保証基準審議会（IAASB）や欧州委員会でも、同様に職業的懐疑心の重要性が強調されており、職業的懐疑心を発揮することは職業専門家としての判断を行うために重要な考え方であるとされた[17]（IAASB［2014］p.41、European Commission［2010］pp.6-7)。

この間、わが国でも相次ぐ不祥事を受けて、監査の実効性を高める観点から会計不正等に対応した所要の見直しを行うため、国際的な議論を踏まえつつ企業会計審議会監査部会において検討が進められてきた[18]。その結果、

2013年3月に結実した不正リスク対応基準では、不正による重要な虚偽表示のリスクに対応した監査手続を「明確化」するとともに、一定の場合には監査手続を「より慎重に」実施することを求める観点から（企業会計審議会［2013］16頁）、①職業的懐疑心の強調、②不正リスクに対応した監査の実施、③不正リスクに対応した監査事務所の品質管理について規定している。ここで「明確化」「より慎重に」という言い回しが用いられているように、不正リスク対応基準は先述した不正に関する監査手続の集大成であるISA240（わが国では監基報240）に、達観すれば新たに大きな修正を加重するものではなく[19]、その意味では熟練した監査人の多くは監基報240の下で厳格な深度ある監査手続を遂行していたともみられる。しかし、そこまでのレベルに至らない監査人を含めて、後述するように特定の局面で職業的懐疑心の発現態様である反証的アプローチの励行に向け、注意喚起、意識啓蒙等を図る意味で不正リスク対応基準策定の意義は少なくないと考えられる。

不正リスク対応基準では、不正リスクに対応した監査の実施に関し、従来

16　その後、監査事務所や企業からは、「推定的疑い」を前提とした監査手法の全般的適用は、監査費用等の莫大な増加につながり監査対象企業にとって受け入れられるものではなく、監査実務上の適用が困難などとして強い拒絶コメントが寄せられた。これに対しAPBは、2011年3月にフィードバック・ペーパーを発表し、そこでは監査人は、中立的な立場からの職業的懐疑心に基づき虚偽表示が存在したことを単に仮定し、経営者の不誠実さによって財務諸表が如何に影響を受けるかというリスクをより敏感に感じ取り、誤謬や経営者の不正直さによって影響される事項が存在しないかというリスクを十分に考慮する、という意味である等の再反論がなされた（APB［2011］pp.6-8)。さらに2012年3月のAPBペーパーでは、監査人は、経営者の主張を裏付けるような証拠を集めるだけではなく、それを否定するような証拠がないかどうかを積極的に検討すべきなどとした（APB［2012］pp.3-15)。

17　IAASBの「監査品質に関する枠組み」では、監査人は、経営者のアサーションに疑問を投げかける覚悟をしなければ、不正の抑止としての役割を果たさないし、また確信をもって適正に表示されているとの結論を述べることはできないとしている。さらに業務担当チームの職業的懐疑心の発揮として、経営者のアサーションに疑問を投げかける探究心と意欲をもつこと、入手した情報と説明を批判的に評価すること、財務諸表の虚偽表示を行う経営者の動機を理解すること、オープンマインドを維持すること、経営者に疑問を投げかける自信と物事を結論に至るまで追求する粘り強さをもつこと、他の証拠と一致しない証拠に警戒すること、あるいは文書及び質問の回答の信頼性を問うこと、などが列挙されている（IAASB［2014］p.41)。

18　2012年5月に初回の部会が開催され、9月会合では「不正に対応した監査の基準の考え方（案)」が資料として提示された後、様々な調整を経て同年12月に現基準の公開草案が公表され、コメントを踏まえて2013年3月に最終基準化されるに至った。

必ずしも明確ではなかった手続を含めて集約的に規定された。すなわち、①監査人は、不正による重要な虚偽の表示を示唆する状況を識別した場合には、不正による重要な虚偽の表示の疑義が存在していないかどうかを判断するために、経営者に質問し説明を求めるとともに、追加的な監査手続を実施しなければならない（第二　不正リスクに対応した監査の実施 10）。また、②不正による重要な虚偽の表示の疑義があると判断した場合[20]には、当該疑義に関する十分かつ適切な監査証拠を入手するため、「想定される不正の態様等に直接対応した監査手続」を立案し監査計画を修正しなければならない（同 12）。ただ、いずれの場合も「職業的懐疑心を高め」（第一　職業的懐疑心の強調 5）という範疇に包摂されているが、後述するように両局面で職業的懐疑心の発現態様は異なり得るので、その概念上の差異を操作可能な形で具体的に明確化しておく必要があると考えられる。

⑵　職業的懐疑心の発現態様としての反証的アプローチ

そもそも職業的懐疑心は、わが国では、2002 年の改訂監査基準（第二　一般基準 3）において、「正当な注意」には「職業的懐疑心」をもって監査に臨むべきことが含まれるとして初めて導入された概念である。監査人は、誤謬または不正による虚偽表示の可能性を示す状態に常に注意し、監査証拠を鵜呑みにせず批判的に評価する姿勢（監基報 200 の 12 項）を保持して、財務諸表において重要な虚偽表示となる状況が存在する可能性を認識し監査を計画・実施しなければならない（同 14 項）のである。そこでは ISA 等と同様、不正リスクに対して疑う心を向けることによって監査の質を改善させる

19　実際、「不正リスク対応基準の基本的な考え方」（企業会計審議会［2013］16 頁）の中では、「被監査企業に不正による財務諸表に重要な虚偽の表示を示唆するような状況がないような場合や監査人において既に本基準に規定されているような監査手続等を実施している場合には、現行の監査基準に基づく監査の実務と基本的には変わらない」「本基準は、加重な監査手続を求めるものではなく、現行の監査基準において既に採用されているリスク・アプローチの考え方を前提として、公認会計士監査の有効性を確保するため、不正リスクを適切に評価し、評価した不正リスクに対応した適切な監査手続が実施されるように監査手続の明確化を図ったものである」と明記されている。

20　不正リスクに関連する十分かつ適切な監査証拠を入手できない場合には、不正による重要な虚偽表示の疑義があるとして扱わなければならないとされた（同 11）。

表 補1-1 職業的懐疑心におけるマインドセットと監査手続

		監査手続の適用方法(注)	
		実証的アプローチ	反証的アプローチ
マインドセット	誠実性を仮定	1	(2)
	中立的仮定	3	4
	不誠実を仮定	(5)	6

(注) 通常、(2) や (5) は想定されないか、あるいは補足的な位置付けに止まるとみられることから、カッコ書きで表示した(それ以外の通常想定される領域にシャドーを付した)。また、3と4は併用して用いられるという意味で、その境界は点線で表示した。

(出所) Toba [2012] p.37、鳥羽 [2013] 517頁を基に加工を施している。

ことが企図されており、不正リスク対応基準で規定された「職業的懐疑心の強調」も同様の文脈で位置付けられている。

職業的懐疑心に関連して古くは1961年にマウツ・シャラフが監査人と経営者の間に利害対立はないとする第2公準を掲げたが (Mautz and Sharaf [1961] (近澤 [1987] 55頁))、その後、経営者の誠実性を前提とする立場に疑義を呈するコーエン委員会 (AICPA [1978]) やトレッドウエイ委員会 (National Commission on Fraudulent Financial Reporting [1987]) の勧告を受けて、1988年のSAS53号に至り経営者は誠実とも不誠実とも予断をもたない中立的立場に変化してきた (千代田 [2012] 26頁)。現行ISA等の職業的懐疑心も経営者の誠実性に関し中立的立場に立脚する中にあって、POB [2000] において不正探索型実務の導入が検討された際には、中立的な職業的懐疑心を修正し経営者の不誠実を前提とする監査を行うことも議論されてきた経緯がある。また、近年の欧州での見直しに向けた検討過程でも、先述したように「推定的疑い」に基づいた監査を行うことも議論された。

ここで、経営者に対するマインドセットと監査手続の適用方法をマトリックスで改めて整理しておくと (表 補1-1)、経営者の誠実性に対する監査人の仮定として、理念的には肯定、中立、否定の立場があり得て、それぞれの立場のいずれにも監査人の監査手続として、方法論としては実証的アプローチ、反証的アプローチの適用があり得る。通常の監査において実施される監査手続は、表 補1-1における3 (中立・実証) の領域であり、例外的に収益認識等において適用されるのが4（中立・反証）の領域である。他方、不正探索では、不正発見に最も有効性が高い6（不誠実・反証）の領域が中心になるとみられ、当該領域では経営者は不誠実なので反証の不存在が合理的に得心できない限り、理屈のうえでは不正が発見されるまで徹底的に調査が行われることになる。

この間、鳥羽教授は、職業的懐疑心が複合的な概念であって、疑問に思う心の状態として監査証拠を批判的に評価する姿勢という一般的視点だけでなく、監査証拠の入手と評価のあり方を捉える視点から定義することの重要性を強調している（鳥羽［2010］10-13頁、鳥羽［2011］89、124頁）。懐疑心を単なる哲学論・精神論に止めるのではなく、概念を操作可能な形で監査手続に結び付けようとする方向性には高い実践的意義が認められる。ただ、リスク・アプローチの趣旨を徹底し「推定的疑い」の懐疑レベルを監査全般に拡張しようとする場合（鳥羽［2009］243頁、APB［2010］pp.6 and 20、鳥羽［2013］528-529頁）には、現実の監査実務とは乖離し不正摘発調査に近似する（五十嵐［2012］436頁）。こうした理論の構築には、監査人と経営者の間には利害の対立が存在するという公準あるいは論理的前提が必要となる（表1における6の領域）うえ、起こり得るすべての不適切な会計処理が存在しないと反証することは現実の世界では不可能に近く、仮に想定できたとしてもそれに必要な監査資源（人員、時間等）は非現実的に高まることになる（瀧［2002］23頁）。実務的な違いはどこまでやるかの問題に帰着すると考えられるが、現状の監査の枠組みでは、あくまで経営者の不誠実を仮定せず中立との前提で、合理的なリスク対応手続をもって疑いを拭い去るとの理解（表1における3と4の併用）に落ち着くのではなかろうか[21]。

仮説検証型の反証的アプローチは、重要な不正発見に向けた有効な方法であるが、現実の監査実務を前提にした場合には、不正リスクの高いより限定

21　監査の有効性と効率性のトレードオフ関係のバランスを総合的に考慮し、反証的アプローチを適用すべき局面を合理的に画する必要があると考えられる。なお、金融検査などでも本質的に方法論的懐疑主義に従う点では監査と同様であり、問題点や不備の発見に向けて反証的思考が必須となるが、検査等は情報の保証を目的としていない点で監査と大きく異なる。監査人は、合理的な保証に向けて最適な証拠の組み合わせを判断しなければならない中にあって、全般的な反証的アプローチの採用は非現実的と考えられる。

的な局面で適用することがフィージブルと考えられる。すなわち、反証的アプローチを監査要点の全体にではなく、会計不正に関連した特定の監査領域ないし監査要点に関連付けて理解し、重要な虚偽表示につながる危険性の大きな不正リスクが関連する場合について、反証という負の証拠発見に軸足を置いた監査手続の実施を考えるのである。隠蔽工作（不正リスク仮説）のすべてを事前に想起し監査手続を選択することは非現実的としても、合理的に想起できる一定の限度内で、当該不正リスク仮説を払拭できるように監査手続を選択・適用することは可能であろう（瀧［2002］23頁、五十嵐［2012］438頁）。監査人は、現行監査基準の下で、重要な虚偽表示のリスクの程度が高い場合には、実証手続（詳細テスト）を中心に通常の場合に比し特別な対応が求められるが、サンプル拡大や人員投入といった量的対応の拡充のみならず不正手口を想定した質的対応の拡充にも軸足を置いて、不正による重要な虚偽表示の有無に係る証拠の蓄積、適切性を高めることが有効と考えられる。

4.　反証的アプローチの有効性と訴訟上の意義

⑴　反証的アプローチの適用局面と課題

不正による重要な虚偽表示リスクに関連した監査プロセスについては、平時の状況から進展して、①不正リスクを識別・評価し不正による重要な虚偽表示の疑義か否かを判断する、②疑義と判断した後に事実関係を掘り下げて検証する、という2つの局面が大きく識別される。まず、上記①（不正による重要な虚偽表示の疑義に該当するかの判断）に至るプロセスにおいては、不正リスクに関連した事実や状況に直面しておかしいと感じる違和感が出発点となる（宇澤［2012］64頁）。その違和感を支えるのが職業的懐疑心であり、その実相は、不正の手口や背景に関する経験・知識・センスに裏打ちされた心の状態としての（猜疑心ではない）健全な疑いである。

そもそも何かおかしいと感じなければ、内容等について認識はするものの、その正しさや意味について深く考えることなく、当該内容を右から左へ流すだけで不正による重要な虚偽表示の疑義に係る判断根拠を見逃してしまうことになりかねない（宇澤［2012］66-70頁）。疑義の判断を支える違和感は個人の資質や経験度合い、センス等に大きく左右されるが、教育・訓練や組織的なサポート等によって不断の向上に努め、足らざる部分はチーム力、組織の審査力等でカバーする必要があろう。この点に関連して不正リスク対応基準では、不正事例に関する知識習得や能力開発に資する研修機会等の提供（第三　不正リスクに対応した監査事務所の品質管理3）とともに、監査チーム内の討議・情報共有（第二　不正リスクに対応した監査の実施4）が求められている[22]。

次に、上記②（疑義と判断した後の監査手続の実施）のプロセスで職業的懐疑心を重視することの意味は、監査に臨む姿勢についての注意を単に監査人に喚起することにあるだけではない。連続的な監査プロセスの流れの中にあっても②の局面では監査モードが変わり（伊豫田ほか［2013］57頁（関根発言））、そこで職業的懐疑心を高めることの実相は、監査人の職業的専門家としての判断に基づく不正リスク仮説の下で、より深度ある反証的アプローチに軸足を置くことにあると考えられる[23]（表 補1-2）。すなわち、通常は実証的アプローチ、あるいは不正の手口を必ずしも特定しない収益認識等において追加的な手続拡充を行うことで制度上問題ないとしても、一旦不正による重要な虚偽表示の疑義と判断した場合には、不正リスク対応基準における「想定される不正の態様等に直接対応した監査手続」として[24]、疑義が示す手口が実際に行われているとすればどのような事実関係になっているかを想

22　従来、必ずしもすべての監査人が不正教育や不正に関するトレーニングを特別に受けているわけではないし、そもそも公認会計士試験には公認不正検査士に要求される犯罪学等の科目はない。不正に絡み系統だった能力向上の努力はあまりされてこなかった経緯があるとすれば、知覚力や直観力を向上させて経験力を補うために、既に起こった不正についての事例を徹底的に分析して教育に役立てることが有効な手段となる（松永［2012］55頁）。もとより監査人がすべての重要な不正会計の手口に精通することは不可能に近いものの、ある程度のパターン化されたところでの重要な不正会計の手口を、過去の事例から事前にある程度学習しておくことは有用であろう（宇澤［2012］69頁、瀧［1999b］679頁）。実際にビッグ4等では、職業的懐疑心に関わる教育の強化等への具体的な取り組みとして、①職業的懐疑心に関わる研修の強化、②監査計画時の内部会議における職業的懐疑心の理解の徹底とその文書化、③調書をスタッフと面談方式でレビューし、あるいは監査実施中に頻繁に会議を行い、上級者の経験と懐疑心に関わる洞察力をスタッフに伝授すること、等を実施してきているとされる（小澤［2012］75頁）。

表 補1-2 不正リスク局面に応じた職業的懐疑心の発現態様と監査手続

監査のプロセス	① 疑義に該当するかの判断	② 疑義と判断した後の検証
職業的懐疑心の態様	不正リスク要因・状況を疑う心	不正リスク仮説の設定
監査手続の適用方法	実証的アプローチ等（注）	仮説検証型の反証的アプローチに軸足

（注）先述したように監基報240おいても、収益の認識（不正の存在を推定）や財務諸表全体レベルでの不正リスク対応（企業が想定しない手続の組み込み）には、不正の手口を必ずしも特定しない段階での反証的アプローチによる手続拡充が例外的に盛り込まれている。

定したうえで（不正リスク仮説を設定し）、その事実関係を見極めるため反証的アプローチを交えて証拠収集に努める必要がある[25]。

上記②の疑義に係る事実検証の局面では、想定される不正の手口を仮定する必要があるが、一般に重要な虚偽記載の形態・方法が状況に応じて多種多様であり、発生の可能性のあるすべての形態・方法を想起することは困難であるので、その場の個別具体的な状況に照らして平均的な監査人であれば合理的に想起可能な反証的アプローチに基づいた立証活動が求められることになろう。こうした反証的立証活動は、監査において実査、立会、確認等によ

23　監査事務所は、不正による重要な虚偽表示の疑義があると判断された場合には、当該疑義に対応する十分かつ適切な経験や職位等の資格を有する審査の担当者を選任しなければならない（第三　不正リスクに対応した監査事務所の品質管理7）とされ、通常の審査に比べてより慎重な審査が求められている。こうした事後チェックの強化はもちろんとして、事前段階においても懐疑心を高める具体的態様を操作可能な形で明確に認識しておく必要があると考えられる。

24　不正の疑義と判断した状況に関する当局サイドの見解として、当然にどういう不正が行われているのかということがある程度想定できているので想定される不正を解明するために直接必要な手続を行うことが中心（栗田・八田・野村・町田［2013］41頁（栗田発言））、その状況によっては修正する監査計画に企業が想定しない要素を組み込むことが有効（野村［2013］45頁）などの言及がなされている。

25　監査人は、財務諸表監査の計画と実施において職業的専門家としての判断を行使しなければならない（監基報200の15項）とされ、意見表明の基礎となる十分かつ適切な監査証拠を入手したかどうかは職業的専門家としての判断に係る事項としている（同A30項）。その際、証拠の適切性は監査証拠の質的尺度であり、数多くの監査証拠を入手したとしても監査証拠の質の低さを補完せず、監査証拠の証明力は情報源及び種類により影響を受け入手する状況により異なるが（同A28-29項）、重要な不正の疑義と判断した局面では、反証的アプローチの重層的適用が監査証拠の質に貢献する手段として重要になろう。

り、原本、現物、数値等において反証となる負の証拠（事実）が直接的に検証可能である場合には、とりわけ高い有効性を発揮する。

また、レベル３公正価値のように経営者判断・仮定が多く含まれる情報の監査においても、単に経営者判断・仮定の合理性を後追いで確認・裏付ける正の証拠収集活動のみに安住していたのでは監査の有効性が著しく低下する（永見［2012］534、539頁）。このことは、先述した金融危機後における欧州等の職業的懐疑心の強化を巡る国際的議論からも明らかであろう[26]。公正価値監査のように経営者判断を多く含む項目においても、不正な財務報告につながりかねない経営者の誘因を十分勘案しつつ、反証的アプローチによる負の証拠収集に向けた立証活動の有効性が最大限強調されなければならない[27]。

ただ、公正価値監査などにおいて反証的視点で批判的に切り込むには、経営サイドと同等以上の金融工学等の専門知識かつ一定の訓練を経た検証スキルが不可欠となるので、系統だった人材育成や専門家の活用も必要となる。そうした実務的課題とは別に、モデルが未成熟な下でのレベル３公正価値測定の容認、あるいは原則主義やマネジメント・アプローチの下で主観的な会計判断を過度に許容し、監査人の実質判断を支える拠り所すらないような場合には、経営者の合理的裁量あるいは利益調整圏内の判断か、粉飾決算かの断定に係る証拠を、監査人が収集することは極めて困難となる（内藤［2012a］70頁、永見［2012］539頁）。監査可能性を考慮しない会計基準の下では、忠実な表現を担保する中立性の確保も覚束なくなるのみならず、監査

26　実際、公正価値等の見積りの監査における欠陥事例はPCAOB検査報告書でも少なからずみられるが、そうした監査の失敗の多くは、職業的懐疑心の不足に関連した監査の手続的アプローチに深く根差しており、公正価値等の監査において監査人が採用する監査手続は、独自の見積りといった経営者による測定から離れたアプローチを用いるよりも、経営者の測定プロセスを前提にそのプロセスを裏付ける証拠収集が中心になってしまっている（Bratten et al.［2013］pp.21-23、Griffith et al.［2013］pp.32-33）。そこでは、無意識のうちに監査人にとって都合の良いバイアスが生み出されている（Bazerman et al.［2002］pp.2-3）とも言える。

27　公正価値監査では監査判断における確証バイアスが発生し、経営者のアサーションを過度に信頼する結果として、否定的な情報よりも肯定的情報を高く評価する傾向があり、反証を要すると思われる情報を避けるように偏った監査手続を実施してしまうことが懸念される（永見［2014］59-68頁）。

人の判断が事後的に法的に不安定な状態に置かれることにもなりかねないので、会計基準設定主体等において一定の制度的配慮が求められよう[28]。

(2) 経営者不正に係る監査の限界と正当な注意義務

監査は、コストや期限の制約の下で試査に基づいて実施されており、また不正に関連した隠蔽工作や会計操作が巧妙に行われているときには、捜査権限の不存在の下で事実解明の核心に迫れないこともある。さらに、粉飾の調査において悪意の証明ほど難しいものはなく（小川［2006a］48頁）、しかも会社の経営者が不正の疑いを否定すれば監査人は難しい状況に陥る。先述したように監査人の実質判断の拠り所になり得ないような主観的判断を過度に許容する会計基準の下ではなおさらであるが、不正による重要な虚偽表示の疑義と判断した後の監査人の懐疑心についても、あくまで職業的専門家としての正当な注意によるという制限が付されており、それ以上のものでもそれ以下のものでもない[29]。そこで、監査人の正当な注意義務を画する判例上の目線である「通常実施すべき監査手続」に関し、不正による重要な虚偽表示の疑義と判断した後に通常実施すべき具体的な監査手続は何であって、どこまで監査証拠を入手すれば十分かつ適切といえるかが問題となる。

監査人が、情報には誤謬または不正が存在するという仮定に基づいてすべての事項を徹底的に追及したりすることは実務上不可能であり（監基報200のA47項）、監査が一般に公正妥当と認められる監査の基準に準拠して実施

28　他方、欧米等における金融危機後の監査制度見直しに際しては、監査報告書の中で監査人が判断した重要な事項などの情報提供拡充により、投資家にとっての情報の非対称性を緩和する方向での改革案も提案された（例えば、European Commission［2010］、IAASB［2013a］、PCAOB［2013］）。

29　循環取引に関連した日本公認会計士協会会長通牒では、監査人として不正の発見に向けて不断の努力が必要とし、不正が疑われる場合にはより適切な対応がとられるよう要請している（日本公認会計士協会［2011b］1頁）。このことからすれば、合理的な範囲内での反証的アプローチも排除されるべきではないと考えられるが、もとより正当な注意義務を超えて重要な不正発見が求められるわけではない。意図的かつ極めて巧妙に仕組まれ正常取引を装う場合には通常の監査業務の中でこれらの不正を発見することは困難な場合が多く、監査人として不断の努力を傾注したとしてもいわゆる監査の限界を示しているケースも少なくない（同1頁）のは事実であろう。また、監査人による重要な不正発見に関し、不正検査士の場合と比較して職業的専門家としての正当な注意義務の水準も、自ずと異なってくると考えられる。

されたかどうかは、監査人の総括的な目的に照らして、状況に応じて実施された監査手続、その結果得られた監査証拠の十分性と適切性、及びその監査証拠の評価に基づいた監査報告書の適切性によって判断される（同A51項)。この点は基本的には監査基準や監査実務指針が目安になるとしても、不正の形態・方法は多様であるため画一的手続の強制は馴染まず、不正による重要な虚偽表示の疑義と判断した後の監査手続の適用は、最終的には監査人の専門的判断ということになる[30]。十分かつ適切な監査証拠を入手するために監査人が選択適用する監査手続は、状況により異なるので監査基準等で予め一律かつ網羅的に規定することは難しいとしても、監査人の判断に関し合理的に狭められた部分として、通常の監査人であればある程度一致して想定される具体的な達成目標、意思決定プロセス、監査計画立案等が事後的な訴訟では個別具体的に問われることになる。

訴訟の場においては、監査人の注意義務の判断にあたって、専門家の知識と経験から形成された監査基準等は重要な道筋を示す要素ではあるが、具体的に網羅されないこともあり、当該状況でのあるべき監査手続を総合判断する基礎となるに止まる（黒沼［2012］94頁)。監査規範を参照しつつ、最終的には裁判官の社会通念による判断が行われる[31]。このため、例えば経営者不正の発見に消極的であった専門家の通説的理解の仕方が、多くの訴訟を通じて一般の投資家あるいは裁判所によって否定されるようになったように（高田［1992］56頁)、仮に監査規範の自己防衛的解釈とみなされれば裁判所の社会通念に受け入れられない可能性もある。最近の職業的懐疑心を巡る国際的な動向において、経営者の誠実性に関し中立から「推定的疑い」をもつ姿勢への移行も議論された背景には、不正対応における訴訟リスクが絡んでおり、訴訟リスクを勘案した監査要点に対する説得力ある説明責任を果たせる

30 証拠力に関する監査人の意思決定を左右するのは形式的・硬直的なルールではなく、あくまで職業的専門家としての判断であろう。弁護士にせよ医師にせよ職業的専門家に対する世間の信頼と尊敬の念は、細かなルールブックの効率的な適用マシーンとしての期待ではないのであって、専門知識・スキルに裏打ちされた適切な専門的判断を下せることに依拠していると考えられる。

31 監査基準や監査実務指針が一般に公正妥当と認められる監査の基準を構成するが、形式的に基準に従ったから常に免責になるというわけではないと考えられる（金融庁［2013］18頁)。

かが重要となる(友杉[2012]112頁)。

翻って現実の監査実務では、熟練会計士の多くは問題ないのであろうが、そこまで至らない会計士等の中には、マニュアル主義の下でプロセス指向の監査が多く直観力の働く場面が減る傾向にあり、オーソドックスな監査手続と予め決められた監査対象で監査を行い、リスクに特化できていないという実情も垣間見られる[32]。不正リスクの高いところをつぶしていく過程で、ともすれば担当科目について問題がないという結論にもっていきたいという潜在的な要求に引かれてしまい、反証的アプローチによる証拠収集の側面が疎かになりがちといった指摘(松永[2012]53-54頁)もある。監査の中で不正による重要な虚偽表示の疑義を嗅ぎ取っても、当該不正について突っ込まないのでは、平均的な監査人として正当な注意を果たしたとはいえないであろう[33]。

最近の判例では「通常実施すべき監査手続」をリスク・アプローチに基づいて判断する方向にあるが、そこで懸念されるのは、平均的監査人の当該状況における個別具体的判断の妥当性ではなく、裁判所の事実認定が、リスク・アプローチの名の下に後付けで抽象的に演繹された監査手続との対比で行われかねない点である(弥永[2009]189-190頁、越智[2012]156頁)。不

---

32 日本公認会計士協会近畿会によるアンケート結果によれば、形式的な(調書)書類作成が多すぎる(78.1%)、間接業務が多い(63.7%)、時間に余裕がない(56.5%)、こなす作業が多く考える時間がない(47.4%)などが、監査業務を行ううえでの不満足項目の上位に並んでいる(日本公認会計士協会[2008a]6頁)。実際、人事面においても、決まった手続に如何にまじめに取り組んでいたかは客観的な評価が比較的可能となる一方、不正発見のプロセスに必要な直観力は主観的で評価者の価値観が影響するため、不正発見に必要な予想されない手続などは往々にして監査法人内の評価対象として低くなる(松永[2012]53頁)との指摘もある。

33 逆に、ある程度知ってしまうと作業義務が発生するので善管注意義務違反のリスクがあるという議論の下で(山崎ほか[2012]135頁(國廣発言))、頑張って突っ込めば突っ込むほどリスクが大きくなるのなら、極端な話、気が付かないほうがいい(気が付くと仕事が増えて余計なことになる)、あるいは(あってはならないが)見て見ぬ振りをする、という職業的プライドをかなぐり捨てた対応に監査人が傾くとしたら、事後的な訴訟の場ではどうなるだろうか。何も知らないことを盾にすれば善管注意義務違反を問われないという安易なスタンスは、昨今の環境下では極めてリスクが大きい。職業的懐疑心の発揮不足により未熟監査(人)と認定されないよう、プロの姿勢として善管注意義務を果たしたと監査調書を基に疎明し得るだけの、訴訟リスクを勘案した監査要点に対する正当な説明責任を果たしていくことが肝要であろう。

正がなぜ監査において発見できなかったのかが事後的に判断され、不正による重要な虚偽表示の疑義への対応が甘かったのではないかとして後付けの論理から、監査人に事実上の結果責任が問われることがあってはならない。一方で、監査実務あるいは学界においても、リスク・アプローチが独り歩きして事実上の結果責任が問われ監査の限界を超えた責任追及がなされることがないように（友杉［2012］112頁）、監査理論に基づいた概念規定や監査手続の解明、教育訓練等を含めた体制整備を、社会通念上も説得力ある形で進めておくことが重要である。合理的な蓋然性の想起に基づいて常識的な範囲での反証的アプローチも併用し監査調書に記録しておくことは、懐疑心の発揮不足として正当な注意義務違反を認定され監査人の過失責任が問われることの防波堤にもなり得るのである。

そのことを念頭に監査人は、不正による重要な虚偽表示の疑義と判断した後は、不正の手口から推定される事実を健全な懐疑心の下で合理的に想定したうえで、それらの諸事実の相対的な蓋然性を適切に評価し（瀧［1999a］444頁）、不正調査専門家の活用も含め有効な反証的アプローチの併用を検討する必要があろう[34]。訴訟リスクを意識して懐疑心を捉え直し、監査人には訴訟を意識した懐疑心の保持・発揮が求められるのである[35]。もちろん、熟練した監査人であれば、監査局面に応じ懐疑心を発揮して反証的アプローチを交えつつ不正発見に切り込む実務は、少なからず既に行われてきたはずであろう。しかし、そうしたレベルに到達していない監査人を含め全般的な懐疑心の底上げに向け、不正による重要な虚偽表示の疑義に対して職業的懐疑心を具体的に発現し、個別具体的な状況に応じて通常行って然るべき反証的アプローチに基づく証拠収集活動の必要性を、改めて監査プロフェッション全般に注意喚起、意識啓蒙を促し得る点に、不正リスク対応基準策定の意義

34　不正リスク対応基準（第二　不正リスクに対応した監査の実施14）では、不正リスクの内容や程度に応じて専門家の技能または知識を利用する必要があるかどうかを判断しなければならないと規定されたが、不正調査専門家（社内のフォレンジックチーム等）の活用など不正捜索スキルが監査に役立てられ得るのは、評価業務を行う不動産鑑定士やアプレイザーのスキルを監査に活用可能なのと同様である。

35　それは懐疑心の程度というよりも、監査局面に応じた懐疑心の発現態様の識別であって、その識別は、注意義務を尽くしたか否かを判断するうえで重要な意義を有すると考えられる。

があると考えられる。すなわち、不正リスク対応基準は、従来対比加重な監査手続を求めるような新設規定はないにしても、監査人サイドにおいて社会通念上あるべき運用の実態に従来必ずしも十分とはいえない部分があったとすれば、そこを改善し監査の実効性を高めていく梃子として機能させていくことが望まれるのである[36]。

業界等からの意見聴取も経て最終決着した不正リスク対応基準に関しては、「現行実務と整合的なものとなった」「現行実務に大きな影響を及ぼすものではない」との安堵感にも似た肯定的意見が少なからず聞かれた。しかし、そもそも当該基準策定の起点として、国際的にも悪名を馳せた会計不祥事等[37]への対応が問題意識の中核にあったはずであり、不正に関係しない圧倒的大多数の会社に従来通りの監査が行われるのは問題ないとしても、不正による重要な虚偽表示リスクに関連した局面等において、未熟監査（人）を含め従前と同様の運用実態が全体として継続するのであれば、たちの悪いブラックジョークに終わってしまいかねないのである。

ただ、その際に銘記しておくべきは、経営者不正を阻止・摘発する役割は

---

36 疑義と判断した後の監査手続の実施については、具体的にそれまでの監査手続とどのように異なるのか、どの程度の量及び質の証拠が求められ、監査人はその判断の後、いかなる行動が期待されるのか等については、不正リスク対応基準では明らかにされておらず（町田［2013］63頁）、改訂監査実務指針（日本公認会計士協会［2013］F35-4）でも不正リスク対応基準の文言が繰り返されるに止まっている。他方で、近年における会計士業務において、監査業務のほかにマネジメント・アドバイザリー業務のウエイトが相応に占めるようになっている中にあって、経験の浅い層を中心に深度ある監査手続を支える職業的懐疑心がともすれば緩んでしまう懸念もなきにしもあらずであり、そうした事態を未然に防止する意味では、不正による重要な虚偽表示の疑義と判断した後の監査手続の質的充実の実践を徹底・促進していくうえで、不正リスク対応基準の運用状況を踏まえつつ、もう少し踏み込んだ具体的な監査実務指針等が必要ないかどうかを再検討する余地はあろう。なお、国際的にも、職業的懐疑心に係る実務的ガイダンスを求める提案もみられており、そこでは反証性のある証拠等を模索するよう監査人に要求することの検討にも言及している（Glover and Prawitt［2013］p.22）。

37 2011年11月に欧州委員会から発出された監査に関する規制改革案（European Commission（2011））の「改革案に関するFAQ（Reforming the Audit Market-Frequently Asked Questions）」では、金融危機以降の国際的な監査関連問題として、アングロ・アイリッシュ銀行（2008年）、BAEシステムズ（2004～2010年）、リーマン・ブラザーズ（2010年）、サティヤム（2009年）などと並んで、わが国のオリンパス事件（2011年）も例示された。

会社法上、会社のガバナンス機構（監査役等）が第一義的に負っているという点である。もちろん、監査人も独立した会計検証のプロとして、重要な不正会計の阻止に貢献する立場から逃れることはできないにしても、ガバナンス機構の無作為のつけを監査人が負うことがあってはならない。その意味で、監査役等との連携[38]の実践は、監査人の訴訟リスクないし正当な注意義務との関連においても、非常に重要なポイントになると考えられる。とりわけ経営者不正による重要な虚偽表示の疑義と判断した後の事実解明は、隠蔽等を伴う場合にはその張本人を相手に進めなければならないため、発見に至る道筋は容易ではなく監査役等との連携が不可欠となろう[39]。監査人の責任の限界を超えたところにも、監査役等の責任においてカバーすべき領域は存在しているというのが会社法の建前であり、過去には建前と実態が乖離した法運用が常態化していたが、近年は法の趣旨に則った責任追及が監査役等になされる事例も決して珍しくなくなってきている[40]。

38　この点は不正リスク対応基準でも強調されており（第二　不正リスクに対応した監査の実施17）、監査基準に明記された（第三実施基準　一基本原則7）。これを踏まえ、日本監査役協会と日本公認会計士協会は、監査役等と監査人とのより一層の連携に努める旨の文書を発出（2013年4月）した後、「監査役若しくは監査役会又は監査委員会と監査人との連携に関する共同研究報告」（2009年7月改正）について全面的な見直しを行い、「監査役等と監査人との連携に関する共同研究報告」（2013年11月7日最終改正）を公表した。これに伴い日本監査役協会は、「会計監査人との連携に関する実務指針」（2011年8月改正）についても2014年4月に改訂した。

39　不正の多くは法律上の判断を必要とすることが多く、捜査権もない監査人が法律上の利害関係に踏み込むことは困難であるので、監査役による弁護士との相談あるいは役職員に対する質問・調査権限（会社法第381条2項）の行使などを通じて対処していくことが必要となろう。最近の裁判例を踏まえて、山口［2013］173-174頁は、異常な兆候を知った監査役、会計監査人には有事対応が求められ、その対応の是非が善管注意義務の問題として法的評価の対象となる（有事における本気度が試される）とともに、有事対応せずに監査を続けることは任務懈怠として法的責任が認められる可能性が高まるとしている。

40　オリンパス事件を調査した委員会報告書において監査役の責任が問題とされたことは記憶に新しいが、近年、監査役を被告とした訴訟及び責任を肯定する判例が増えてきている（具体的な判例は、山口［2012］96-108頁、原［2012］52頁等を参照されたい）。

5. おわりに

1970年代にアメリカで期待ギャップ問題が認識されて以降、その時々の粉飾事例の反省に立ち、不正問題への監査対応は長い年月をかけて強化されてきた。その結果、今日では、重要な虚偽記載を結果するような不正には、合理的保証の範囲において監査人は責任を負っているとの国際的な共通理解ができ上がっている。こうした基盤に立脚して本章では、国内外の制度見直しや先行研究も踏まえつつ、職業的懐疑心の発現態様として不正リスク仮説に基づく反証的アプローチが、不正による重要な虚偽表示の疑義と判断した後の検証局面に重点的に適用されるべきことを論じるとともに、そこから派生して監査人の責任を画する正当な注意義務の問題にも論及した。不正な財務報告はいつの時代にも存在し決して後を絶たないと言うと達観し過ぎかもしれないが[41]、重要な不正会計発見に向け、熟練度に差異がある監査人の職業的判断力を全般的に底上げして監査の有効性を高める筋道の考察を進めることは、資本市場の透明性確保のみならず、わが国における会計プロフェッションへの社会的信認を一段と高めるうえでも極めて重要な意義があろう[42]。

ただ、わが国の低廉な報酬実態の下で（監査人・監査報酬問題研究会［2012］22頁）、現実の監査においては重要な不正会計発見の時間的なリソースが不足しがちであるとすれば、不正による重要な虚偽表示の疑義と判断した場合等に、監査人が行う追加的な監査手続の質と量に見合った監査報酬の増額に資する確かな仕組み[43]が必要である（弥永［2012］11頁）。そこでは監

---

41 監査人が手続を工夫し重要な不正を発見できる蓋然性を高めるとともに、不正の隠蔽に大きな脅威を与えることによって、暗黙のうちに経営者不正への抑止力となる可能性が高まる一方で、新しい手続の定着につれてその弱点を突いたより巧妙な不正を犯す誘因が経営者に生まれる、という宿命からは逃れられないのかもしれない。

42 その際、公認会計士監査は不正発見調査とは業務の思考基盤を全く異にするとはいえ、巧妙に偽装された重要不正の発見は困難を伴うので防御的になり公認会計士監査には無縁であるかのような姿勢をとることは、世間から公認会計士監査の存在意義を問われ誤解を招くだけであり厳に慎まなければならない（脇田［2012］108頁）との厳しい指摘もある。実際、難しいということで思考停止に陥ると見つかるものも見つからない（宇澤［2012］351頁）ということになりかねない。

査人に対して報酬を支払う者が監視対象者となっている事実が改めて注目されるとともに、現実の監査実務では、会計監査人は会社との継続的な友好関係を保とうとするため懐疑的な質問や問題追及を行いにくいという心理が存在しているとすれば、重要な不正会計発見のためには継続的な友好関係維持は時としてマイナスになりかねない（小川［2006b］13頁）。監査人は、監査を遂行するには経営者の協力を必要とする一方で、経営者は監査人の証拠収集を誤導し得る地位にもいる。こうした会計監査の構造的弱点は、監査役等との連携により制度的にカバーされることが期待される反面、社外監査役等も実質的には経営サイドにより選ばれ[44]報酬を得ているため「インセンティブのねじれ」という呪縛から逃れられないのであれば、監査役等との連携で監査人の弱点は完全にはカバーされない可能性も残る[45]。

仮に、将来的にガバナンス・メカニズムの機能不全に起因した何らかの重大不祥事を契機に、重要な虚偽表示に結び付く経営者不正の発見・防止を、会計監査人監査や監査役監査等の自律的メカニズムに委ねるには限界がある

---

43 報酬の額は一般に監査契約書に記載されているが、日本公認会計士協会は、不正リスク対応基準設定の趣旨を踏まえ、必要な追加手続に伴う報酬への対応について、監査契約書のひな形を改善することにより監査品質の向上を図る観点から、法規委員会研究報告第14号「『監査及び四半期レビュー契約書の作成例』の改正」（2013年4月17日）を発表した。そこでは、報酬は見積時間数を基礎として算出した見積額であると明記したうえで、予定していなかった追加手続などが発生した場合の追加的な報酬は、監査人と被監査会社の双方が誠意をもって協議するとしている。しかし、不正には経営者あるいは上級管理者が関与している可能性が高く、不正による重要な虚偽表示の疑義等と判断してから監査報酬の増額を協議するのは非現実的であり、経営者等は応じようとしない可能性が高いうえ、そもそも不正による重要な虚偽表示の疑義等の判断を示して交渉することは隠蔽工作を誘発することになりかねない（弥永［2012］13頁）。監査人が経営者不正による重要な虚偽表示の疑義等と判断した後に監査手続を増やそうとするインセンティブを下げないためには、監査報酬額は変動額で定めるようにすることがより適切ではなかろうか。なお、アメリカでは、監査の実施に必要となる時間を基準として監査報酬を算出する仕組みが採られており、追加報酬は法人の標準単価に基づいて計算され当初の監査契約書に記載された監査報酬に加算される報酬体系にある（金融庁［2012］6-7頁）。

44 監査役選任議案を株主総会に提案する取締役会の決定に当たり監査役（会）の同意権及び提案請求権が求められているものの、監査役の人事権が代表取締役を中心とした取締役会に事実上掌握されていて、監査される取締役会が、監査する監査役の株主総会の選解任議案決定権を有するという「ねじれ」が存在する（葭田［2013］19頁）。

と社会が危惧するような事態が生じると、監査の国営化等の議論も再び活発化するかもしれない。監査が民間機関あるいは政府監査人によって行われるべきかに関し、1933年証券法に先立つ上院公聴会で民間機関に依存する最終決定がなされた（POB［2000］（山浦［2001］2頁））以降も、監査の国営化あるいは第三者機関による運営論については、監査人の独立性を巡る諸問題とともに国内外で繰り返し議論されてきた。近年においても金融危機後の欧州では同様の問題が提起され議論されたが、この点は次章における監督当局との連携を巡る考察の最後に、改めて論及することとしたい。

45　岩原［2013］11-12頁は、監査等委員会設置会社制度の創設を監査役制度の批判と反省に立脚したものと位置付けたうえで、監査役制度の意義とあり方が問い直される岐路に立っている、との厳しい見方を示している。とりわけ上場企業社外監査役の約3割を占める公認会計士資格保有者（森ほか［2013］11頁）は、専門家として相対的に高度な注意義務が認定され債務不履行や不法行為等の法的責任を問われるリスクがある（森ほか［2013］15頁（山口発言））点に十分留意しておく必要があろう。

補章 2

銀行監督と会計士業務の連携強化

1. はじめに

財務報告における経営者不正に備えた事前的制度インフラとして、前章では外部監査の有効性向上策について論じた。本章では、その前提となるコーポレート・ガバナンス機構を含めて監視する監督当局まで射程を広げ、金融危機後の議論を踏まえつつ、銀行監督当局と会計士業務の連携強化による相互補完的な機能向上策について論じる[1]。

1 オンサイト・オフサイトの監督手法が如何に活用されているかは国によってかなり異なり、これに応じて監督・検査プロセスにおける外部監査人の関与度合いにも大きな差異がある（佐々木・松井・松尾・三上［2012］64 頁（佐々木発言））。例えば、ドイツ、イギリス等のように、職業専門家としての地位が強固に確立された国々においては、規則制定者への特別な影響を含めて、財務報告書に関連して重要な影響力を行使する。個々の国の監督当局が具体的にどのような監督手法を用いるかは、国ごとに法律や規制の枠組みがかなり異なるため、各国の銀行監督制度の態様に左右されるほか、各国固有のコーポレート・ガバナンス構造に応じた差異にも留意が必要である（越智［2008］80-88 頁）。

先の金融危機により深刻な被害を被った欧州では、英国FSA（金融サービス機構）・FRC（財務報告審議会）から2010年6月に討議文書「プルーデンス規制に対する監査人の貢献の強化」（FSA and FRC [2010]）が公表されたほか、欧州委員会からは、同年10月に「監査に関する施策：危機からの教訓」と題する市中協議文書（European Commission [2010]）、さらに2011年11月には規則案（European Commission [2011b]）が提示された。これらの報告書等は、前章で扱った監査人の職業的懐疑心の問題に止まらず、銀行監督当局と外部監査人の一層の関係強化の必要性を示唆するものであった。また、2012年3月にFSB（金融安定理事会）から金融システムの安定化に向けて外部監査の貢献の向上を強く求める意向が示された後、2014年3月にはバーゼル銀行監督委員会から「銀行の外部監査」（BIS [2014]）が公表された。

他方で、わが国においては金融危機後も金融面の動揺はみられなかったものの、前章でみたように2011年後半に相次いで発覚した企業不正（大王製紙、オリンパス等）により、公開企業のガバナンスとして制度上予定されていたシステムが十分に機能しなかったことが明らかになり、2013年3月には監査における不正リスク対応基準等が整備されるに至った。この間、銀行監督と外部監査の連携に関しては、こうした国内外の動きから独立した流れで、2011年5月に日本公認会計士協会により会計監査等と金融検査との連携に関するガイドラインが改訂（2012年7月に再改訂）された。両者の連携を巡る議論のフェーズは必ずしも国際的動向と軌を一にしたものではないが、本章では、金融危機後の国内外の動向を踏まえつつ、財務報告やその基礎となる内部統制等の信頼性確保に向けて、わが国における銀行監督と会計士業務等の連携強化を巡る実務的方策、課題を論じる。

以下では、まず、当局と外部監査等会計士業務の連携強化を含めた近年における監査制度見直しの議論について、金融危機後の国際的動向や企業不祥事後のわが国の動きを概観する。次に、銀行監督と会計士業務の連携を考える際に前提となる両業務の特質の把握に向けて、金融検査業務と監査・保証業務の異同を明らかにする。こうした国内外の問題意識や制度差異を踏まえたうえで、わが国における銀行監督と外部監査における情報共有の促進策や、会計士保証業務の拡張による検査機能の補完・代替策について、主として実務的な改善点を念頭に考察したい。また、そうした議論の延長で、監査人の不正発見機能を補完し得るとの観点等から、監査役等や内部監査人との連携について論及する。最後に、監査契約の法定化ないし第三者機関化を巡る議論についても付言する。

2. 金融危機後の制度改革に向けた動き

(1) 監査制度見直しを巡る国際的動向

金融危機の経験を通じて、当局による監督やコーポレート・ガバナンスなど現行枠組みの安定性と十分性について疑問が投げかけられた。同時に、2007年から2009年にかけての帳簿上及び簿外に隠れていた巨額の損失が明らかになったという事実は、その期間に会計監査人がどうして顧客に対し無限定適正意見付監査報告書を提出することができたのかの疑念も生むことになった。とりわけ金融危機の被害の大きかった欧州では、金融危機に際して現行の監査システムが機能しなかったとの認識に立ち、同様の金融危機の再発防止に関して監査人がどのような役割を果たせるか、さらなる金融システム安定化のために監査機能をどのように強化できるのかとの問題意識から、2010年10月には「バルニエ報告書」と呼ばれるグリーン・ペーパー(European Commission [2010])、2011年11月には監査制度改革案となる「社会的影響度の高い事業体の法定監査に関する規則案[2]」(European Commission [2011b])が公表され、2014年4月に新しい規則が欧州議会等で承認された。

欧州における監査制度改革を巡る論点は、監査人の報酬・選任[3]、監査事務所のローテーション[4]、非監査サービス提供の禁止など多岐にわたり、期待ギャップの縮小や監査人の独立性強化に関しては以前から問題提起されて

2 欧州では会計不正事件を踏まえて、2006年に第8次会社法指令の大幅な改正を図る法定監査指令が採択されており、定期的な品質管理レビュー、主要な監査責任者のローテーションなどが義務付けられているが、「指令」とあって各国では実効性の低い自主規制に止めるなどしたため、European Commission [2011b] では各国単一の規制が適用される「規制」の形態が採用された(商事法務研究会 [2011] 56頁)。

いた事項も少なくない。プルーデンスの観点では、PIE（public-interest entities：社会的影響度の高い事業体）に対する法定監査の結果に関する追加的でより詳細な報告書を、法定監査人が監査委員会や監督当局に提供すべきとした。追加報告書としてバルニエ報告書では、ドイツの法制に基づく外部監査人から監査役会宛の非公開長文監査報告[5]（long-form report）を例示していたが（European Commission［2010］p.8）、監査委員会に対する監査人からの追加報告書には、独立性に関する確認、適用した監査メソドロジーの内容、重要性の基準値等を含めるよう求めるとともに、監督当局への報告事項としては、法令等の違反、継続的な機能への損傷などを要求した。このほか、PIEに実施した個別の監査に関する追加的な情報（虚偽表示リスクに関する監査人の重要な見解〈key observations〉等）を含めるよう、監査報告書の内容を拡充することも求めた[6]。

この間、FSBでは、金融システム安定化に向けて外部監査の貢献の向上を強く求めており、新しい強力な外部監査指針の策定に向け、バーゼル銀行監督委員会とも協力する意向を示した（FSB［2012］p.1）。FSBは、監査担当者による金融監督当局への情報提供の必要性が金融危機で高まったと指摘し、2012年3月に、銀行や保険会社の監査法人に対し直面する問題をFSB

---

3 バルニエ報告書では、監査人の独立性を強化し利益相反の問題に対応するため、大規模企業、とりわけシステミックな影響が及ぶ金融機関等においては、規制当局が監査人の選任、監査報酬及び監査契約の継続に対する責任を有することにより監査人の役割を法定検査の1つとすることの実現可能性を検討することにも言及していた（European Commission［2010］p.11）。しかし、結果的には、社会的影響度の高い事業体（PIE）に関し、監査人において特定の被監査企業に対する報酬依存度が一定限度を超えている場合には、当該被監査企業の監査委員会は当該監査人による法定監査継続の可否を考慮すべきとするに止められた。

4 エンロン事件後に導入された監査担当者の強制ローテーションに止まらず、PIEには監査事務所に対する原則10年ごとの強制ローテーションが規定された。

5 そこでは企業のゴーイング・コンサーンの仮定とそれに関連するモニタリングシステム、企業の将来の発展とリスク、重要な開示、不正行為、会計処理法、粉飾等の詳細な報告が求められている（三神［2011］131頁）。

6 監査報告書の拡張に関して、IAASBとPCAOBは2013年に、それぞれ公開草案（IAASB［2013a］）ないし変更提案（PCAOB［2013］）を発表しており、現行実務を見直す方向で国際的にも議論が収束しつつある。なお、フランスでは既に2003年の改正により、監査報告書に「監査人の評価の正当性」という内容を含め、監査人に監査意見について公に正当化することを要求していた（五十嵐［2012］116頁）。

に報告するよう求めた。また、監査監督機関国際フォーラム（IFIAR）に対しても、大手のシステム上重要な銀行を中心に監査について検査する際に加盟機関が直面する問題を報告するよう求め（FSB［2012］p.1）、IFIAR側も同年4月の会合においてこれを了承している。なお、IFIARは同会合において、検査で頻繁に認められる事例に関した事項として、監査人の職業的懐疑心、会計上の見積りの監査、監査品質とパートナー報酬との関係、監査人の独立性などを挙げている（IFIAR［2012］pp.1-2）。こうした流れを受けてバーゼル銀行監督委員会は、2014年3月に公表した「銀行の外部監査」（BIS［2014］）において、銀行の外部監査人による監査の品質向上や銀行監督当局との実効的関係等の構築に向けて、既存のガイダンス文書を大幅に改訂・発展させた。

⑵　わが国の動向

わが国では、金融危機の引き金になった証券化商品（CDO等）のエクスポージャーが比較的少なかったこともあって、金融面の動揺に波及しなかったことから金融危機を起点とする銀行監督に絡んだ固有の監査制度見直しの議論はほとんど聞かれなかった一方、2011年後半の企業不祥事（大王製紙、オリンパス）などを受けたガバナンス改革の一環で、制度見直しが議論されるに至った経緯がある。そこでは、プルーデンスの問題意識とは別に、不正発見に関する監査の期待ギャップに根差した問題意識から、主に監査の実効性向上の観点からの議論が中心であった。

この点は前章で論じたが、不正リスク対応基準の策定に至るまでの関係団体の取り組みを改めて振り返っておくと、オリンパス事件では、同社が設置した第三者委員会の報告書が監査人の問題にも触れている（オリンパス［2011］159-176頁）ことなどを踏まえ、日本公認会計士協会は2011年11月に、関係会計士・監査法人が行った監査業務についての調査を開始すること、その結果を受けて会則等に則り適切な対応を行うことを対外発表した。また、同年12月には、会長声明「最近の企業不祥事と監査対応について」を公表し、会員に対して改めて十分な深度ある監査を行っているかの確認を求めた。さらに、会計監査及び企業統治のあり方について検討を行うことを目的に、同協会会長の諮問機関として外部有識者を含む「監査制度充実強化調査会」の設置も同年末に公表した[7]。その後、企業会計審議会監査部会では、国際的な議論を踏まえつつ会計不正等に対応した所要の見直しを行うため、2012年5月の初回会合を皮切りに検討が重ねられ、2013年3月には「監査における不正リスク対応基準」等が最終確定し、2014年3月末決算の監査から適用されている。

以上の動きは、不正発見の期待ギャップを巡る古くからある問題が焦点となっているといえる。他方、こうした流れとは別に銀行監督と外部監査の連携という点では、2000年7月に策定された日本公認会計士協会業種別委員会報告第18号「会計監査と金融検査との連携に関するガイドライン」が2011年5月に改訂（2012年7月に再改訂）され、業種別委員会実務指針第46号「会計監査及び内部統制監査と金融検査との連携に関するガイドライン」（以下、ガイドラインという）が公表された。当該ガイドラインは、早期是正措置制度の枠組みの中で、信用リスクを中心に会計監査と金融検査が相互に意見を交換して連携を図るものとして当初策定され、その後10年以上を経過し、内部統制報告制度・同監査制度、検査評定制度の導入といった環境変化、さらには「ベター・レギュレーション」を標榜し平成22（2010）検査事務年度から検査基本方針に「監査人との連携強化」が掲げられたことも踏まえて、改訂に至ったものである。そこでは、会計監査及び内部統制監査と金融検査とでは必ずしも目的が一致するわけではないが、内部統制やリスク管理体制の向上はお互いの目的達成に関連することから、監査人としては、必要に応じ銀行等金融機関の了承の下、金融検査当局との間で双方向に情報交換・提供を行うことが適切とされている。

また、当局への通報制度に関しては、2007年法改正において金融商品取

---

7 日本公認会計士協会「監査制度充実強化調査会について」（2012年1月13日）では、同調査会での主な検討項目として、①企業統治と外部監査との関係の検討、②不正・誤謬・違法行為発覚後の会計監査人としての対応手続の再点検、③不正等に係る監査実務指針の再点検、④公認会計士が鑑定評価業務等を依頼された場合の対応の検討、⑤経済社会・資本市場における監査制度の意義・目的・あり方の確認と理解を求める方策の検討、の5項目を採り上げることを公表し、同調査会での検討結果に基づき、必要に応じて、監査に関する指針等の改訂の諮問や法改正等の提言をすることが表明された。なお、会計監査の観点からの企業統治の向上に関する取り組みとしては、日本監査役協会及び日本公認会計士協会が2012年3月29日付共同声明「企業統治の一層の充実へ向けた対応について」を発表している。

引法第193条の3「法令違反等事実発見への対応」が規定[8]されており、不祥事を眺め同条で規定された手続の円滑な運用に向けて、日本公認会計士協会の監査・保証実務委員会研究報告第25号「不適切な会計処理が発覚した場合の監査人の留意事項について」(2012年3月22日)では、対応手順を明確化するとともに、金商法第193条の3第2項の規定に基づき当局(金融庁長官)へ申し出る場合は監査契約の解除の可能性にも言及している。また、日本監査役協会からは「法令違反等事実又は不正の行為等が発覚した場合の監査役等の対応について－監査人から通知等を受けた場合の留意点」(2012年4月20日)も発表されている。

折しも、ITソフトウエア関連事業などを手掛けるセラーテムテクノロジーは、2012年4月にパシフィック監査法人より、金商法第193条の3第1項に規定する「法令違反等事実の通知」を受領したと発表した。監査役への通知は、同社及び同社役員らが金商法違反(偽計)の容疑で起訴されたことを指摘したものであるが、過去に訴訟過程で監査役への通知が公になった春日電機の事例と合わせ、公表例としては2例目[9]である。監査役への通知を含め非常に稀であるとされる所以であり、特に第二段階の当局への申し出については、規定創設以来、該当例がないとされる(税務研究会[2012]4頁)。同規定は監査人にとっての言わば「伝家の宝刀」として、そもそもの立法趣旨も監査人の地位強化を目的にしたものであり、この点で、銀行監督当局と外部監査人の情報共有を巡る各国立法[10]とは性質が異なるには留意が

8 監査人が監査証明を行うに当たって、発行者における法令違反事実その他の財務計算に関する書類の適正性の確保に影響を及ぼすおそれがある事実を発見したときは、当該事実の内容及び当該事実に係る法令違反の是正その他の適切な措置を取るべき旨を、遅滞なく、当該発行者に書面で通知しなければならない(同条1項)。この通知を行った監査人は、当該通知を行った日から一定期間が経過した日後なお法令違反事実が、発行者の財務計算に関する書類の適正の確保に重大な影響を及ぼすおそれがあり、かつ通知を受けた発行者が適切な措置を取らないと認める場合において、発行者の財務計算に関する書類の適正性の確保に重大な影響を防止するために必要があると認めるときは、当該事項に関する意見を内閣総理大臣に申し出なければならない(同条2項)。

9 佐々木[2012a]7頁の補足説明によれば、当局から監査事務所への当時のヒアリング調査ベースでは、1桁に収まる程度でもっと多い実例が存在するようである。

10 銀行監督当局と外部監査人の情報共有を巡る制度差異の詳細は、越智[2008]を参照されたい。

必要である。

3. 金融検査業務と監査・保証業務との異同

銀行監督の手段である金融検査と、会計士によって遂行される外部監査を含む保証業務は、もとより異なる目的の制度である。一方で、金融危機後の連携を巡る国際的議論においては、両業務における類似の専門性・手法が着目されているともいえる。ここでは、わが国における両者の連携問題を次節で考える前提として、それぞれの業務の特質を比較しながら両業務の異同を明らかにしておきたい。

(1) 金融検査と会計監査の目的・特質

監督当局である金融庁（旧大蔵省）の金融検査は、1872（明治5）年の国立銀行条例発布に端を発する[11]。監督当局による立入検査は銀行法第25条に規定された任意調査であるが、銀行側に受忍義務がある。金融機関は私企業であり自己責任原則に則った経営が基本となる一方で、1つの金融機関の破綻であっても、連鎖反応により金融システム全体に、さらには信用収縮等を通じて実体経済全体に重大な影響が及ぶ恐れがあることから、金融検査は、金融機関の業務の健全性及び適切性の確保のために行われる（銀行法第25条等)。金融検査では、立入検査の手法を中心に活用しつつ、各金融機関の法令等遵守態勢、各種リスク管理態勢等を検証し[12]、その問題点を指摘するとともに、金融機関の認識を確認する。これを前提に、監督部局における行政上の措置が行われることになる[13]。

検査は、銀行法等が求める金融機関の業務の健全性及び適切性の確保のた

11　その後の銀行条例（1890年)、銀行法（1927年、1982年改正）でも、検査権限が規定されてきた。また、銀行に対する行政検査には、金融庁検査のほかに、財務省国際局の為替検査官等によって行われる外国為替検査（「外国為替及び外国貿易法」第68条)、預金保険機構検査（「預金保険法」第137条）などがある。なお、日本銀行の考査は、1926年（大正15年）の金融制度調査会発議により1928年から始められ、日銀法改正時（1997年）に法律上の文言にも盛り込まれた（法第44条）が、その実施は日銀当座勘定取引先との契約に基づくものである。

め、ひいては預金者・金融システムのため、立入検査の手法を中心に活用しつつ、各金融機関の法令等遵守態勢、各種リスク管理態勢等を金融検査マニュアルにより検証する。これに対し、会計監査は、金商法、会社法等を根拠に、会計基準と監査基準等をベースとして、株主・投資家等のため財務諸表全体の適正性確保を目的に行う保証業務である。ここで保証業務とは、主題に責任を負う者が一定の基準によって当該主題を評価または測定した結果を表明する情報について、または当該主題それ自体について、それらに対する想定利用者の信頼の程度を高めるために、業務実施者が自ら入手した証拠に基づき基準に照らして判断した結果を結論として報告する業務である（企業会計審議会［2004］4頁）。

このように保証という行為には、保証対象の基準準拠性だけでなく、保証する側の基準準拠性の２つの基準が不可欠となるが、検査ではそうした基準の多くを検査官用の手引書である金融検査マニュアルに依拠している。また、そもそも検査は保証を目的とした制度ではないうえ、検証結果を第三者に表明するものでもない。検査と会計監査の制度、目的等は異なっており、方法面でも、会計監査が企業の開示内容の信頼性を担保するため、有効な内部統制に依拠しつつ試査をベースとした証拠収集、評価から成っているのに対し、検査は、立ち入りによる業務・財産の状況に関する実態調査が活動の中心となり、むしろ一種の実態監査の側面を色濃く有している。以下では、金融検査業務の主な項目として、①自己査定の適切性に係る検証業務、②リスク管理態勢の検証業務を採り上げ、①については情報監査（会計監査）と

12　金融機関は、例えば貸出業務を通じて信用リスクを負っており、貸倒れ等が発生し資産内容の劣化が生じると、償却・引当負担の増加を通じて、経営体力や収益力の低下を招くことになる。このため、検査では、自己査定の検証や、信用リスクの管理に関わる関連部署の役割、その機能状況の具体的な調査などにより、リスク管理体制が実際に有効に機能しているか検証することになる。このほか、市場リスクや事務リスク等においても、同様に検証が行われる。

13　なお、日本銀行による考査は、先述したように日本銀行法（第44条）を根拠とした考査契約に基づくものであり、銀行法（第25条等）に基づき行政権限の行使として金融庁が行う検査とは異なる。考査の目的は、①金融機関等に対する一時貸付け（日本銀行法第37条）、②信用秩序の維持に資するための業務（同第38条）や③資金決済の円滑に資するための業務（同第39条）を適切に行い、またその適切な実施に備えるためであるとされている（日本銀行法第44条及び日本銀行法施行令第11条等）。

の異同を中心に、②については実態監査（内部監査、監査役監査）との類似性も視野に入れてその特質を論じる。

イ．自己査定の適切性等に係る検証業務

1998年4月の「早期是正措置[14]」の下で、「自己査定」のスキームは、従来のように金融機関の資産価値を監督当局が前面に出て評価するのではなく、まず金融機関が、①自己査定基準に基づいて資産を分類し、これに基づく自己の償却・引当額を決め、②これを監査人がチェックするというプロセスを前提に、③監督当局はそうした仕組みを尊重しつつ金融検査マニュアルに即してチェックすることになった。会計監査は、検査等に比して、制度、目的、実施時期等が異なっていることから、両者の結果は必ずしも一致するものではないが、日本公認会計士協会としても、1998年4月からの早期是正措置の導入後、銀行行政の動きに対応し、銀行監査と金融検査における乖離を縮小すること等に取り組んできた（日本公認会計士協会［2004］1-2頁）。

金融機関の経営改善に向けた早期是正措置の導入を契機に、当局よる自己査定ガイドラインと日本公認会計士協会実務指針の策定とを通じ、銀行監督の前提となる自己査定等の検証過程に会計士を組み込んだ形である。こうした連携が図られた背景には、異なる目的の制度主体であったとしても、自己査定や貸倒引当金の適切性に係る検証業務に関する限り、業務の機能、専門性において類似した要素が影響した結果とも考えられる。その意味では、貸倒引当金等の前提となる与信自己査定の当局検証業務については、もともと会計士が関与する財務数値の保証との類似性が高く、部分的ながら財務数値の保証機能を結果的に有していたと言えるかもしれない。ただ、個別検査結果については対外秘の扱いであり[15]、検査実施先情報等は公表されるもの

14　自己資本比率が一定の水準を下回った金融機関（国際基準行は8%未満、国内基準行は4%未満）に対して、金融庁が経営改善計画などの提出を命じる。自己資本比率が低いほど是正措置の内容は厳しくなり、ゼロ%を下回ると業務の全部または一部の停止命令が出される。

15　2002年10月の金融再生プログラムによって、主要行の自己査定と検査結果の格差（自己査定等の数値が検査の結果どの程度増えたかの増加率）について集計ベースで公表を開始したが、格差縮小に伴い各行に是正を求めるという所期の目的を達成したとの判断からか、その数年後には公表は取りやめになっている。

の、第三者は決算発表において監査済み財務諸表を通じて検査後の数値を目にするしかない。

さらに、2002年10月に金融庁が策定した「金融再生プログラム―主要行の不良債権問題解決を通じた経済再生―」では、資産査定や引当・償却の正確性のみならず、繰延税金資産の合理性の確認のほか、継続企業の前提に関する評価についても、監査人が重大な責任をもって厳正に監査を行うことを求めた。これを受けて、2003年2月には日本公認会計士協会・会長通牒「主要行の監査に対する監査人の厳正な対応について」を通知した。こうした事実を踏まえると、繰延税金資産の計上の適切性等についても、当局検査と会計監査は相互補完的な関係にあると言えようか[16]。

ロ．リスク管理態勢の検証業務

検査業務においては、資産査定の検証業務と並んで、リスク管理態勢の検証業務も大きなウエイトを占める。個別リスク管理の評価結果は検査の全体的評価にも影響を与えるが、他方で個別リスクカテゴリーごとの検証結果については、最終的に評定結果として集約・表示される。評定制度は、金融機関の自助努力を支援する目的もあって2005年7月に導入されたものであり、金融検査マニュアルに沿って9つの評定項目について4段階評価[17]が行われる。総合評定は行われないが、個別評定結果は検査の濃淡（頻度、範囲、深度）に反映されるほか、検査において指摘事項があった場合の銀行法第24条に基づく報告も踏まえたうえで、監督上の対応を行う判断要素の1つとしても用いられる（金融庁［2005a］2頁）。

評定判断に際しては、金融機関の経営体としてのリスク管理力について客観的かつ適切な評価を行う必要があり、基本的には金融機関のリスクテイク

16　りそな銀行の監査において、朝日監査法人（現あずさ監査法人）の後を受けた新日本監査法人は、銀行が主張する繰延税金資産5年分を認めず3年分とした。その結果、同行の自己資本比率が大幅に4%を下回る可能性が強まったこと等を受けて預金保険法第102条1項1号が適用され、1兆9,600億円の資本増強が行われた（2003年6月）。

17　リスク管理レベルとして、A：強固な管理態勢、B：十分な管理態勢、C：管理態勢が不十分で改善の必要、D：管理態勢に欠陥または重大な欠陥、との目線が示されている。

状況を正確に把握し、それとの関連でリスク管理のフレームワークや運用のレベルを評価していくことが重要になると考えられる。金融機関によって関連業務の規模、リスクテイク方針、理解度等が千差万別であり得ることから、リスク管理態勢の評価、問題指摘には難しい面もあり、その評価は定性的な判断に多くを依存せざるを得ないとみられるが、「評定における留意点等」も参照しながら金融検査マニュアルに基づいた判断が下される（金融庁［2005b］8頁）。こうした評定結果を導くためのプロセスは、一種の実態監査として、内部監査や監査役監査と類似した機能を見出し得るのではなかろうか。

⑵ ISAE3000からみた金融検査業務と保証業務の異同

金融検査業務（自己査定検査、リスク管理態勢検査）と保証業務（含む会計監査）について、国際的な保証業務の枠組みであるISAE3000（IAASB［2013b］）が規定する保証業務の構成要素充足性の観点から吟味してみると（表 補2-1）、そもそも金融検査の結果を利用するのは金融機関（自身のリスク管理態勢等の改善情報）ないし監督当局（監督業務の判断情報）であって、外部の第三者は想定されておらず「三者関係」の要件は充足しないことになるので、この時点で厳密にはISAE3000の保証業務とはいえないことになる。また、情報作成の基となる「適合する規準」についても、自己査定（金融商品会計基準・実務指針等）は比較的整備されているが、リスク管理態勢検査（公表された金融検査マニュアル）では大枠の問題意識は共有可能とはいえ基本的には各社の規程等に沿った実務であり、厳密な意味で保証業務に要求される共通の「準拠基準」が確立されているとはいえない。

このほか、「主題」については、自己査定検査において比較的明瞭に「主題情報」を識別可能であるのに対し、リスク管理態勢検証においては、内部監査等と同様に、検証業務実施者の問題意識に依存しつつ「基礎にある主題」への直接業務の比重が高くならざるを得ない。また、自己査定検証では準拠基準に沿った形で「十分かつ適切な証拠」の収集が可能であるのに対してリスク管理態勢検証においては、課題・問題点の検証に向けた反証主義的な証拠収集活動を中心に、内部監査や監査役監査等と同様な実態監査の要素が多く含まれるとみられる。なお、検証結果については、いずれの業務も事

表 補2-1　ISAE3000の構成要素に対する要件充足性

	自己査定検査	リスク管理態勢検査
三者関係	×集計乖離率は公表	×評定集計は公表
主題	○主題情報	○基礎にある主題
適合する規準	○	△規程、検査マニュアル
十分かつ適切な証拠	○	△課題指摘が中心
書面による報告書	△結果は伝達	△検査・評定結果

○：充足、△：厳密には未充足、×：未充足

実上、何らかの形で相手方に伝達されるとみられるが、そこに含まれる内容・伝達形態等については、証明事項を報告する定型化された体裁をとっていない場合も多いとみられる。

上記の通り、自己査定検証のように確立された基準に基づく会計数値を体系的なプロセスにより検証する業務であれば、金融検査と外部監査のアナロジーも想起しやすい。一方で、リスク管理態勢の評価のように、評価対象が広範かつ多岐に及び総合判断の余地が少なからず含まれる場合には、金融検査は内部監査や監査役監査などの実態監査に近づくことになる[18]。金融検査と各種監査は異なる目的の制度であっても類似した専門性・機能が観察され得るが、ISAE3000における保証業務の構成要素を厳密には充足していない。両者の連携を考えるうえでも、こうした制度差異を踏まえておくことが重要であろう。

4.　わが国における銀行監督と外部監査の連携強化等

これまでみてきた国内外の問題意識や各種制度差異を踏まえ、本節では銀行監督当局と外部監査を含む会計士業務との実務的な連携強化策として、①

18　日本内部監査協会や日本監査役協会は、それぞれ監査基準を定めているが、経済界、関係団体、監督官庁、学者等が合意した「一般に公正妥当と認められる監査の基準」ではない（千代田［2011］21頁）。

情報共有の促進、②検査機能の補完・代替という観点をメインに論述する。また、会社自身のガバナンス機構により不正発見機能が強化されれば、ひいては監査人や監督当局の業務にも貢献可能との観点から、③監査人ないし銀行監督当局と監査役等、内部監査人との連携にも付言する。

(1)　情報共有の促進

近年は銀行監督当局から「監査人との連携強化」に前向きな方針が掲げられ、新しいガイドラインでも当局と外部監査人の連携範囲に関し、信用リスクに止まらず繰延税金資産など資産全般の監査、さらには内部統制監査まで射程を広げているものの、依然として検査現場での意見交換に関する規定が中心となっている。また、金商法上の通報制度はあくまで監査人の地位強化が目的であり、銀行監督当局と監査人の情報共有を目的としたものではない。こうした状況下、プルーデンス規制強化の観点から各国立法例を参照し、守秘義務解除に向けた立法措置を伴いつつ情報共有策を抜本的に進める余地は残されているが、以下では制度的な再設計問題をひとまずおいて、実務的な観点から立法措置を伴わず関係当事者合意の下で進められる連携促進策を考察したい。

その際、留意しておくべきは、銀行監督と外部監査の連携強化を実務的に難しくしかねない１つの要因として、わが国では金融庁が銀行監督当局であると同時に外部監査人を監督する当局でもあるという、二面性を備えた監督主体となっている点である。こうした監督体制がうまく機能すれば、両機能のシナジー効果を引き出せる側面を前向きに評価し得る一方で、利益相反の外観を生む局面を否定できないだけでなく、監査人の本音としては、銀行監督当局に対して自ら提供する情報によって、監査監督当局から自らの監査判断の適否を疑われることになりはしないか、との疑念を拭えないのではなかろうか。もとより当局にそうした意図がなくても、外観上の問題として、監査人は委縮してしまいかねない。当局はそうした優越的地位にあることを十分考慮に入れたうえで、深みのあるコミュニケーションを通じて、相互の信頼関係を土台に情報共有を進めていく必要がある。

イ．外部監査人→銀行監督当局

監査報告書に書き尽くせない情報として、財務情報に直結しない内部統制上の不備などについて、マネジメントレターという形で経営者・監査役等に報告していれば、それらを銀行経営者の了解を得て入手することは現状でも可能である[19]。こうした枠組みを実務的に拡充する形で、ドイツのような一種の長文報告書を義務付け、監査役に（及び監督当局にも）提供すべきかどうかに関しては、監査業務を行わない非執行役員からなる監督機関であるドイツの監査役会と、わが国の監査役会とでは大きく機能が異なることに留意すべきとの指摘（三神［2011］132頁）がある。加えてわが国では、それ以前に、会社計算規則で求められている外部監査人と監査役のコミュニケーションですら形骸化しているのが現状（佐々木［2012b］37頁、佐々木［2014］26頁）だとすれば、より基本的な対話・意見交換から改善していく余地が大きいのではなかろうか。

金商法第193条の3に基づく法令違反等事実の通知は監査人の地位強化を目指したものとはいえ、会社側の対応を促したうえでの当局への通報は最後通牒になるため、監査契約解除を検討しなければならなくなる（日本公認会計士協会［2012a］6頁）。ここに至る前段階で情報共有の枠組みが必要なのであり、そのためにはマネジメントレターをベースとして、経営者承認による情報共有の枠組みを整備することが最も現実的ではなかろうか。例えば、監査調書はテクニカルな部分も多く大部でもあり、検査にとって問題点のエッセンスを抜き出した情報さえあれば十分と思われる。監督当局として、どういった情報が欲しいのか、例えば個別の資産に関する評価アプローチや検証手法の詳細なのかなどに関し、監査人サイドとの間で率直に意見交換し、必要情報の特定に向けて監査人サイドと意思疎通を深める余地もあろう。

その際、金融検査と監査で目的が異なることから検査目線で監査上の重要性判断を否定される懸念など、先述したような当局の二面性からくる不安を

19　マネジメントレターというタイトルではなく、監査役報告や監査概要報告といった名称が用いられることもあるようであるが、内容的には監査を通じて気付いた事項を内部統制的なものも含めて記載していることが一般的とみられる。近年、指摘事項を文書で残すリスクを回避する先もみられるが、そうした先でも口頭ベースで経営者等との意見交換は行われているようであり、情報共有の基礎は有しているのではなかろうか。

率直なコミュニケーションを通じて解消していけば、後述するような連携促進により銀行監督当局からの情報提供が増える可能性も加味すると、監査人側からの障壁は意外に高くないとも考えられる。他方で、経営上のネガティブ情報を広く知られたくないとの経営者の心情をいかに克服するか、そうした心情が監査人との協働関係にもマイナスに作用しないか、という懸念もある。むしろ経営者側の心理的抵抗感の方が実務的には難しい問題なのかもしれないが、こうしたマイナス意識は、経営サイドに対し健全なガバナンス機構の整備に向けた意識改革、啓蒙を促進する中で、当局主導で納得を得ていくしかないのではなかろうか。

ロ．銀行監督当局→外部監査人

ガイドラインでは検査現場での意見交換を主に規定しており、そこでは検査情報の入手は意見交換を通じて可能としているのみで、詳しい記述はない。外部監査人は銀行監督当局の検査報告書にアクセスするには、閲覧申請等による金融庁の了承を得る必要があるとみられるが、もう少し弾力的・機動的、かつ障壁の低い枠組みとすることはできないだろうか。また、監査人が深度ある監査を実現していくうえで、検査報告書のみならず、その基礎となった「2段表[20]」などを共有することも有用な局面が多いとみられる。その際、仮に検査情報が当局の取捨選択を通じて通知されるとしても、財務報告に直接関係しない情報でも内部統制に関連する情報は前広に開示した方が良いのではなかろうか。内部統制監査は財務報告に関する内部統制が対象ではあるが、「統制環境」の理解には、当局からの全般的な内部統制関連情報の提供が有益となり得るのであって、不正発見を意識した監査上の「ビジネスリスク・アプローチ」の下で、こうした要請は強まっていると考えられる。外部監査人は統制環境に関連した幅広い情報を把握する必要があるとともに、当局も監査人に実質的な深度ある監査を期待するのであれば、情報共有を前向きに進める必要があろう[21]。

ただ、上記のような連携強化を図ったとしても、財務上の不正である粉飾

20　以前は問題点・原因・対策を記す「3段表」であったが、近年は、検査当局が問題・原因を指摘したうえで各金融機関に対策を促す「2段表」になっているようである（内閣府［2008］7頁）。

発見をどこまで監査人に期待できるかは別途の問題があり、現行制度を前提にする限り監査人の不正発見機能の限界等から銀行監督への貢献には自ずと限界がある。こうした限界を踏まえない監査人への過剰な期待は、「監督当局との期待ギャップ」を生みかねず、監査人側からは責任転嫁とも受け止められかねない。銀行監督当局に無理なことが外部監査人と連携しさえすれば解消可能なわけではなく、必要に応じ監督機能自体を強化・改善しなければならないことは言うまでもない[22]。ここで監査に限界を生む要因としては、①監査業務に固有な問題、②監査が依拠する会計・財務報告基準に内在する問題、に区分されると考えられる。

まず、監査業務に固有な限界に絡んで、先述したように金融危機後の国際的な問題意識として、職業的懐疑心をいかに発揮すべきか、監査報告書はいかにあるべきか等の議論が俎上に載せられた。これは、現在の監査手続の限界に関する現実的な懸念と、それを受けての監査の基本的枠組みの問い直しの所産である。既にわが国でも2002年の改訂監査基準「第一　監査の目的」において、「財務諸表の表示が適正である旨の監査人の意見は、財務諸表には、全体として重要な虚偽の表示がないことについて、合理的な保証を得たとの監査人の判断を含んでいる」として、重要な虚偽の表示に至る原因行為である不正は発見しなければならないことが明記されている。折しも不正リスク対応基準の下で、監査人による運用改善、監査役との実効的連携が進められているところであるが、現実の監査に際しては、証憑類も含めた巧

21　当局サイドからすると、金融環境によっては個別金融機関の存続に関する機微に触れる検査情報も想定され、こうした状況下で監査人との連携には二の足を踏むことにもなりかねないが、そうした情報なくして行われる外部監査にどれほどの意義があるのであろうか。法的な守秘義務を遵守するプロ同士として、重要情報でも共有できる信頼感を支える関係構築が前提として必要になろう。

22　バーゼルⅢもその一環であるが、わが国では2007年に打ち出されたベター・レギュレーション（金融規制の質的向上）の下で、当局主導で各種改善が図られてきた（金融機関との対話の充実、情報発信の強化、金融機関の負担の軽減、費用対効果を考えた金融行政・検査手法の改善、検査力の向上、人材の育成・充実等）。そうした流れの中、平成24検査事務年度検査基本方針において、「検査の質的向上及び情報発信力の強化等」として最初に「検査の質的向上」を標榜し、従来以上に多面的かつ詳細な検証能力向上策が列挙されたほか、平成25年度方針においても、リアルタイムでのモニタリングや業界横断的課題の抽出（水平的レビュー）などが採り入れられている。時宜にかなった適切な方向性であろう。

妙な経営者不正、不正探索権限の不存在、監査時間・人員の制約、限られた期間での監査といった理由から、正当な注意義務ではカバーし得ない「監査の限界」が避けられないのも事実であろう（松本・町田［2012］10-13頁）。

次に、監査が依拠する会計・財務報告基準に内在する限界として、未成熟モデルによる公正価値測定[23]、リスク情報等の注記化[24]における測定方法の多様性など、従来と同様の監査手続によって監査人がどの程度の心証（確信）をもって適正性に関する意見表明ができるのかという問題も挙げられる。会計測定が「忠実な表現」であることを制度的に担保するための具体的手段である監査業務の実行可能性との関連において、開示される情報の範囲画定も議論される必要があり（伊豫田［2012］112頁）、そうした画定作業を経ない経営者の裁量的開示情報に対する監査人の信頼性付与には自ずと限界が生じる。こうした問題は、監査人の努力や監査制度の改善で対応できるものではなく、前章でも言及したように、会計基準設定主体による制度的配慮が必要となろう[25]。

---

23 北大西洋を中心とした金融危機では米欧のCDO評価に注目が集まったが、同時期にわが国では別途の文脈で、活発な市場がない15年変動利付国債に係るモデル公正価値測定の問題が一時話題を集めた（金融財政事情研究会［2010］6-7頁）。変動利付国債ではスワップ市場と国債市場の金利形成の整合性の無さ等から、モデル計測の前提となるボラティリティ等に関して重要な差異が生じ得る（平井［2009］11-12頁、小林［2008］38-39頁）中にあって、経営者は任意に変数を選択するが、そこで経営者に情報優位性は存在していないと考えられる。

24 2010年5月に日本公認会計士協会から公表された業種別委員会報告第45号「銀行等金融機関における金融商品の状況の開示の監査に関する実務指針」の第11項では、経営者が採用した計測プロセス及び検討を基礎とするものであって、財務諸表に開示される市場リスクの定量的情報の再計算（または独自評価もしくは第三者による評価の入手）を基礎とするものではないとする。これは、監査の困難性を前提として、実務上の解決を図り期待ギャップが生じるリスクを軽減するため、方法選択の妥当性ではなく、あくまで金融商品から生じるリスクとその管理体制が明瞭かつ包括的に説明されているかの検証を主眼に据えたものである（園生［2010］30頁）。市場リスクの定量情報（VaR）の監査は再計算を基礎としないが、前提条件の理解は必要とされているほか、コア預金やプリペイメントを考慮している場合には、その仮定の妥当性の確認という難しい判断を伴うこともあり得る（安達［2010］16-17頁）。

25 なお、IAS41号「農業」の評価方法に疑義を述べている辻山［2012］3頁も、同趣旨の問題指摘と解される。

⑵ 検査機能の補完・代替―会計士保証業務の拡張

次に連携策の2つ目の類型として、会計士業務の検査業務への役立ちという観点から考察を進めたい。これは広い意味で金融検査機能の補完・代替であるが、検査機能への貢献が直接的か間接的かで2つのケースが想定される。①直接的な貢献は、⒜検査業務に関し外部資源として会計士職能を活用する場合[26]のほか、⒝検査対象への監査の拡大として、例えば年金基金等への監査・保証業務拡張などが挙げられる。他方で、②間接的な貢献としては、例えばシステム監査や情報セキュリティ管理の改善・再発防止策などで、企業の内部監査機能の向上支援に関与する場合であり、民間部門での自律的なリスク管理向上プロセスが実効的に機能していけば、ひいては金融検査を補完し得るはずである。このうち以下では、インパクトがより大きい①の直接的な貢献に絞って論述する。

イ．外部資源の活用による検査代替

外部資源の活用による検査代替を考えるうえで忘れてならないのは、先述したように、会計監査を含む保証業務は一定の主題の基準準拠性を証拠により検証する業務（作成基準と検証基準の2種類の基準が必要）という点である。これに対し、当局の銀行検査は、そうした検証作業も含め、各種リスク分野に関し総合的な判断や評価を下すことを求められる。その基礎となる事実を収集する過程において、検査マニュアルが参照されるとはいえ、会計士が保証業務で用いるような厳格な立証プロセスや保証水準は必ずしも要求されておらず（Carnell, Macey and Miller［2001］p.657）、一種の実態監査に近い。こうした業務特性の違いを十分に踏まえて、代替による活用を考える必要がある。企業の財務健全性に関して信頼を与えるなど、現在の財務諸表以外の情報に対する新しい保証サービスを会計士が提供することは不可能ではないが[27]、アドバイザリー業務や行政担当者（出向等）としてではなく保証

---

26 会計士を金融庁の職員（含む中途採用・出向等）として検査業務に従事させる場合は、金融検査業務そのものであり、ここで論じている検査の補完・代替とは区別して論じる必要がある。なお、金融庁検査部署では、既に三分の一弱が民間の中途採用の専門家（弁護士、公認会計士、アクチュアリー等）が占めるとされる（佐々木［2011］16頁）。

業務での関与を指向する場合には、そのために必要な関連する保証枠組みの整備が不可欠となるのである。

ところで、当局検査事務の「代替」という場合、当局の検査自体をアウトソーシングするものと、検査の外延部分を追加調査という形で補完するものを外形的には一応識別可能であるが、両者は渾然一体となっている面もある。これを会計士の職務内容からみると、①コンプライアンス等基準準拠性の保証など会計専門職団体等が定めた業務基準の範囲に収まるもの、②それらを超えて会計士が規制当局の銀行検査官に準じた役割を果たすもの、という２つの範疇に大別される。例えばイギリスでは、規制上の役割としての非監査業務（調査報告、助言等）も報告会計士の役割であった。しかし、会計士の活用は①の範疇において議論されるべきであり、②への関与はフレームワークのない職能論であり、会計プロフェッショナルのレーゾンデートルを侵食し自己崩壊を招きかねないリスクを内包している。当局が監査人と個別にアドバイザリー契約を締結する自由までは否定できないが、制度としての当局検査代替の枠組みを構想する際には、会計士の際限のない関与は否定されるべきであり、そのような活用を当局も考えるべきではない[28]。

ロ．会計士による監査・保証対象業務の拡張

銀行監督ではないが広く金融検査・監督業務の観点では、投資顧問会社と

27　米国公認会計士協会（AICPA）は、かねてより非財務情報を含む情報一般を対象に保証業務の６類型を提唱しており、Risk Assessment（リスクの発生可能性とその大きさに関する情報の質の保証）、System Reliability（情報システムの完全性と統制に関する保証）、Entity Performance（業績測定の適切性と信頼性の保証）、Electric Commerce（電子取引と通信の信頼性と安全性の保証）、Health Care（健康ケア組織によって提供されるサービスの質と成果の保証）、Elder Care（在宅介護の状況などの保証）などを例示している（Ricchiute［2006］pp.757-762、長吉［2012］388-389頁）。

28　日本公認会計士協会は、企業の財務健全性に関して信頼を与えるなど、現在の財務諸表以外の情報に対する新しい保証サービスを監査プロフェッションが提供することを検討する余地はあるとしながらも、その際には、①情報作成のための適切な基準及び保証基準の整備、②保証対象情報の不確実性に見合ったセーフガードや法的責任の制限の措置を検討する必要性を指摘していた（日本公認会計士協会［2010e］2-3頁）。この点に関連して、後で詳しく触れるが特別目的の財務報告の枠組みに対応して監査基準が改訂された（2014年２月）ことから、規制当局が定めた規則等に基づく財務諸表の作成、及び当該財務諸表の監査を求めることも可能となった。

投資一任契約を結んだ年金基金に関する年金資産の消失事案（所謂 AIJ 事件、2012 年 2 月）を契機に、監査・保証業務の拡張を通じ再発防止に寄与可能な方策も検討された。事件の背景として、そもそも事業主である法人とは別個の法人格を付与されている年金基金（厚生年金基金及び確定給付企業年金）には、監事による財務報告の監査制度はあるものの、公認会計士等による会計監査制度は利用されておらず、問題になった事案では年金資産を運用する投資顧問会社の会計監査も行われていなかった[29]。

こうした状況下、日本公認会計士協会からは、監査・保証業務を通じて再発防止に寄与できるような方策として、「年金基金の財務諸表（年金経理及び業務経理）の会計監査の活用」「私募ファンドの監査又は監査報告書の確認」「投資一任先の会計監査の実施[30]」「年金資産の運用に係る検証及び内部統制報告の利用」などに係る提言が行われた[31]（日本公認会計士協会［2012a］1-6 頁）。このうち「年金資産の運用に係る検証及び内部統制報告の利用」に関し、参考となる実務として、年金基金の資産運用を委託している金融機関が公表する投資運用の成果の報告については、「グローバル投資パフォー

29　資産運用会社そのものに対する監査と、資産運用会社が運用するファンドに対する監査があるが、運用会社に対する外部監査は上場していなければ義務化されていない。また、ファンドに関しては、不特定多数の投資家に販売する公募ファンドに関しては外部監査が義務付けられていたが、特定の機関投資家や一般の投資家でも 50 人未満にしか勧誘しないもの（私募ファンド）は、そのような義務はない。なお、アメリカでは、1974 年に制定されたエリサ法（ERISA: Employee Retirement Income Security Act）により、従業員の受給権保護の観点から年金プランの情報開示の拡充が要請されており、その運営や財政状況について、財務省（内国歳入庁）、労働省、年金給付保証公社及び加入員に対する詳細な情報開示が義務付けされている。特に、一定規模以上の年金プランの財務諸表は公認会計士の監査証明が要求されており、数理関係の報告書には登録アクチュアリーの承認が必要とされている（日本公認会計士協会［2012c］10 頁）。

30　投資顧問会社の会計監査の目的は、投資顧問会社の財務諸表に対する独立監査人としての意見の表明であって、企業年金資産に関連する財務諸表に対する意見表明ではないことに留意が必要としつつも、資産運用を委託している投資顧問会社の監査証明が付された財務諸表を閲覧することが可能となれば、年金基金にとっては、当該投資顧問会社の事業報告書に記載される業務の概況を把握することができ、年金資産の運用方針の決定等の一助となるとした（日本公認会計士協会［2012b］5 頁、日本公認会計士協会［2012c］14 頁）。

31　また、年金基金に対して任意契約による監査を実施する際の業務の参考となる監査上の留意事項に係る研究報告（日本公認会計士協会［2013］）も公表された。

マンス基準」(GIPS 基準) に準拠した検証業務を利用する方法、さらに年金基金の資産の受託業務に係る内部統制の保証報告については、「受託業務に係る内部統制の保証報告書」(監査・保証実務委員会実務指針第86号) を利用する方法などが例示されていた (日本公認会計士協会 [2012b] 6頁、日本公認会計士協会 [2012c] 15-18頁)。

その後、金融庁が2012年10月に公表したAIJ事件の再発防止策[32]においては、第三者 (国内信託銀行等) によるチェックが有効に機能する仕組みとして、外部監査機能も活用されている。すなわち、投資一任業者が年金基金等からの受託資産にファンドを組み入れる場合、①投資一任業者に対し、(a)年金基金等の資産を管理する国内投資銀行がファンドの基準価額を直接入手可能とする措置、(b)外部監査が行われるファンドに投資対象を限定し、かつ国内投資銀行がファンドの真正な監査報告書を入手可能とする措置、(c)顧客に交付した運用報告書に記載した基準価額を信託銀行にも送付すること等を義務付ける一方、②信託銀行に対しては、ファンドの基準価額と真正な監査報告書、運用報告書に記載の基準価額を、それぞれ突き合わせた結果を顧客に通知する体制整備を義務付けている。また、投資運用業者等に対する規制・監督・検査のあり方の見直しとして、実態把握の強化に向け事業報告書(当局宛て提出書類) の記載事項の拡充が行われており、組入れファンドのスキーム構成や外部監査の有無等が追加されている。

さらに、2014年2月に監査基準が改訂され、一般に公正妥当と認められる企業会計の基準に準拠して作成された財務諸表の監査に加え、従来明記されていなかった特別目的の財務諸表の監査や準拠性に関する意見の表明とともに、財務諸表を構成する個別の財務諸表項目等に対する監査について記述が設けられた。これを受け、監査基準委員会報告書800「特別目的の財務報告の枠組みに準拠して作成された財務諸表に対する監査」及び同805「個別の財務表又は財務諸表項目に対する監査」等も改正された。こうした制度インフラの整備により、規制当局が、監督上、必要な要求事項を満たすように財務報告の規則等を設定し、法令により規則対象者に当該規則等に基づく財

32 2012年12月には見直し案に係る関係内閣府令・監督指針が公布され、2013年4月(一部は7月) に施行・適用された。

務諸表の作成、及び当該財務諸表の監査を求めることができる（2014年4月以降発行の監査報告書から適用）。こうしたケースとして、投資事業有限責任組合契約に関する法律に基づく中小企業等投資事業有限責任組合会計規則が該当する。また、財務諸表の作成基準が明確に確立していない状況においても、利害関係者で枠組みを決定し特別目的の枠組みとして取り扱う場合として、例えば年金基金の財務諸表の作成基準などが挙げられる（日本公認会計士協会［2014］1、6頁）。

⑶　監査人ないし銀行監督当局と監査役等、内部監査人との連携

先述したように会計監査人の不正発見機能には制度的限界があるが、会社のガバナンス機能を担う監査役等や内部監査人の自律的努力により不正発見機能が補完・強化できれば、ひいては監査人や監督当局にもその果実が及ぶことになる。

イ．監査役等との連携

会計監査人の責任の限界に対して、監査役等に大きな権限と責任がある点は、オリンパス事件の同社監査役等責任調査委員会の調査報告書（2012年1月20日）が監査役に対しては責任ありと判断したのに対して、監査法人に対する責任を認定できなかったことにも象徴的に現れているとの指摘（浜辺［2012a］27頁）もある。これに先立ち日本監査役協会・日本公認会計士協会は既に、「監査役若しくは監査役会又は監査委員会と監査人との連携に関する共同研究報告」（2009年7月9日）において、経営執行を監視・監督しガバナンスの一翼を担う監査役等と、当該企業の会計監査を付託された監査人との連携を強化することによって、監査に対する株主・債権者・一般投資家等利害関係者のさらなる期待に応えると同時に、企業活動の健全化に資することが期待されるとしていたところである。

先述したように法令等違反事実については、金商法第193条の3による監査役への通知（改善がみられない場合は金融庁への通知）が規定されているほか、会社法第397条では、監査人が監査先企業における問題点を把握した場合の監査役等への通報を求めている。また、会社計算規則第131条1号、3号では、監査人は、独立性等に関する事項、監査人の適正な職務遂行を確保

する体制に関するその他の事項を監査役等に通知する義務を規定するとともに、会計計算規則第127条4号では、監査役は、監査人の適正な職務遂行を確保するための体制に関する事項を内容とする報告書を作成する義務を有していると規定している。こうした義務を遂行するため、監査役等と会計監査人とのコミュニケーションは当然に求められる筋合いにある。緊密なコミュニケーションの実態に立脚しなければ、監査役への監査人の選任権移行も土台を欠くことにもなりかねない。

ところで、ガバナンスにおける監査役（会）機能の重要性は金融検査マニュアルにも詳しく規定されていながら、金融検査における監査役等との連携との立論が外部監査人[33]ほどには聞かれず釈然としない面もあったが、平成24検査事務年度検査基本方針（2012年8月28日発表）において、外部監査人に加えて監査役等との連携強化が漸く盛り込まれるに至った。ただ、ガバナンスの重責を担う監査役等の機能について、金融検査でどの程度踏み込んだ実質的・実態的検証が行われるかは今後の運用次第であろう。金融検査での指摘があれば経営側も甘受せざるを得ないので日常的な規律付けに寄与し得ると期待される反面で、本質（実態）が変わらなければ、検査での指摘は検査向けのエビデンス作りというペーパーワークを増やす結果に陥りかねない。折からの会社法改正論議を経て新たな経営監視機構として「監査等委員会設置会社制度」も創設可能となったが、制度的な枠組みはどうあれ、監督当局等が連携するに足る実効的なガバナンス機能の発揮が望まれ[34]、とりわけシステミックな意味で公共性の高い金融機関に対しては、そうした方向性

33　諸外国との制度比較や歴史的経緯を踏まえると、わが国における当局と外部監査人との連携の希薄さは国際的には奇異ですらあったが（越智［2008］21、294頁）、先述したように平成22（2010）検査事務年度検査基本方針から、「監査人との連携強化」が初めて盛り込まれるようになった。

34　浜辺［2012b］33頁は、制度実態を的確に分析したうえで、監査役が善管注意義務違反による損害賠償責任を問われやすくなる傾向が生じつつあることから、監査役も予防監査の必要性を意識し、監査役の機能強化による改善を期待できるとしている。しかし、そうした期待は戦後長らく裏切られ続けており、そもそも監査役の被監査者が事実上の人事権を握っていることから構造的に機能し難いうえ、何らの専門的資格もないまま監査役個人の自覚や意識に過度に依存せざるを得ないなど、構造上の脆弱性を抜本的に解消するに足る改善策を見出すことが難しい状況（和田［2008］94-95頁）にもあるだけに、訴訟事例発生による漠然とした環境変化認識や精神訓話だけで、どこまで実質的な変化が見込まれるかはなお未知数である。

を金融検査のチェックにより側面支援することが望ましいのではなかろうか[35]。

ロ．内部監査人との連携

第７章でも非財務情報開示への内部統制強化の文脈から論及したように、バーゼル銀行監督委員会は、2012年６月に内部監査機能に関する各国の銀行監督当局向けのガイダンスを改訂（BIS［2012］）した。また、2013年１月には「実効的なリスクデータ集計とリスク報告に関する諸原則」（BIS［2013］）を公表し、金融危機の教訓として金融機関に対し、リスクデータ集計と内部のリスク報告プロセスの強化を求めている。他方で、外部監査において内部監査機能は、内部統制の基本的要素であるモニタリングの主な担い手として、財務諸表監査における内部統制評価ないしはリスク評価の対象として位置付けられる。内部監査により得られる情報は、外部監査人にとって、企業及び企業環境の理解に有益な情報をもたらすという点で、重要な監査証拠の一部を構成する。そこでは、外部監査人が、経営者に提出された内部監査報告書等を通じて、あくまで内部監査の結果を情報として入手し、必要と認める範囲でそれを利用ないし参考にして自らの監査計画に反映することが想定されている（町田［2012］１頁）。

さらに、ISA610（改訂版）「内部監査人の業務の利用」（IAASB［2012b］）では、内部監査人による外部監査人に対する直接支援（direct assistance）が可能となった。そこでの直接支援とは、外部監査人が内部監査人に対して外部監査業務の一部を依頼し、内部監査人が外部監査人の監督の下で一定の業

35　定期的に発出される金融庁「金融検査指摘事例集」において、上記基本方針に盛り込まれる以前にも監査役等が絡んだ指摘事例もないわけではなかったが、事務ミスの類であって、ガバナンス機構の本質的な問題点に鋭く切り込んだものは、あまり多くはないように窺われた。その旨、及び前提となる監査役等との連携の必要性を含め、金融庁講演会（2012年７月13日「金曜ランチョン」）で検査局幹部等を含む100名程度の聴講者を前に苦言を呈したところである。その後、監査役等との連携が検査基本方針に盛り込まれるとともに、佐々木［2014］によれば、年度方針に盛り込んだ後の１年間のすべての検査で常勤監査役・非常勤監査役に面談し、100程度の検査結果事例を短期集中的に分析した由である。また、銀行法の改正（2013年６月）で監査役についての「fit and proper 原則」（従来は取締役のみ）が導入されるなど、実態にメスを入れようとする当局の本腰を入れた対応は、大いに評価できるところである。

務を実施することとされる（AICPA［2012］para.27）。こうした業務はアメリカやカナダでは既に認められていたが、従来のISA610には規定がなく、被監査企業において経営者の指揮下にある内部監査人が外部監査人の指揮下で業務を行うので、外部監査の独立性の観点から大きな懸念や議論の対立を招いていた（町田［2012］2頁）。このため、IAASBでは、国際会計士連盟（IFAC）の倫理基準審議会（IESBA）において直接支援と倫理規定との整合が図られることを解除要件として、直接支援に関する規定の部分の公表を停止していたが（IAASB［2012c］pp.4 and 7-8）、IEASBの合意（2012年2月）を受けて2014年12月以降に開始する期間の監査から適用される（関口［2013a］21頁）。直接支援については、監査の品質の観点から多くの問題点が指摘されているものの、一定の条件[36]の下で仮に今後、議論を経て内部監査人による外部監査人の直接支援がわが国でも現実化するような場合には、銀行監督当局と内部監査人との実務的連携も、今まで以上に俎上に載るかもしれない[37]。

5. おわりに

銀行監督と会計士業務等と連携強化を図ることは重要だが、それですべての問題が解決するわけではない。監督当局自身の機能強化が当然に求められ

---

36 国際的には、外部監査人による指揮・監督・レビューが十分に行われるためのガイダンスを示したり、直接支援を受けることを計画している内容及び範囲についてガバナンスに責任を有する者に伝達し、直接支援の内容及び範囲が過剰なものになっていない旨の合意を得ることなどが求められている（町田［2012］6頁）。

37 Sawyer, Dittenhofer and Scheiner［2003］pp.1302-1305では、「統合監査」の概念（The “Unified Audit” Concept）が提示されており、興味深い。そこでは、外部監査と内部監査が計画段階から相互補完的に共同して業務を遂行することが想定されており、こうした発想の延長が許される前提条件の下では、例えば異なる目的の行政検査でも似た専門性の業務同士で「統合検査」が行われれば、業務のシナジー効果のみならず、受検者側のコスト軽減、効率化というメリットも生まれると考えられる。さらに敷衍すれば、行政検査と会社ガバナンス機構（監査役等、内部監査）、外部監査等が一体的に業務を遂行する「検査・監査の統合」も想起し得るのである。なお、最近ではわが国においても、銀行監督当局と内部監査部門との定期的意見交換により、問題意識の共有化などの連携が行われるようになってきている。

る一方で、連携する会計士（監査人）の役割に関しても、重要な虚偽表示に結び付く不正（粉飾）の発見にどこまで貢献できるのかを巡り、社会の期待とのギャップは依然として残されているように窺われる。限られた時間と人材を効率的に投入し監査リスクを可能な限り少なくするリスク・アプローチが現下においても有効な理論的フレームワークかどうかに関連し、EUのバルニエ報告書では、貸借対照表の実証検証に焦点をおく「基本に戻る」方法[38]が議論されたほか、近年の経営者不正の多発は従来アメリカの学会を支配してきた理論の破綻を示すものではないかとの指摘（志谷［2010］301頁）もある[39]。

前章の末尾でも頭出ししたように、社会との期待ギャップの解消に向けた１つの方法として、監査人の独立性強化の観点から、選任権に加えて監査報酬の決定権も監査役に付与すべきではないかとの議論を超えて、監査契約に様々な第三者機関を介在させるという考え方（第三者として日本公認会計士協会や証券取引所、公務員化等）が、わが国でも1960年代のかなり古くから提案がなされ議論されてきた経緯がある[40]。バルニエ報告書でも、ドイツの法定監査の例[41]にも言及しながら、大規模企業やシステミックな影響が及ぶ金融機関について、被監査会社ではなく規制当局が監査人を選任し報酬を支払うことの検討に言及していた（European Commission［2010］p.11）。

ただ、監査契約の法定化ないし第三者機関化には、従来から主として実行

38　そこではコンプライアンスや組織・体制の監査は内部監査に任せ、外部監査は貸借対照表の実証的検証に主眼を置くべきとした（European Commission［2010］p.7）。

39　ただ監査人は、リスク・アプローチによって、コスト・ベネフィットの観点からのみならずリスクのより高い分野に焦点を当てた検証が可能になり、結果的に財務諸表監査の質の向上が図られているのであるから、このアプローチを変更するべきではない（日本公認会計士協会［2010e］4頁）というのが現下の支配的な見方である。

40　そうした議論をレビューした文献として、弥永［2002］364-372頁、宮本［2007］139-141頁などがある。なお、わが国でも近時の不祥事を眺め、日本公認会計士協会が上場企業から監査を引き受け監査法人に個別企業の監査を割り当てることの提案（日野［2012］1頁）がなされるなど、依然として議論の火種は消えていないように窺われる。

41　ドイツのほか、オーストリアの貯蓄銀行の監査人の選任も法定されている（European Savings Banks Group［2010］pp.3-4）。なお、カナダでも、当局検査代替としての銀行監査人の報酬は、中立的な第三者機関を通して支給される（越智［2008］193、356頁）。

可能性の観点から問題点が多く指摘されており、監査人と依頼者との間で監査実施に係る十分な協力関係の醸成が難しいことや監査を受ける企業側の監査人選択の権利等が、自由契約方式の根拠とされてきた（鳥羽・川北ほか［2001］51-52頁）。また、仮に監査報酬決定に第三者が関与すると、クライアントの規模等により外形的に報酬額を決めるなど監査上のリスク等が監査報酬に反映され難い枠組みとなりかねず、監査人の品質が一定でない中で外部の第三者にこのような決定を行わせることは不適切とされる。さらに、プール資金での報酬支払いは、システム維持費の上乗せ、監査の形式化や官僚化の弊害、政治化、クライアント側での内部統制の強化などを通して、監査コスト削減努力の減退など社会的コスト増というデメリットを生むとされてきた（山浦［2006］158-159頁）。

日本公認会計士協会［2010e］でも、自由契約方式は、①企業の個々の状況に応じた対応を可能にすることにより、企業自身による監査の選択を確保するとともに、②監査事務所における関連する品質管理の方針及び手続の整備・運用を通じて監査の品質を改善することを可能にするとしている[42]。確かに現行制度に実務的メリットがあり、現行制度を前提に運用面で改善の余地があるのも事実で、その意味では新設された不正リスク対応基準の実効的運用にも期待したい[43]。ただ、過去に非監査サービスの同時提供禁止や監査ローテーション制度、監査監督機関の設置等を巡る論争がそうであったように、主として実行可能性からの反論は、相次ぐ不祥事の前には結果的に制度改革を阻む決定的な要因にならないことが多い。不祥事の歴史は制度改革の

---

42 より具体的には、監査事務所は、監査契約の締結の過程で事務所の品質管理方針に基づき、業務を受諾するための能力と適性、職業倫理の遵守をベースに、クライアントの誠実性の検討を含めた監査契約の可否を判断するための手続を実施できる。また、監査報酬の交渉は、監査リスク等を考慮して企業と監査事務所間で直接に行われるが、もし監査契約や報酬の交渉が両者の間で直接行われず当局等の第三者が監査人を選任し報酬を決定する場合、監査事務所には、このような品質管理方針及び手続の整備・運用や監査メソドロジーの開発等を通じた監査の品質向上のための投資への意欲が失われる。その結果、長期的に監査の品質への重大な悪影響が生じるおそれがあり、たとえ大規模企業やシステミックな影響が及ぶ金融機関の監査を法定検査に近づけたとしても、それのみによって金融危機を防止・発見することは困難であり、かえって長期的には監査の品質に対する重大な悪影響が生じる可能性が高いとしている（日本公認会計士協会［2010e］4-5頁）。

歴史でもある。そうした制度改革が今は現実的ではないとしても、各種制度見直し後もガバナンス機構（監査役等）を含め実効的な改善が図れず目に見えた成果が表れない場合には、1つの社会選択として、将来的に何らかの不祥事を契機に、ガバナンス機構の見直しとともに監査契約面での制度改革に関する社会的合意が試行される可能性も、皆無とは言い切れないのではなかろうか[44]。

---

43 オリンパス事件における監査人側の問題として、買収価格の異常性に気付いていながら監査役会が依頼した外部調査報告の適切性をどのように判断したのか、仮に自ら抱いた疑問が解消しておらず不正の疑いがある状況で金商法第193条の3の対応を取らなかったとなると金商法違反にもなりかねないのであり（町田［2011］53-56頁）、前章で論及したような不正の疑義と判断した後の反証的アプローチが重要になる所以である。不正が発覚した後の事務手順を確認・啓蒙する実務指針等が日本公認会計士協会からも発出されており、不正発覚後の対応が明確であれば、不正指摘を万が一にも躊躇するような（見て見ぬふりをする）不適切な対応を予防する効果は見出せるであろうが、問題は如何に重要な会計不正の発見に至るかである。

44 公的規制システム構築のコスト増大の一方で、財務諸表への投資家の信認を高め企業の資本コストを低減し、資源配分における資本市場の有効性を高め、重要な不正の未然抑止により関係者の訴訟関連コストや不正な財務報告を公表した企業に投資した人々が被る膨大な損失を減らすメリットが見込まれる（POB［2000］（山浦［2001］11頁））などの理由から、各種ベネフィットが追加的な監査コストを正当化するとの社会的論調が優勢となる可能性もあると考えられる。とりわけ極端な事案をきっかけにした政治的な得点稼ぎで法規制が行われるバイアス（冨山［2012］32頁）も、目に見える制度改革を助長しやすい。なお、独立性・中立性強化のために契約の法定化を指向するのみならず不正等発見機能の強化を選択する場合には、不正発見のための強い権限付与も検討課題になり、そのためには不正等発見をとことん追求する代償としての社会的コスト増も覚悟しなければならない。さらに、そのような制度改革が進展すれば、もはや従来の監査制度とは異質なものとなり、既存の監査理論も抜本的見直しを迫られることになろう。

終章

総括と今後の課題

1．　本書の総括

貨幣的効用の最大化にしか関心がない合理的経済人モデルでは、現代社会が抱える外部不経済等の問題に十分な対処が導けない。本書では、スミスの「公平な観察者」、あるいはヴェブレンが創始した制度派経済学、センによる厚生経済学の批判的再構築にもみられるような多面的な人間像を基底に据えて、市民の余暇時間におけるボランタリーな非営利組織活動（NPO/NGO等）に、経済制度の健全化（人間化）に向けた貢献可能性を見出した。それは、中央集権的なハードローだけでなく分権的なソフトローによって形成される社会規範を土台に、経済社会のメインプレーヤーたる投資家や経営者が規律付けられる社会の構想であった。

本書の究極的な目標は、より安定した社会の下での持続可能な経済発展への貢献にある。そのために外部不経済の内部化や企業経営の革新に向け、開示を通じてNPO（NGO）、投資家、経営者のプラグマティックな相互作用を促す観点から、経営者の規律付けに資する非財務情報開示のメカニズムを中心に、開示情報の信頼性まで視野に入れて研究を進めた。そこでは、「持続可能性」に象徴される社会価値と、「イノベーション」に象徴される投資価値という2つのルートから接近し、非財務情報開示の歴史的経緯や規範生成過程のリアリティを踏まえつつ、両者が「統合報告」という調和的開示均衡に至るダイナミクスの道筋と論理、さらには情報の信頼性付与方策について考察した。以下では、本研究の意義を振り返ることで本書の総括としたい。

まず、社会価値のルートから接近し、社会規制を代替する開示規範の形成過程において、その特質やメカニズムの解明を試みた。欧州では直接的な社会規制（ハードロー）から、企業へのプラグマティックな規律付けとして、企業の経済的インセンティブに基づいた開示規律（ソフトロー）の活用にシフトしてきている。その際、本書では、社会的に望ましい開示均衡の実現に向け、企業の短期的な利潤動機を社会的に補完していくドライビング・フォースとして、自律的な市民としての成熟、あるいは組織化された形態であるNPO（NGO）の機能に着目するとともに、そうした視点を機関投資家が生成基盤となる市場型NPO（NGO）にまで拡張し、市場規律とも接合する形で体系的に位置付けた。そこでは、ソフトローやグローバル・ガバナンスの思考枠組みに立脚しつつ、方法論としてゲーム論的思考の有用性を提示するなどして、非財務情報の開示規範形成過程におけるNPO（NGO）と企業との相互関係性の理論的基礎付けを行ったところに、本書の意義があると考えている。

次に、投資価値のルートからの接近として、社会の正当化要求を踏まえた持続的企業価値の視点から社会価値と市場の論理の接合を論じ、社会的正当性への企業対応を市場規律で促していく際に、市場の声をリスクマネジメントないし戦略ガバナンスに組み込んで経営を組み立てる経営力（ガバナンス力）も、重要なドライビング・フォースとなることに着目した。企業はESG要因を巡る市場の声を、リスクマネジメントだけでなく企業経営における事業機会の創出という戦略的観点で捉えることも重要であり、そうした経営力の動態を統合報告において開示することが、長期投資を促す有用情報として、投資家の長期的な企業価値創造期待を高めると同時に、企業における安定株主確保に向けた資本政策として、長期のエクイティ・ファンディングにも資するのである。そこでは、持続可能性に資する「サステイナブル経営」を含む経営革新（イノベーション）の必要性について、統合報告に盛り込む非財務情報のコンテンツの文脈で論じ、イノベーションの開示ツールとして統合報告を役立てていくことが、わが国経済社会の現下の文脈における戦略的意義としても重要と考えた。

その理論的基礎として、トップリーダーシップに支えられた戦略経営の必要性を財務・会計研究の側面からも補強するため、わが国企業で長期間観察されたPBR 1倍割れという稀有な現象を端緒に、過少収益力である「（自己創設）負ののれん」の源泉となる「負のインタンジブルズ」の存在について論究した。インタンジブルズの負の側面については、その概念の解明が十分に進んだとはいえず、レピュテーションやリスクとの異同を含め、未だ曖昧な部分が多い研究領域である。こうした状況下、人的・組織価値因子等に基づく「正」「負」インタンジブルズの内容を明確化することにより、経営力の動態的な統合報告など開示のあり方を考える理論的基礎として、あるいは新しい実証研究（例えば、Accounting & Governance）の開拓に向けた具体的なアイデアの提示として役立てていくところに、本研究の今日的意義があると考えている。

最後に、統合報告書の開示形態に応じた監査・保証業務のスキームを提示したが、現時点では開示実務の進展を見極めている段階ということもあり、これから学会レベルでも研究が蓄積されていくフェーズにあるとみられる。海外においても、国際監査・保証基準審議会（IAASB）では、統合報告を含む各種非財務報告書等に新たな保証業務基準の開発が必要かどうか、作業グループにより保証ニーズの基礎的研究等が始まったばかりである。こうした中にあって、本書では、統合報告の情報特性あるいは開示特性に着目しつつ、統合報告書の開示形態に応じて監査・保証のあり方等を包括的に検討・提示するとともに、その信頼性に関連して監査・監督面での今日的課題等にも論及したものであり、今後の研究に向けた一里塚（あるいは問題提起）として貢献し得るのではないかと考えている。

2．　今後の課題

上記の通り本書では、CSRへの取り組みは、企業の利潤動機により限界が画される現実を認識の基礎とし、社会的に許容され得ない外部性の克服に向けて企業を動機付けるため、NGO等による社会的圧力、あるいは持続的企業価値を指向する機関投資家等の市場規律により、分権的に企業を規律付けるフレームワークが有効と考えた。ただ、市場規律のツールとなる統合報告において、社会の「正当性」要求のどこまでを重要情報として捉え、企業は外部性のどこまでをマネジメントしていくべきかは、必ずしも自明ではない。それは企業の置かれた環境・状況によっても異なり、企業を取り巻く社会のニーズあるいは正当化要求レベルのより精緻な階層的把握とともに、今後の開示実務の進展につれた重要情報のレビュー等を通じ、さらなる分析と考察が必要である。

同時に、社会価値と投資価値双方のダイナミクスの均衡点から外れた領域として、投資家以外の他利害関係者にとって固有に重要な情報ニーズが残ることになり、こうした投資価値から漏れる社会価値も余分なものとはいえない。投資価値と社会価値が均衡するバランスは時代環境とともに可変的であり、その外延を拡張する道筋と論理を本書では考察したわけであるが、そもそも南アフリカのように、投資価値と均衡しない社会価値をも包含したマルチステークホルダー型の統合報告書が、とりわけ財務報告制度として有効に機能し得るのかどうか、その検証と回答は今後の課題として残されている。戦略的CSRにしてもCSVにしても企業経営（利潤）がベースにあり、こうした考え方の下で、マルチステークホルダー型の統合的な財務報告システムがどこまで整合し得るのか、それとも企業経営における新しいCSR観を模索すべきなのか、あるいは新しい財務報告観を構想すべきなのか、いずれにしても今後とも考えていかなければならない課題となる。

また、本書ではNGO関与による相互作用の分析にゲーム論的思考を有用としたが、プリミティブな枠組みを提示したに過ぎない。ゲーム理論の立場から群集行動のメカニズムを説明する情報カスケード（合理的群集理論）については、厳密には国際交渉の場においては、①NGOのキャンペーンにより提供される情報は、個々人が私的に受ける情報とは異なり、ある一定割合の人達に一種の公的な情報を与えているという側面を有する。また、②個人の選好（欲求）に伴う直接的利益に比べて、条約交渉対象となっている問題は個々人の直接的利益ではないといった違いもある。本来、こうした相違点も視野に入れて合理的群集理論のモデルを構築し、実際に「規範のカスケード」をモデルで検証したうえで議論を進めることが望ましい。本書では、合理的群集理論の本質的なアイデアを参考にすることにより、NGO による開示規範形成過程を分析したに止まり、モデルの構築と検証は今後の課題として残されている。同時に、NGO の失敗に備えた社会的インフラ整備、非営利株式会社の活用可能性など非営利組織のあり方に関しても、さらに研究を深めていかなければならないと考えている。

他方で「負のインタンジブルズ」を巡り、とりわけ「経営力」に起因する人的・組織価値因子については、PBR 1 倍割れの日本企業を中心とした実証研究により、その実態を掘り下げて明らかにしていく必要がある。「経営力」の変数設定やそうした非財務情報の開示量あるいは情報取得可能性にも制約は少なくないが、既にガバナンスに係る各種非財務要因（取締役会規模・特性等）と企業パフォーマンスの関係性を扱った実証研究もみられてきている。コーポレート・ガバナンス構成など各種非財務要因と、業績あるいは株価との関連性分析を通じて、曖昧模糊とした PBR 1 倍割れの要因に徐々にでも接近していく実証会計研究の蓄積が進めば、わが国企業の戦略経営力の強化に向けても貢献するところ大であろう。同時に、その基礎になる規範的研究として、「負のインタンジブルズ」概念の一層の精緻化に今後とも取り組んでいかなければならないと考えている。

その際、個別企業価値評価の前提となる「社会的共通資本」（宇沢［2000］など）についても、比較的可視化されやすい公共財のタンジブルズのみならず、自然・社会・文化等を包摂したインタンジブルズが想起され、本書で扱った外部不経済はソーシャル・インタンジブルズの毀損要因とも捉えられる。土壌汚染を巡る資産除去債務のように企業の財務諸表にオンバランスされてマネジメント対象になるもの以外に、広く自然・社会・文化資本のように貨幣価値換算が困難な領域にも、守るべき価値は存在する。統合報告では、そうした共通資本の企業による利用状況を定性的に可視化することに役立つが、共通資本の定量的把握・管理対象化に向けて、経済学のみならず法学や会計学の蓄積を総合した学際研究を深める余地は依然として大きい。同時に、新しい知見は現実の今日的課題に取り組むことを通じても開拓され得るのであり、そうした実践的な取り組みも併せて自らの今後の課題としていきたい。

引用文献

［邦語文献］

ISS［2013］「2013年日本向け議決権行使助言基準（概要）」。
アイゼンバーグ，メルビン［2006］「コーポレート・ガバナンス、ソフト・ロー、証券取引所規則」『商事法務』1783号、4-18頁。
秋葉賢一［2012］「気になる論点（61）自己創設負ののれん」『週刊経営財務』3078号、26-29頁。
秋山をね・大崎貞和・神作裕之・野村修也［2004］「座談会　いまなぜCSRなのか」『法律時報』76巻12号、4-26頁。
あずさ監査法人［2009］『経営に資する統合的内部監査』東洋経済新報社。
東健太郎［2013］「環境情報開示の動機に関する実証的研究（文献レビュー）」日本社会関連会計学会スタディグループ最終報告「CSR実践の現状と将来—社会関連会計の視点から」、45-51頁。
東誠一郎編著［2007］『将来予測情報の監査—ゴーイング・コンサーン情報等の分析』同文舘出版。
足立研幾［2004］『オタワプロセス—対人地雷禁止レジームの形成』有信堂高文社。
——［2008］「国際制度形成過程における政府-NGO関係—共鳴・協働・競合」『立命館国際研究』21巻1号、1-17頁。
安達哲也［2010］「市場リスク定量情報等の開示［下］」『週刊経営財務』2995号、11-17頁。
阿部直彦・小西真木子［2013］「日本取締役協会『経営者報酬ガイドライン（第三版）』の解説」『商事法務』2004号、33-45頁。
阿部泰久・石田猛行・神作裕之・松崎裕之・一丸陽一郎・宮本照雄［2013］「シンポジウム　監査役制度の正しい理解のために 各界から見た日本のコーポレート・ガバナンスと監査役制度」『月刊監査役』613号、4-32頁。
安藤聡［2014］「オムロン株式会社」宝印刷株式会社総合ディスクロージャー研究所編『統合報告書による情報開示の新潮流』同文舘出版、41-64頁。
井口譲二［2014］「ストーリーのあるコーポレートガバナンス—株主価値向上のために企業に期待すること」『商事法務』2030号、4-10頁。
砂川伸幸［2013］「コーポレートファイナンスと企業経営」『月刊監査役』616号、14-25頁。
石﨑忠司［2010］「『失われた10年』の先に求められる社会像」石﨑忠司監修／建部正義・高橋由明・梅原秀継・田中廣滋編著『失われた10年—バブル崩壊からの脱却と発展』（中央大学学術シンポジウム研究叢書7）中央大学出版部、1-18頁。
石田猛行［2013］「2013年6月株主総会を振り返って」『企業会計』65巻11号、59-67頁。
——［2014］「2014年ISS議決権行使助言方針」『商事法務』2026号、36-50頁。
五十嵐達朗［2012］『財務諸表監査 私論』日経事業出版センター。
五十嵐則夫［2012］「財務報告制度の変革と監査報告のパラダイムシフト」『企業会計』64巻2号、269-277頁。
板倉宏［1975］『企業犯罪の理論と現実』有斐閣。

伊藤邦雄［1999］「企業価値経営革新に向けて」伊藤邦雄編著『企業価値を経営する―日本企業再生の条件』東洋経済新報社、1-47 頁。
――［2000］『コーポレートブランド経営―個性が生み出す競争優位』日本経済新聞社。
――［2006］「無形資産会計の新展開」伊藤邦雄編著『無形資産の会計』中央経済社、3-25 頁。
――［2010］「ディスクロージャー学の展望と課題―会計基準のコンバージェンス問題を超えて」『企業会計』62 巻 10 号、4-13 頁。
――［2011］「財務報告の変革と企業価値評価」『企業会計』63 巻 12 号、48-57 頁。
――［2012］「中長期戦略、着実に実行を」日本経済新聞 9 月 5 日付朝刊。
――［2013a］「実証的会計研究の進化」伊藤邦雄・桜井久勝編著『会計情報の有用性（体系現代会計学第 3 巻）』中央経済社、1-34 頁。
――［2013b］「投資家との対話で経営革新」日本経済新聞 6 月 28 日付朝刊。
――［2013c］「基調講演」日本公認会計士協会「統合セミナー報告」『会計・監査ジャーナル』698 号所収、71-73 頁。
――［2014］『新・現代会計入門』日本経済新聞出版社。
――・加賀谷哲之［2001a］「企業価値と無形資産経営」『一橋ビジネスレビュー』49 巻 3 号、44-63 頁。
――・――［2001b］「企業価値経営論（1）」『一橋ビジネスレビュー』49 巻 3 号、108-121 頁。
――・――［2002a］「企業価値経営論（4）」『一橋ビジネスレビュー』50 巻 2 号、124-142 頁。
――・――［2002b］「企業価値経営論（5）」『一橋ビジネスレビュー』50 巻 3 号、106-123 頁。
――・――［2009］「日本企業のディスクロージャーの現状―情報開示担当者の意識調査を中心に」日本インベスター・リレーションズ学会研究分科会成果報告書「新たな情報開示モデルと IR」、15-28 頁。
――・――［2012］「企業価値に貢献する統合開示モデル策定に向けて」日本インベスター・リレーションズ学会スタディ・グループ最終報告「企業価値に貢献する統合開示モデルの研究」、1-21 頁。
――・――・鈴木智大［2012］「会計はどこに向かっているのか―有用性喪失を超えて、価値創造に貢献できるか」『一橋ビジネスレビュー』60 巻 1 号、6-22 頁。
――・徳賀芳弘・内藤文雄・弥永真生・古賀健太郎・太田康広・與三野禎倫［2013］「円卓討論 会計学研究のアイデンティティと貢献」『會計』183 巻 1 号、99-126 頁。
今田忠［2000］「官・公・民・私―日本の NPO の来し方、行く末」塩澤修平・山内直人編『NPO 研究の課題と展望 2000』日本評論社、9-32 頁。
今福愛志［2004］「CSR 会計のフレームワークの再構成」『企業会計』56 巻 9 号、18-25 頁。
伊豫田隆俊［2012］「監査における保証機能についての一考察」『会計・監査ジャーナル』680 号、109-115 頁。
――・後藤潤・関根愛子・宮本照雄・脇田良一［2013］「座談会　不正リスク対応基準（案）をめぐって」『企業会計』65 巻 4 号、50-72 頁。
入山映［2004］『市民社会論― NGO・NPO を超えて』明石書店。
岩井克人［2000］『二十一世紀の資本主義論』筑摩書房。

――［2005］『会社はだれのものか』平凡社。

岩原紳作［2013］「会社法制の見直しと監査役」『月刊監査役』607号、4-15頁。

上杉史朗［2001］「NPO活動と『地域通貨』」日本NPO学会編集委員会編『NPO研究2001』日本評論社、39-52頁。

上田俊昭［2009］「環境財務会計における対象領域の検討」河野正男・上田俊昭・八木裕之・村井秀樹・阪智香編著『環境財務会計の国際的動向と展開』森山書店、95-113頁。

魚住隆太［2011］「企業のGHG情報開示の動向」大和田滝惠・岡村堯編『地球温暖化ビジネスのフロンティア』国際書院、169-215頁。

宇澤亜弓［2012］『不正会計―早期発見の視点と実務対応』清文社。

宇沢弘文［2000］『社会的共通資本』岩波新書。

――［2008］「企業、コモンズ、社会的共通資本」戒能通厚・楜澤能生編『企業・市場・市民社会の基礎法学的考察』日本評論社、143-163頁。

内ケ﨑茂［2012］「株式報酬インセンティブ・プランの制度設計と法的考察」『商事法務』1985号、35-45頁。

海野みづえ［2004］「グローバル化するサプライ・チェーンでのCSRマネジメント」髙巖・日経CSRプロジェクト編『CSR―企業価値をどう高めるか』日本経済新聞社、248-267頁。

梅原秀継［2000］『のれん会計の理論と制度―無形資産および企業結合会計基準の国際比較』白桃書房。

ASBJ［2014］「ディスカッション・ペーパー『財務報告に関する概念フレームワークの見直し』に対するコメント」。

江口高顯［2013］「株式持ち合い『後』の経営者・株主関係における機関投資家の役割」『証券アナリストジャーナル』10月号、41-51頁。

江田寛［2011］「NPO法人会計基準の現状と課題」『會計』179巻4号、44-55頁。

エネルギージャーナル社［2010］「トムソン・ロイター、今秋CO_2排出等ESG情報提供開始」『エネルギーと環境』2081号、2-3頁。

太田達也［2012］「会社法制の見直しに関する要綱について―監査・監督委員会設置会社の意義」『新日本有限監査法人・情報センサー』77号、2-5頁。

大塚直［2010］「環境訴訟における保護法益の主観性と公共性・序説」『法律時報』82巻11号、116-126頁。

大八木時広［2000］「地球環境問題へのグローバル・ガバナンス・アプローチ」信夫隆司編著『地球環境レジームの形成と発展』国際書院、69-100頁。

小川真人［2006a］「不正の兆候と監査役の役割（上）―不正調査手続」『月刊監査役』509号、41-48頁。

――［2006b］「不正の兆候と監査役の役割（下）―不正の懸念と監査役の役割」『月刊監査役』510号、9-15頁。

沖村理史［2000］「気候変動レジームの形成」信夫隆司編著『地球環境レジームの形成と発展』国際書院、163-194頁。

奥村宏［2006］『株式会社に社会的責任はあるか』岩波書店。

長有紀枝［2007］「地雷禁止条約の弱点を補完するNGOの役割―ICBLと『ランドマインモニター・レポート』を事例に」金敬黙・福武慎太郎・多田透・山田裕史編著『国際協力NGOのフロンティア―次世代の研究と実践のために』明石書店、237-262頁。

小澤義明［2012］「監査人の職業的懐疑心に関わる実務的考察」『日本監査研究学会第35回全国大会報告要旨集』、72-75頁。
越智信仁［2008］『銀行監督と外部監査の連携―我が国金融環境の変化、各国制度の比較等を踏まえて』日本評論社。
――［2012］『IFRS公正価値情報の測定と監査―見積り・予測・リスク情報拡大への対応』国元書房。
織朱實［2004］「我が国の環境リスク情報公開およびその活用に向けての制度的検討―米国制度との比較法的観点からの考察」『関東学院法学』13巻4号、1-45頁。
オリンパス株式会社［2011］第3者委員会「調査報告書」。
甲斐幸子［2011］「米国公開企業会計監視委員会『監査した財務諸表に対する報告に関連するPCAOB基準の改訂に関するコンセプト・リリース』」『会計・監査ジャーナル』672号、21-26頁。
――［2013］「米国公開企業会計監視委員会公開草案『無限定適正意見の監査報告書』及び『監査した財務諸表及び監査報告書が含まれる特定の開示書類におけるその他の記載内容に関連する監査人の責任』」『会計・監査ジャーナル』700号、23-34頁。
戒能通厚・楜澤能生［2008］「課題と構成」戒能通厚・楜澤能生編『企業・市場・市民社会の基礎法学的考察』日本評論社、11-17頁。
加賀谷哲之［2006］「知的財産権マネジメントと株式価値」伊藤邦雄編著『無形資産の会計』中央経済社、377-402頁。
――［2009］「研究開発ディスクロージャーと資本組織」日本インベスター・リレーションズ学会研究分科会成果報告書「新たな情報開示モデルとIR」、79-98頁。
――［2012］「持続的な企業価値創造のための非財務情報開示」『企業会計』64巻6号、79-89頁。
――［2013a］「持続的な企業価値創造に向けたIRの課題と展望―CRラボでの新たな挑戦」『インベスターズ・リレーションズ』7号、92-110頁。
――［2013b］「持続的な企業価値創造に向けたBCM」安井肇・あらた基礎研究所編『備えるBCMから使えるBCMへ―持続的な企業価値の創造に向けて』慶應義塾大学出版会、81-111頁。
――［2014a］「実証的会計研究におけるイノベーションの探求―経営者の利益観の日米比較を通じて」『會計』185巻1号、29-45頁。
――［2014b］「統合報告が企業経営に与える影響」『企業会計』66巻5号、38-45頁。
片木晴彦［2008］「結合企業の株主保護と情報開示制度」『商事法務』1841号、15-25頁。
桂木隆夫［2005］『公共哲学とはなんだろう―民主主義と市場の新しい見方』勁草書房。
勝山進［2006a］「はしがき」勝山進編著『環境会計の理論と実態（第2版）』中央経済社、3-4頁。
――［2006b］「環境問題と環境政策」勝山進編著『環境会計の理論と実態（第2版）』中央経済社、3-13頁。
加藤慶一［2010］「NPOの寄附税制の拡充について」『レファレンス』60巻8号、43-64頁。
金井一頼［2006］「経営戦略とは」大滝精一・金井一頼・山田英夫・岩田智『経営戦略―論理性・創造性・社会性の追求（新版）』有斐閣、1-28頁。
金田晃一［2012］「報告書の変遷から見る『統合』のインプリケーション」『企業会計』64巻6号、56-61頁。

神山直樹［2010］「日本企業の収益性：日米欧比較—日本企業の『危機』と脱却への道」『証券アナリストジャーナル』12月号、18-27頁。
——［2013］「現代の株式会社とROE」『証券アナリストジャーナル』7月号、52-57頁。
刈屋武昭［2005］「無形資産の理解の枠組みと情報開示問題」RETI Discussion Paper Series 05-J-019。
川越敏司［2010］『行動ゲーム理論入門』NTT出版。
河口真理子［2004］「関心高まる社会的責任投資」『大和総研レポート』1月5日号、1-24頁。
——［2009］「欧州主要年金基金のESG投資事情」『大和総研コンサルティングレポート』8月19日号、1-8頁。
環境省［2001］『環境白書—地球と共生する『環の国』日本を目指して』ぎょうせい。
——・日本公認会計士協会［2007］「CSR情報審査に関する研究報告」。
神作裕之［2005a］「ソフトローとしてのlex mercatoria」COEソフトロー・ディスカッション・ペーパー・シリーズ。
——［2005b］「ソフトローの『企業の社会的責任』論への拡張？　EUにおける動向」『ソフトロー研究』4号、19-33頁。
神崎克郎［1977］「アメリカ会社法セミナー報告（上）」『商事法務』788号、751-756頁。
——［1978a］『ディスクロージャー』弘文堂。
——［1978b］「ディスクロージャーの機能と有効性」『民商法雑誌』78巻臨増2号、434-453頁。
監査人・監査報酬問題研究会［2012］『わが国監査報酬の実態と課題』日本公認会計士協会出版局。
神田秀樹［2005］「企業と社会規範—日本経団連企業行動憲章やOECD多国籍企業行動指針を例として」『ソフトロー研究』1号、3-37頁。
——・弥永真生・石田猛行・内ケ﨑茂・武井一浩［2013］「新春座談会　役員報酬改革の新潮流と今後の諸論点（上）」『商事法務』1987号、8-28頁。
神林比洋雄［2012］「統合報告—経営の透明性と説明責任」（日本ディスクロージャー研究学会第5回研究大会統一論題報告配布資料）、1-23頁。
企業会計審議会［2004］「財務情報等に係る保証業務の概念的枠組みに関する意見書」。
——［2013］「監査基準の改訂及び監査における不正リスク対応基準の設定に関する意見書」。
企業活力研究所［2010］「CSRの動向と新たな潮流に関する調査研究報告書（概要）」。
——［2012］「企業における非財務情報の開示のあり方に関する調査研究報告書（概要版）」。
企業市民協議会［2009］「特集CSRレポーティングの今後の方向性（非財務情報開示の今後の方向性と日本企業の課題/上妻義直教授講演要旨）」『ステークホルダーズ』74号、5-10頁。
菊池勝也［2011］「社会的責任投資（SRI）ファンドの運用」水口剛編著『環境と金融・投資の潮流』中央経済社、195-206頁。
菊谷正人［2002］『国際的会計概念フレームワークの構築—英国会計の概念フレームワークを中心として』同文舘出版。
岸田眞代・高浦康有編著［2003］『NPOと企業—協働へのチャレンジ（ケース・スタディ11選）』同文舘出版。

――・パートナーシップ・サポートセンター編著［2005］『NPOからみたCSR―協働へのチャレンジ（ケース・スタディⅡ）』同文舘出版。
――・――編著［2006］『企業とNPOのパートナーシップ―CSR報告書100社分析（ケース・スタディⅢ）』同文舘出版。
――・――編著［2007］『CSRに効く！―企業＆NPO協働のコツ』風媒社。
北川哲雄［2013a］「非財務情報とアナリストによる業績予想行為―医薬品企業の事例を中心に」『証券アナリストジャーナル』8月号、25-35頁。
――［2013b］「アナリストとゲートキーパー機能―ベーシック・レポートの作成は時代遅れか」『証券アナリストジャーナル』10月号、29-40頁。
木下信行［2012］「わが国企業の低収益性等の制度的背景について」日本銀行金融研究所ディスカッション・ペーパー・シリーズ2012-J-12。
金敬黙［2007］「なぜ、NGOは政治性と非政治性の狭間でゆれるのだろうか？―アドボカシー戦略とメディア表象の分析を中心に」金敬黙・福武慎太郎・多田透・山田裕史編著『国際協力NGOのフロンティア―次世代の研究と実践のために』明石書店、12-38頁。
金鉉玉［2007］「リスク情報の事前開示が投資家の意思決定に与える影響―情報流出リスクの顕現化ケースを用いて」『一橋商学論叢』2巻2号、102-113頁。
――［2008］「リスク情報と業績予想」『企業会計』60巻8号、126-134頁。
清村英之［2006］「環境税導入の論点」勝山進編著『環境会計の理論と実態（第2版）』中央経済社、15-27頁。
金融庁［2005a］「金融検査評定制度の概要」（評定制度研究会第1回会合〈1月26日〉資料）。
――［2005b］「評定制度研究会報告書」。
――［2012］「資料2　監査契約書のあり方」（企業会計審議会第31回監査部会〈11月16日〉配付資料）。
――［2013］「資料2　コメントの概要及びコメントに対する考え方」（企業会計審議会第33回監査部会〈2月28日〉配付資料）。
――［2014］日本版スチュワードシップ・コードに関する有識者検討会「『責任ある機関投資家』の諸原則〈日本版スチュワードシップ・コード〉」。
金融財政事情研究会［2010］「新聞の盲点 市況回復も、変動利付国債に潜み続ける不安」『金融財政事情』2898号、6-7頁。
楠木建［2010］『ストーリーとしての競争戦略―優れた戦略の条件』東洋経済新報社。
久住法子［2011］「責任投資向け企業調査」水口剛編著『環境と金融・投資の潮流』中央経済社、177-193頁。
黒川行治［1998］『連結会計』新世社。
栗田照久・八田進二・野村昭文・町田祥弘［2013］「不正リスク対応基準　解体新書（座談会第一部）設定当局が語る真意」『週刊経営財務』3113号、34-46頁。
黒沼悦郎［2012］「会計監査における監査人の義務と責任」『青山アカウンティング・レビュー』2号、91-98頁。
経済産業省［2004］「『企業の社会的責任（CSR）に関する懇談会』中間報告書」。
――［2010］『BOPビジネスのフロンティア―途上国市場の潜在的可能性と官民連携』経済産業調査会。
――［2012］『新中間層獲得戦略―アジアを中心とした新興国とともに成長する日本』経済

産業調査会。
—— [2014a]「日本の『稼ぐ力』創出のための問題意識」(日本の「稼ぐ力」創出研究会第1回配布資料4、事務局説明資料)。
—— [2014b]「『持続的成長への競争力とインセンティブ—企業と投資家の望ましい関係構築』プロジェクト最終報告」(伊藤レポート)。
経済同友会 [2013]「会社法改正審議を通した企業統治改革の加速実現を」。
KPMG あずさサステナビリティ [2013]「欧州委員会による会計指令の改訂案の公表」(ニュースレター5月2日号)。
上妻義直 [1993]「オランダにおける環境情報開示の問題点」河合秀敏編著『国際会計と国際監査』同文舘出版、21-35頁。
—— [2005]「英国における会社法改革とOFRの制度化(上)」『企業会計』57巻9号、115-121頁。
——編著 [2006a]『環境報告書の保証』同文舘出版。
—— [2006b]「有価証券報告書のCSR情報に関する予備的調査」『JICPA ジャーナル』612号、128-138頁。
—— [2008a]「現実味を帯びるCSR報告の制度化」『ESP』508号、34-37頁。
—— [2008b]「英国2006年会社法におけるCSR情報の開示規定」『會計』173巻6号、49-74頁。
—— [2012a]「気候変動情報の報告」広瀬義州・藤井秀樹編著『財務報告のフロンティア(体系現代会計学第6巻)』中央経済社、203-243頁。
—— [2012b]「統合報告への移行プロセスにおける制度的課題」『産業経理』72巻2号、16-24頁。
—— [2012c]「統合報告はどこへ向かうのか」『會計』182巻4号、107-123頁。
河本一郎 [1978]「ディスクロージャーによる企業行動のコントロール—総会屋に対する支出に関連して」『民商法雑誌』78巻臨増2号、415-433頁。
古賀智敏 [2012a]『知的資産の会計(改訂増補版)』千倉書房。
—— [2012b]「グローバル化時代における統合レポーティングの発展可能性と課題(国際会計研究学会第2回東日本部会基調講演)」配布資料、1-25頁。
—— [2012c]「非財務情報開示の理論的枠組み—シグナリング理論と正当性理論の相互関係とその適用」『會計』182巻1号、1-14頁。
—— [2013]「リスク情報開示の分析フレームワーク」『税経通信』68巻15号、17-23頁。
——・河﨑照行 [2003]『リスクマネジメントと会計』同文館出版。
——・姚俊・島田佳憲 [2011]「企業の持続的発展と非財務情報の開示のあり方—知的資産情報を中心として」『産業経理』71巻1号、13-26頁。
小粥純子 [2011]「財務報告のあり方と重要性」『会計・監査ジャーナル』672号、22-25頁。
小口俊朗 [2004]「機関投資家からみたCSRへの評価」『企業会計』56巻9号、50-56頁。
國部克彦 [2011]「社会・環境情報開示の展開—欧米の動向と日本への示唆」古賀智敏編著『IFRS時代の最適開示制度—日本の国際的競争力と持続的成長に資する情報開示制度とは』千倉書房、113-130頁。
—— [2012]「社会関連情報の報告」広瀬義州・藤井秀樹編著『財務報告のフロンティア(体系現代会計学第6巻)』中央経済社、245-272頁。
小谷融 [2011]「有価証券報告書における気候変動情報の開示規制」村井秀樹・川村雅彦・

鶴田佳史編著『カーボン・ディスクロージャー―企業の気候変動情報の開示動向』税務経理協会、49-70 頁。
小西範幸［2012］「統合報告の特徴とわが国への適用」『企業会計』64 巻 6 号、18-27 頁。
小林昌雄［2008］「15 年変動利付国債の価格付けを考える―国債のイールドカーブでは市場整合的な理論価格にならない」『金融財政事情』2796 号、38-41 頁。
近藤一仁［2007］『企業価値向上のための経営情報戦略― IR の本質について』中央経済社。
斎藤静樹［2013］『会計基準の研究（増補改訂版）』中央経済社。
齋藤卓彌［2011］「日本企業による社外取締役導入の決定要因とその効果」宮島英昭編著『日本の企業統治―その再設計と競争力の回復に向けて』東洋経済新報社、181-213 頁。
齋藤正章［2010］『管理会計』放送大学教育振興会。
榊原清則［2005］『イノベーションの収益化―技術経営の課題と分析』有斐閣。
阪智香［2011］「気候変動因子を反映したコックピット・モデル（第 7 章 3 節）」広瀬義州編著『財務報告の変革』中央経済社、220-224 頁。
櫻井通晴［2005］『コーポレート・レピュテーション―「会社の評判」をマネジメントする』中央経済社。
――［2008］『レピュテーション・マネジメント―内部統制・管理会計・監査による評判の管理』中央経済社。
――［2013］「ソーシャルメディアの戦略的レピュテーションリスク・マネジメント」『経理研究』56 号、285-299 頁。
佐藤明［2013］「投資に生かす ROE ②―投資指標と合わせて比較」日本経済新聞 8 月 28 日付夕刊。
佐藤寛［2005］『開発援助の社会学』世界思想社。
佐々木清隆［2011］「金融検査の方向性と課題― 23 事務年度検査基本方針」『月刊監査研究』455 号、15-35 頁。
――［2012a］「公認会計士・監査審査会の活動と今後の課題―監査法人検査を通じてみた監査法人及び上場企業の課題」（日本ディスクロージャー研究学会第 5 回研究大会特別講演配布資料）、1-10 頁。
――［2012b］「公認会計士・監査審査会の活動と今後の課題―監査法人検査を通じてみた監査法人及び上場企業の課題」『日本ディスクロージャー研究学会第 5 回研究大会報告要旨集』、37-38 頁。
――［2014］「平成 25 事務年度金融モニタリング基本方針」『月刊監査研究』484 号、12-29 頁。
――・松井秀征・松尾直彦・三上徹［2012］「座談会 金融検査行政の在り方」『金融法務事情』1943 号、46-75 頁。
佐々木毅・金泰昌編［2002］『中間集団が開く公共性（公共哲学 7）』東京大学出版会。
佐和隆光［2000］『市場主義の終焉―日本経済をどうするのか』岩波書店。
産業構造審議会［2005］「新成長政策部会　経営・知的資産小委員会　中間報告書」。
塩澤修平［2000］「NPO 研究の現状と課題」塩澤修平・山内直人編『NPO 研究の課題と展望 2000』日本評論社、1-7 頁。
――・山内直人［2000］「刊行にあたって」塩澤修平・山内直人編『NPO 研究の課題と展望 2000』日本評論社、序文。
塩野谷祐一［2002］『経済と倫理―福祉国家の哲学』東京大学出版会。

重田康博［2006］「オックスファムによる世界の貧困問題への取り組み」功刀達朗・毛利勝彦編著『国際 NGO が世界を変える―地球市民社会の黎明』東信堂、109-131 頁。
重冨真一編著［2001］『アジアの国家と NGO ― 15 カ国の比較研究』明石書店。
静正樹［2014］「コーポレートガバナンスに関する東京証券取引所の施策」『商事法務』2029 号、29-38 頁。
志谷匡史［2010］「コーポレート・ガバナンスにおける監査人の役割　再論」『神戸法學雑誌』59 巻 4 号、293-322 頁。
島田裕次［2013］「内部監査における不正リスクへの対応―システム監査を含めて」（日本監査研究学会第 35 回東日本部会統一論題報告配布資料）、1-6 頁。
下川浩一［2010］「日本の失われた 10 年の教訓と世界金融危機」石﨑忠司監修 / 建部正義・高橋由明・梅原秀継・田中廣滋編著『失われた 10 年―バブル崩壊からの脱却と発展』（中央大学学術シンポジウム研究叢書 7）中央大学出版部、161-181 頁。
嶌村剛雄［1976］『資産会計の基礎理論』中央経済社。
正司素子［2012］『IFRS と日本的経営―何が、本当の課題なのか⁉』清文社。
商事法務研究会［2011］「欧州における監査業界と情報開示をめぐる規制改革の動向」『商事法務』1953 号、56-57 頁。
白石和孝［2003］『イギリスの暖簾と無形資産の会計』税務経理協会。
須田一幸［2011］「非財務情報の有用性に関する実証研究（第 5 章 3 節）」広瀬義州編著『財務報告の変革』中央経済社、137-141 頁。
スティグリッツ，ジョセフ / ダスグプタ，チャンドラシェーカー / 姜克雋 / キャラーロ，カルロ / 佐和隆光 / 植田和弘［2010］パネルディスカッション「ポスト京都議定書の国際的枠組み」環境経済・政策学会編『地球温暖化防止の国際的枠組み』東洋経済新報社、24-66 頁。
首藤惠［2004］「英国における社会的責任投資の展開―日本への示唆」『証券アナリストジャーナル』9 月号、20-32 頁。
――［2007］「SRI の持つ可能性」『経済セミナー』6 月号、32-35 頁。
――・竹原均［2007］「企業の社会的責任とコーポレート・ガバナンス―非財務情報開示とステークホルダー・コミュニケーション」Waseda University Institute of Finance Working Paper Series WIF-07-006.
住田孝之［2014］「統合報告の我が国経済への効果」『企業会計』66 巻 5 号、57-67 頁。
諏訪部貴嗣［2006］「株主価値を向上させる配当政策」『証券アナリストジャーナル』7 月号、34-47 頁。
生命保険協会［2014］「株主価値向上に向けた取り組みについて　平成 25 年度調査結果」。
税務研究会［2012］「セラーテムテクノロジーに金商法 193 条の 3 ①発動」『週刊経営財務』3063 号、4 頁。
セイル，ジョルジュ［2007］「EU における CSR と雇用」松本恒雄・杉浦保友編『EU スタディーズ 4　企業の社会的責任』勁草書房、115-147 頁。
関口智和［2013a］「IAASB 会議報告（第 50 回会議）ブリュッセル会議」『会計・監査ジャーナル』694 号、21-22 頁。
――［2013b］「IAASB 会議報告（第 51 回会議）」『会計・監査ジャーナル』696 号、23-25 頁。
瀬下博之［2006］「ソフトローとハードロー―何がソフトローをエンフォースするのか」

COE ソフトロー・ディスカッション・ペーパー・シリーズ。
瀬廣圭祐・楠亜津子［2013］「金融機関における内部監査機能の高度化をめぐる国際的な動向とわが国の大手金融機関への示唆」『月刊監査研究』476号、7-20頁。
園生裕之［2010］「『銀行等金融機関における金融商品の状況の開示の監査に関する実務指針』［公開草案］の概要」『トーマツリサーチセンター会計情報』405号、29-31頁。
大和総研［2011］「ESG情報開示の現状と課題―情報を有効に活用する視点から」『大和総研調査季報』新春号、26-51頁。
高田敏文［1992］「財務諸表監査と経営者不正問題」『商学論集』60巻4号、51-65頁。
髙橋一生［2006］「地球市民社会の形成と二つの市民社会論」功刀達朗・毛利勝彦編著『国際NGOが世界を変える―地球市民社会の黎明』東信堂、211-225頁。
高橋由香里［2012］「負ののれんの償却期間の決定要因」『会計プログレス』13号、99-111頁。
高柳彰夫［2001］『カナダのNGO―政府との「創造的緊張」をめざして』明石書店。
瀧博［1999a］「重要な虚偽記載を看過する要因と監査人の有責性の判断規準の検討」『會計』155巻3号、437-446頁。
――［1999b］「監査におけるリスク仮説生成とその評定」『會計』156巻5号、670-680頁。
――［2002］「財務諸表監査における不正リスク評定の制度論上の新展開―監査の有効性に関する専門委員会『報告および勧告』の検討」『人文社会論叢（社会科学篇）』8号、19-31頁。
武井一浩［2013］『企業法制改革論Ⅱ コーポレート・ガバナンス編』中央経済社。
竹内昭夫［1984a］『会社法の理論Ⅰ 総論・株式』有斐閣。
――［1984b］『会社法の理論Ⅱ 機関・計算・新株発行』有斐閣。
武田安弘［1982］『企業結合会計の研究』白桃書房。
多田透［2007］「国際人道支援活動の調整―学術研究の特徴と課題から垣間見える実践」金敬黙・福武慎太郎・多田透・山田裕史編著『国際協力NGOのフロンティア―次世代の研究と実践のために』明石書店、263-285頁。
龍田節［1982］「開示制度の目的と機能」『法学論叢』110巻4-6号、112-140頁。
田中智徳［2012］「不正摘発型監査に関する一考察」『経営情報学部論集』26巻1・2号、35-47頁。
田中弥生［1999］『「NPO」幻想と現実―それは本当に人々を幸福にしているのだろうか？』同友館。
――［2005］『NPOと社会をつなぐ―NPOを変える評価とインターミディアリ』東京大学出版会。
谷本寛治［2002a］『企業社会のリコンストラクション』千倉書房。
――［2002b］「NPOと事業」谷本寛治・田尾雅夫編著『NPOと事業』ミネルヴァ書房、1-12頁。
段家誠［2006］『世界銀行とNGOs―ナルマダ・ダム・プロジェクト中止におけるアドボカシーNGOの影響力』築地書館。
中央環境審議会［2010］「環境と金融のあり方について―低炭素社会に向けた金融の新たな役割」。
張紅［2008］「企業の社会的責任に関する日米中の法制について」『岡山大学法学会雑誌』57巻4号、1-22頁。

千代田邦夫［2011］『監査役に何ができるか』中央経済社。
——［2012］「公認会計士の職業的懐疑心について—アメリカの監査基準と監査基準書［SAS］における位置付け」『会計専門職紀要』3号、15-39頁。
塚田洋［2005］「カナダ外交における『人間の安全保障』」『レファレンス』55巻4号、55-69頁。
塚本一郎［2004］「NPOと社会的企業」塚本一郎・古川俊一・雨宮孝子編著『NPOと新しい社会デザイン』同文舘出版、237-255頁。
筑紫みずえ［2004］「日本と世界におけるSRIの展望—エコファンドおよびCSR調査の現場から」『証券アナリストジャーナル』9月号、5-19頁。
辻本臣哉［2013］「運用機関のグローバル化と日本企業のIR—ESG開示の現状と今後」『インベスター・リレーションズ』7号、79-91頁。
辻山栄子［2012］「会計基準の品質」『月刊監査役』600号、3頁。
東京証券取引所［2012］『ハンドブック 独立役員の実務』商事法務。
——［2013］「東証上場会社　コーポレート・ガバナンス白書2013」。
——［2014］「東証上場会社における社外取締役の選任状況等について」。
堂目卓生［2008］『アダム・スミス—「道徳感情論」と「国富論」の世界』中央公論新社。
徳賀芳弘［2012］「会計基準における混合会計モデルの検討」『金融研究』31巻3号、141-203頁。
戸田統久［2011］「知的資産情報開示の現状と課題—レポーティング・アプローチを中心に」『商経学叢』58巻2号、327-350頁。
鳥羽至英［2009］『財務諸表監査 理論と制度（基礎篇）』国元書房。
——［2010］「監査の失敗と監査上の懐疑主義」『商学研究科紀要』71号、1-19頁。
——［2011］「監査判断の懐疑主義的基礎の探求」千代田邦夫・鳥羽至英編『会計監査と企業統治［体系現代会計学第7巻］』中央経済社、87-135頁。
——［2013］「財務諸表監査における懐疑主義の適用—職業的懐疑心の初期設定とその後の改訂」『早稲田商学』434号、509-543頁。
——・川北博ほか［2001］『公認会計士の外見的独立性の測定—その理論的枠組みと実証研究』白桃書房。
冨山和彦［2012］「コーポレートガバナンス危機をめぐる課題と展望—実証主義・実践主義の視点から」『一橋ビジネスレビュー』60巻1号、24-37頁。
友杉芳正［2012］「監査基準の精緻化」『青山アカウンティング・レビュー』2号、110-112頁。
内閣府［2008］規制改革会議「金融タスクフォース議事概要（7月3日）」。
——［2013］「平成25年度 年次経済財政報告（経済財政政策担当大臣報告）—経済の好循環の確立に向けて」。
内藤文雄［2007］「CSR情報保証業務と財務諸表監査との対比—保証内容をめぐって」『会計・監査ジャーナル』624号、108-116頁。
——［2008］「利益情報の変容と監査のあり方」『會計』173巻3号、327-337頁。
——［2012a］「会計不正と監査の役割」『企業会計』64巻1号、65-71頁。
——［2012b］「非財務情報の監査・保証業務」広瀬義州・藤井秀樹編著『財務報告のフロンティア（体系現代会計学第6巻）』中央経済社、309-345頁。
——［2013］「ディスクロージャー制度におけるアクティブ・セーフティとパッシブ・セー

フティの確保」『甲南経営研究』53巻4号、1-21頁。
――編著［2014］『監査・保証業務の総合研究』中央経済社。
中神康議・小林慶一郎［2013］「資本生産性は倍増できる」『月刊資本市場』337号、4-13頁。
長坂寿久［2007］『NGO発、「市民社会力」―新しい世界モデルへ』明石書店。
――［2008］「CSRと社会の声―NGO」大久保和孝・高厳・秋山をね・足達英一郎・深田静夫・新谷大輔・長坂寿久・寺中誠・木内孝・木全ミツ・金田晃一・菊池保宏『会社員のためのCSR入門』第一法規、126-143頁。
中里実［2004］「自律的ルールの重要性―社会規範の意義」COEソフトロー・ディスカッション・ペーパー・シリーズ。
中條祐介［2011］「中期経営計画情報の自発的開示行動とその企業特性」『會計』180巻6号、57-71頁。
中根千枝［1967］『タテ社会の人間関係―単一社会の理論』講談社。
中野貴之［2006］「環境財務会計の構築」勝山進編著『環境会計の理論と実態（第2版）』中央経済社、61-76頁。
中野誠［2009］『業績格差と無形資産―日米欧の実証研究』東洋経済新報社。
――・髙須悠介［2013］「日本企業の現金保有決定要因分析 -所有構造と取締役会特性の視点から」『一橋大学機関レポジトリー』No.161。
永見尊［2012］「公正価値測定に対する監査の欠陥と監査証拠」『會計』182巻4号、530-541頁。
――［2014］「公正価値監査における確証バイアス」『會計』185巻4号、59-71頁。
中野目純一・広野彩子［2011］「CSRの呪縛から脱却し、『社会と共有できる価値』の創出を― マイケル・ポーター米ハーバード大学教授が提示する新たな枠組み」日経ビジネスオンライン（http://business.nikkeibp.co.jp/article/manage/20110516/219999/）、1-3頁。
中村美紀子［1999］『企業の社会的責任―法律学を中心として』中央経済社。
中村良佑［2013］「統合報告は業績評価の『処方箋』となるか」『企業会計』65巻4号、33-41頁。
長吉眞一［2012］『監査基準論（第2版）』中央経済社。
成毛収一［1970］『企業の社会責任―"利潤優先"を問い直す』日本経済新聞社。
新川達郎［2002］「市民・NPO・行政の新たなガバナンス」山本啓・雨宮孝子・新川達郎編著『NPOと法・行政』ミネルヴァ書房、116-137頁。
西海学［2006］「負の暖簾の発生要因に関する一考察」『福井工業大学研究紀要』36号、53-62頁。
西川郁生［2012］「のれんという異物」大日方隆編著『会計基準研究の原点』中央経済社、41-58頁。
西谷真規子［2005］「規範カスケードにおける評判政治（上）」『国際協力論集』12巻3号、145-180頁。
――［2006］「規範カスケードにおける評判政治（中の三）」『国際協力論集』14巻2号、119-144頁。
――［2007a］「規範カスケードにおける評判政治（中の四）」『国際協力論集』15巻2号、75-113頁。

—— [2007b]「多国間条約形成におけるトランスナショナル社会運動の動的共振モデル」『国際政治』147 号、95-115 頁。
—— [2008]「グローバル規範形成のトランスナショナル－国際政治」大賀哲・杉田米行編『国際社会の意義と限界—理論・思想・歴史』国際書院、39-72 頁。
西村六善 [2011]「気候変動の国際交渉—温暖化問題に正しい解決を求めて」大和田滝惠・岡村堯編『地球温暖化ビジネスのフロンティア』国際書院、89-132 頁。
西山茂 [2008]「企業価値の数値化に向けた準備作業—知的資産経営序説」講演録（http://www.f.waseda.jp/y8710h/kyouzai/titekishisan.pdf）。
日本監査研究学会編 [1988]『情報システム監査の課題と展開』第一法規出版。
日本経済再生本部 [2013]「日本再興戦略— JAPAN is BACK」。
日本経済調査協議会 [2013]「再生エネルギーを軸とする地域成長戦略『八策』」。
—— [2014]「日本の再設計を先導するリーダーの育成」。
日本公認会計士協会 [2004]「プレスリリース 監査と検査に関する調査検討プロジェクトチームの調査報告の概要」。
—— [2006]「企業価値向上に関する KPI を中心とした CSR 非財務情報項目に関する提言」（経営研究調査会研究報告第 28 号）。
—— [2008a]「『勤務実態及び監査業務への意識』に関するアンケート結果」（https://www.jicpa-knk.ne.jp/enq/index.html）。
—— [2008b]「気候変動リスクに関する投資家向け開示フレームワークの現状と方向性」（経営研究調査会研究報告第 34 号）。
—— [2009]「欧州等における海外の CSR 情報に対する保証業務の動向調査」（経営研究調査会研究資料第 3 号）。
—— [2010a]「サステナビリティ情報保証業務に関する論点整理」（監査・保証実務委員会研究報告第 22 号）。
—— [2010b]「投資家向け制度開示におけるサステナビリティ情報の位置付け—動向と課題」（経営研究調査会研究報告第 38 号）。
—— [2010c]「排出量取引制度における排出量情報の信頼性確保に関する提言—検証制度の枠組みについて」（経営研究調査会研究報告第 39 号）。
—— [2010d]「上場会社の不正調査に関する公表事例の分析」（経営研究調査会研究報告第 40 号）。
—— [2010e]「欧州委員会グリーン・ペーパー『監査に関連する施策：金融危機からの教訓』に対するコメント」。
—— [2011a]「国際保証業務基準 3410『温室効果ガス情報に対する保証業務』（公開草案）に対する意見について」。
—— [2011b] 会長通牒「循環取引等不適切な会計処理への監査上の対応等について」。
—— [2011c]「投資家向け報告におけるサステナビリティ課題の識別と重要性評価—開示課題を特定するための考え方と方法論の検討」（経営研究調査会研究報告第 44 号）。
—— [2012a]「不適切な会計処理が発覚した場合の監査人の留意事項について」（監査・保証実務委員会研究報告第 25 号）。
—— [2012b]「年金資産の消失事案を受けての監査及び会計の専門家としての提言」。
—— [2012c]「年金資産の運用に関連する会計監査業務等の状況に係る研究報告」（業種別委員会研究報告第 9 号）。

―― ［2013a］「統合報告の国際事例研究」（経営研究調査会研究報告第 49 号）。
―― ［2013b］「年金基金に対する監査に関する研究報告」（業種別委員会研究報告第 10 号）。
―― ［2013c］「監査基準委員会報告書 240『財務諸表監査における不正』の改正について」。
―― ［2014］「監査基準委員会報告書 800『特別目的の財務報告の枠組みに準拠して作成された財務諸表に対する監査』及び監査基準委員会報告書 805『個別の財務表又は財務諸表項目に対する監査』に係る Q ＆ A」（監査基準委員会研究報告）。
日本取締役協会［2013a］「経営者報酬ガイドライン（第三版）と法規制・税制改正の要望―報酬ガバナンスの更なる発展を」。
―― ［2013b］「臨時国会に向けた意見書―複数独立取締役選任の義務化について」。
野田健太郎［2012］「事業継続計画の開示が株主資本コストに与える影響」『現代ディスクロージャー研究』12 号、1-16 頁。
野田博［2005］「ソフトローの生成・改廃過程を考察する若干の視点―神作報告へのコメント」『ソフトロー研究』4 号、34-42 頁。
野間幹晴［2013a］「世界のベスト CEO と在任期間」『企業会計』65 巻 9 号、4-5 頁。
―― ［2013b］「取締役のダイバーシティ」『企業会計』65 巻 10 号、4-5 頁。
野村昭文［2013］「監査基準の改訂および監査における不正リスク対応基準の設定の概要」『商事法務』1997 号、42-49 頁。
倍和博［2012］「ESG 情報開示に向けた会計情報フローの再編成」『會計』182 巻 2 号、48-60 頁。
羽生正宗［2008］『社会起業 NPO 法人―社会的課題への取組み』大蔵財務協会。
浜辺陽一郎［2012a］「監査役のアイデンティティの再検証（上）」『商事法務』1967 号、21-29 頁。
―― ［2012b］「監査役のアイデンティティの再検証（下）」『商事法務』1968 号、28-33 頁。
原田勝広［2006］「グローバル化のなかの CSR と NPO との協働」原田勝広・塚本一郎編著『ボーダレス化する CSR ―企業と NPO の境界を越えて』同文舘出版、21-41 頁。
原丈人［2013］『21 世紀の国富論― a new inquiry 2.0 into the nature and causes of the wealth of nations（増補版）』平凡社。
原吉宏［2012］「近年の企業不祥事における役員の法的責任」『月刊監査役』606 号、46-54 頁。
林明仁［2007］「地雷廃絶運動の『成功』から成功へ―ポストオタワにおける JCBL の存在意義」金敬黙・福武慎太郎・多田透・山田裕史編著『国際協力 NGO のフロンティア―次世代の研究と実践のために』明石書店、212-236 頁。
PWC［2012］「Future of Japan ―成長への処方箋」。
東伸之［1999］「マネジメントバイアウト（MBO）による経営革新」伊藤邦雄編著『企業価値を経営する―日本企業再生の条件』東洋経済新報社、171-193 頁。
日野正晴［2012］「跡を絶たない有価証券報告書の虚偽記載」『企業会計』64 巻 2 号、1 頁。
平井こうたろう［2009］「15 年変動利付国債とは何か？（3）」『Market Solution Review』6 号、11-12 頁。
平田哲［2005］『NPO・NGO とは何か』中央経済社。
平塚敦之［2010］「企業の情報開示の国際潮流」（2010CDP 報告会資料、10 月 18 日）。
平松朗［2014］「法廷開示と統合報告」宝印刷株式会社総合ディスクロージャー研究所編

『統合報告書による情報開示の新潮流』同文舘出版、211-227 頁。
広瀬義州［2004］『ビジネスアカウンティング』東洋経済新報社。
――［2006］『知的財産会計』税務経理協会。
――［2011］「財務報告の変革に関する研究の意義」広瀬義州編著『財務報告の変革』中央経済社、3-31 頁。
――［2012］「財務報告の意義と課題」広瀬義州・藤井秀樹編著『財務報告のフロンティア（体系現代会計学第 6 巻）』中央経済社、1-35 頁。
広田真一［2008］「日本のコーポレートガバナンス―現状の理解と今後の展望」黒田晁生編著『金融システム論の新展開―機能別分析にみる現状と課題』金融財政事情研究会、244-277 頁。
――［2011］「日本の大企業の資金調達―企業の存続確率最大化の観点から」宮島英昭編著『日本の企業統治―その再設計と競争力の回復に向けて』東洋経済新報社、367-408 頁。
広渡清吾［2009］『比較法社会論研究』日本評論社。
福井義高［2002］「情報カスケードと会計基準」『會計』161 巻 5 号、110-123 頁。
福川裕徳［2006］「監査実務におけるリスク・アプローチの展開―従来型リスク・アプローチからビジネスリスク・アプローチへ」『産業経理』66 巻 1 号、83-92 頁。
藤井敏彦［2005］『ヨーロッパの CSR と日本の CSR ―何が違い、何を学ぶのか』日科技連出版社。
――・新谷大輔［2008］『アジアの CSR と日本の CSR ―持続可能な成長のために何をすべきか』日科技連出版社。
藤井良広・原田勝広［2006］『現場発　CSR 優良企業への挑戦―アイデア、連携、組織づくりの成功ノウハウ』日本経済新聞社。
藤田敬司［2013］「コーポレート・ガバナンスにとって IFRS とは何か― M&A のガバナンスと会計」『週刊経営財務』3111 号、38-41 頁。
藤田周［2013］「SEC『N-PX レポート』にみる機関投資家の議決権行使動向―平成 25 年度株主総会を踏まえて」『商事法務』2015 号、9-19 頁。
藤田友敬［2006］「規範の私的形成と国家によるエンフォースメント―商慣習・取引慣行を素材として」COE ソフトロー・ディスカッション・ペーパー・シリーズ。
――［2013］「本シンポジウムの目的」（日本私法学会シンポジウム資料「株式保有構造と経営機構―日本企業のコーポレート・ガバナンス」）『商事法務』2007 号、4-16 頁。
――・松村敏弘［2004］「社会規範の法と経済―その理論的展望」COE ソフトロー・ディスカッション・ペーパー・シリーズ。
古庄修［2002］「プライベート・セクターの会計」杉山学・鈴木豊編著『非営利組織体の会計』中央経済社、110-124 頁。
――［2004］「CSR 情報開示と財務報告制度―英国の OFR 開示規制を基軸として」『企業会計』56 巻 9 号、26-34 頁。
――［2010］「財務諸表外情報の位置づけ」山﨑秀彦編著『財務諸表外情報の開示と保証―ナラティブ・リポーティングの保証』同文舘出版、21-44 頁。
――［2011］「統合的財務報告におけるナラティブ情報の信頼性確保と保証問題」『産業経営研究』33 号、39-50 頁。
――［2012］『統合財務報告制度の形成』中央経済社。
――［2013a］「ビジネスモデル開示と財務報告制度」『会計・監査ジャーナル』698 号、97-

103 頁。
――［2013b］「MD&A・ガバナンス情報開示の課題と展望」伊藤邦雄編『企業会計制度の再構築』中央経済社、151-156 頁。
堀江正之編著［2009］『IT のリスク・統制・監査』同文舘出版。
増村紀子・奥原貴士［2013］「のれんと将来業績の関連性」桜井久勝・音川和久編著『会計情報のファンダメンタル分析』中央経済社、55-74 頁
町田祥弘［2006］「外部監査における不正問題への対応」『会計プロフェッション』2 号、147-155 頁。
――［2011］「不正な財務報告に関する監査上の課題―オリンパス社第三者委員会調査報告書を読んで」『週刊経営財務』3046 号、45-59 頁。
――［2012］「外部監査と内部監査の関係の新たな展開―内部監査人による外部監査の直接支援に関連して」『月刊監査研究』462 号、1-9 頁。
――［2013］「不正リスクに対応した監査の実施手続」『企業会計』65 巻 3 号、56-64 頁。
――［2014］「職業的懐疑心に関する先行研究」日本監査研究学会課題別研究部会「監査人の職業的懐疑心に関する研究―最終報告」、45-56 頁。
松尾健一［2013］「今後の監査役に期待される役割」日本監査役協会関西支部「監査役制度の再評価と今後の監査報告書等について」、52-60 頁。
松尾聿正［1990］『会計ディスクロージャーの理論と実態』中央経済社。
松崎裕之［2013］「取引所の問題意識と今後の施策」『商事法務』1993 号、14-24 頁。
松田真由美［2006］「環境報告書の実態」勝山進編著『環境会計の理論と実態（第 2 版）』中央経済社、111-127 頁。
松苗茂樹［2010］「マネジメント・コメンタリー（経営者による説明）公開草案の概要」『RID ディスクロージャーニュース』8 号、77-82 頁。
――［2011］「有価証券報告書における気候変動情報の開示実態」村井秀樹・川村雅彦・鶴田佳史編著『カーボン・ディスクロージャー―企業の気候変動情報の開示動向』税務経理協会、71-96 頁。
松永幸廣［2012］「監査人の新しい期待 GAP ―不正発見の期待に応えて」『青山アカウンティング・レビュー』2 号、49-56 頁。
松本祥尚［2005］「事業上のリスクを重視した監査のしくみ」『企業会計』57 巻 10 号、60-64 頁。
――・町田祥弘［2012］「企業不正と監査に関するアンケート〈1〉の結果について―監査の目的に関する期待ギャップ」『週刊経営財務』3069 号、10-13 頁。
松村勝弘［2007］『企業価値向上のためのファイナンス入門― M&A 時代の財務戦略』中央経済社。
三神明［2011］「金融危機後の会計監査のあり方―欧州委員会グリーン・ペーパーについての一考察」『企業会計』63 巻 8 号、128-132 頁。
三品和広［2004］『戦略不全の論理―慢性的な低収益の病からどう抜け出すか』東洋経済新報社。
――［2006］『経営戦略を問いなおす』筑摩書房。
三代まり子［2014］「国際統合報告〈IR〉フレームワークの特徴と課題」『企業会計』66 巻 5 号、28-37 頁。
水尾順一［2004］「戦略的 CSR マネジメント・システムと SMIX21」水尾順一・田中宏司編

著『CSR マネジメント―ステークホルダーとの共生と企業の社会的責任』生産性出版、17-33 頁。
水口剛［2004］「諸外国における CSR の動向と将来展望」『法律時報』76 巻 12 号、27-33 頁。
――［2011a］「環境金融と責任投資への招待」水口剛編著『環境と金融・投資の潮流』中央経済社、1-13 頁。
――［2011b］「責任投資のための開示制度」水口剛編著『環境と金融・投資の潮流』中央経済社、73-121 頁。
――［2013］『責任ある投資―資金の流れで未来を変える』岩波書店。
――・魚住隆太・古室正充・渡邉泰宏・佐伯剛［2007］「座談会　環境・CSR と公認会計士の取組み－現況と展望」『会計・監査ジャーナル』625 号、87-100 頁。
光定洋介［2013］「人間の限界と、社外取締役や株主の企業の持続的成長に対する役割」『証券アナリストジャーナル』12 月号、75-81 頁。
光辻克馬・山影進［2009］「国際政治学における実証分析とマルチエージェント・シミュレーションの架橋―国際社会の基本的規範の交代をめぐって」『国際政治』155 号、18-40 頁。
三苫裕［2007］「ビジネスロー分野におけるデファクト・スタンダードの形成とハードローとの相互作用」『ソフトロー研究』9 号、35-58 頁。
宮井博［2011］「責任投資のファイナンス論的側面」水口剛編著『環境と金融・投資の潮流』中央経済社、17-71 頁。
宮崎修行［2006］「ヨーロッパの環境会計」勝山進編著『環境会計の理論と実態（第 2 版)』中央経済社、147-167 頁。
――［2013］「環境情報の開示とその有用性の向上―正当性とレピュテーションに内在する情緒的側面に着目して」『社会関連会計研究』25 号、63-75 頁。
宮島英昭編著［2011］『日本の企業統治―その再設計と競争力の回復に向けて』東洋経済新報社。
――［2013］「日本企業の株式保有構造―歴史的進化と国際的特徴」（日本私法学会シンポジウム資料「株式保有構造と経営機構―日本企業のコーポレート・ガバナンス」)『商事法務』2007 号、17-29 頁。
――・新田敬祐［2011］「株式所有構造の多様化とその帰結―株式持ち合いの解消・復活と海外投資家の役割」宮島英昭編著『日本の企業統治―その再設計と競争力の回復に向けて』東洋経済新報社、105-149 頁。
宮本京子［2007］「監査クライアントと証券取引所・証券業協会」日本監査研究学会課題別研究部会編『会計事務所の組織形態研究―最終報告』、137-151 頁。
向山敦夫［2003］『社会環境会計論―社会と地球環境への会計アプローチ』白桃書房。
――［2004］「CSR の数量化と測定方法」『企業会計』56 巻 9 号、35-41 頁。
村井秀樹［2006］「排出権取引と会計」勝山進編著『環境会計の理論と実態（第 2 版)』中央経済社、187-197 頁。
村上正人［2011］『年金基金が賢明な投資家であるために』角川学芸出版。
メイヤー，コリン［2013］「危機後の日本企業をコミットメントの視点から考える」『商事法務』1995 号、4-15 頁。
目加田説子［2003］『国境を超える市民ネットワーク―トランスナショナル・シビルソサエ

ティ』東洋経済新報社。
森公高・山岸良太・佐伯剛・神林比洋雄・友永道子・山口利昭・中西和幸［2013］「シンポジウム　企業統治と独立（社外）役員の役割―公認会計士と弁護士への期待と課題」『会計・監査ジャーナル』696号、9-21頁。
森信親［2013］「金融検査の見直しの真意―より本質的かつ重要な問題に切り込むための改革」『金融財政事情』10月21日号、10-15頁。
森澤みちよ［2012］「CDP活動状況」（CDPワークショップ5月16日資料）。
――［2013］「CDPの活動報告」（CDP日本報告会11月6日資料）。
森祐司［2004］「年金基金の株主議決権行使と社会的責任投資基準―議決権行使ガイドラインにおける位置付けを中心に」『証券アナリストジャーナル』9月号、33-47頁。
森洋一［2011］「非財務情報開示の国際動向とわが国への示唆」村井秀樹・川村雅彦・鶴田佳史編著『カーボン・ディスクロージャー―企業の気候変動情報の開示動向』税務経理協会、27-45頁。
――［2013］「国際統合報告フレームワーク案の解説」『会計・監査ジャーナル』698号、73-76頁。
――［2014］「国際統合報告フレームワークの求める企業報告の変革」宝印刷株式会社総合ディスクロージャー研究所編『統合報告書による情報開示の新潮流』同文舘出版、3-19頁。
八木裕之［2011］「サステナビリティ会計の構想と展開」『會計』180巻4号、478-490頁。
安井肇・渡辺研司・大林厚臣・加賀谷哲之［2013］「座談会　BCM―企業の事業継続性に関する研究の最前線」『企業会計』65巻12号、89-108頁。
弥永真生［2001］『企業会計と法（第2版）』新世社。
――［2002］『監査人の外観的独立性』商事法務。
――［2009］「粉飾決算を看破できなかった監査法人の債務不履行責任」『判例時報』2027号、187-191頁。
――［2012］「制度監査の基盤としての法制―現状と今後の課題」『会計・監査ジャーナル』689号、9-14頁。
柳良平［2013］「配当政策とIRの在り方に係る一考察―株主価値最大化の観点から」『インベスター・リレーションズ』7号、58-77頁。
山内暁［2010］『暖簾の会計』中央経済社。
山内直人［1997］『ノンプロフィット・エコノミー―NPOとフィランソロピーの経済学』日本評論社。
山浦久司［2006］『会計監査論（第4版）』中央経済社。
山岡義典［2007］「特定非営利活動促進法と公益法人制度改革関連3法の立法過程―特に立法への市民参加の視点から」小島武司編著『日本法制の改革―立法と実務の最前線』中央大学出版部、549-608頁。
山口貴史［2013］「経営者によるリスク情報の開示が株式市場に与える影響」『大阪大学経済学』62巻4号、48-62頁。
山口利昭［2012］「監査役の責任と有事対応のあり方―監査見逃し責任を認めた判例の検討」『商事法務』1973号、96-108頁。
――［2013］『法の世界からみた「会計監査」―弁護士と会計士のわかりあえないミゾを考える』同文舘出版。

山崎彰三［2012］「監査実務と企業不正」『証券アナリストジャーナル』11月号、85-88頁。
――・太田順司・伏屋和彦・斉藤惇・國廣正・八田進二・橋本尚［2012］「パネル討論会　企業不正を巡る諸課題―その防止と発見を目指して」（第10回青山学院会計サミット）『青山アカウンティング・レビュー』2号、114-138頁。
山﨑秀彦［2006］「イギリスにおける『営業・財務概況報告書（OFR）』の開示と監査人による検証について」『産業経理』65巻4号、31-41頁。
――編著［2010］『財務諸表外情報の開示と保証―ナラティブ・リポーティングの保証』同文舘出版。
――［2012］「統合報告に対する信頼性付与の可能性」『国際会計研究学会年報』2011年度2号、31-44頁。
山田康裕［2010］「IASBの正当性」『経済論叢』184巻3号、25-40頁。
山本卓［2013］『不動産会計と経営行動―公正価値と環境リスクを背景に』創成社。
山本吉宣［2008］『国際レジームとガバナンス』有斐閣。
山脇直司［2002］『経済の倫理学』丸善出版事業部。
――［2004］『公共哲学とは何か』筑摩書房。
姚俊［2009］「知的負債概念の意義と役割」『産業経理』69巻1号、171-179頁。
――［2013］『グローバル化時代におけるリスク会計の探求』千倉書房。
横山恵子［2003］『企業の社会戦略とNPO―社会的価値創造にむけての協働型パートナーシップ』白桃書房。
吉川吉衛［2007］『企業リスクマネジメント―内部統制の手法として』中央経済社。
葭田英人［2013］「『監査・監督委員会設置会社』制度導入の課題」『税経通信』68巻7号、17-22頁。
吉野永之助・井出正介・藤野英人［2013］「特別鼎談（後篇）株式市場が期待する日本企業の『成長戦略』」『ジャパニーズインベスター』78号、6-11頁。
吉見宏［2008］「非財務情報の監査―企業価値の向上に向けて」『會計』173巻4号、555-566頁。
労働政策研究・研修機構［2007］「諸外国において任意規範等が果たしている社会的機能と企業等の投資行動に与える影響の実態に関する調査研究」（労働政策研究報告書no.88）。
若杉明［1973］『人的資源会計論』森山書店。
脇田良一［2012］「監査人の役割の明示」『青山アカウンティング・レビュー』2号、107-109頁。
渡辺剛［2011］「IASB（第4章2節5））」広瀬義州編著『財務報告の変革』中央経済社、121-124頁。
和田宗久［2008］「公開型株式会社に関するガバナンス制度の変遷と課題」稲葉威雄・尾崎安央編『改正史から読み解く会社法の論点』中央経済社、65-124頁。

［外国語文献］

AICPA: American Institute of Certified Public Accountants [1978], Commission on Auditors' Responsibilities: *Report, Conclusions, and Recommendations*, AICPA.（鳥羽至英訳［1990］『財務諸表監査の基本的枠組み：見直しと勧告―コーエン委員会報告書』白桃書房）。

—— [1994], Special Committee on Financial Reporting, *Improving Business Reporting—A Customer Focus*, AICPA.（八田進二・橋本尚訳［2002］『事業報告革命—アメリカ公認会計士協会・ジェンキンズ報告書』白桃書房)。
—— [2012], AU Section 322, *The Auditor's Consideration of the Internal Audit Function in an Audit of Financial Statements.*
American Assembly [2003], *The Future of the Accounting Profession.*
APB: Auditing Practices Board [2010], Discussion Paper, *Auditor Scepticism: Raising the Bar.*
—— [2011], *Auditor Scepticism : Raising the Bar - Feedback Paper.*
—— [2012], *Professional Scepticism: Establishing a Common Understanding and Reaffirming it's Central Role in Delivering Audit Quality.*
Arya, Anil, Jonathan Glover, Brian Mittendorf and Ganapathi Narayanamoorthy [2005], Unintended Consequences of Regulating Disclosures: The Case of Regulation Fair Disclosure, *Journal of Accounting and Public Policy*, vol.24, no.3, pp.243-252.
ASSC: Accounting Standards Steering Committee [1975], *The Corporate Report.*
Bazerman, Max, George Loewenstein, and Done Moore [2002], Why Good Accountants Do Bad Audits, *Harvard Business Review*, November, pp.97-102.
BIS [2012], *The Internal Audit Function in Banks.*
—— [2013], *Principles for Effective Risk Data Aggregation and Risk Reporting.*
—— [2014], *External Audits of Banks.*
Boda, György, and Peter Szlávik [2007], Alternative Accounting to Manage Intellectual Capital, *The Electronic Journal of Knowledge Management*, vol. 5, no.1, pp.7-18.
Bogus, Carl [2001], *Why Lawsuits are Good for America: Disciplined Democracy, Big Business, and the Common Law*, New York University Press.
Brandeis, Louis [1914], *Other People's Money and How the Bankers Use It*, F.A. Stokes.
Bratten, Brian, Lisa Gaynor, Linda McDaniel, Norma Montague, and Gregory Sierra [2013], The Audit of Fair Values and Other Estimates: The Effects of Underlying Environmental, Task, and Auditor-Specific Factors, *Auditing: A Journal of Practice & Theory*, vol.32, Supplement.1, pp.7-44.
Brugmann, Jeb and Coimbatore Prahalad [2007], Cocreating Business's New Social Compact, *Harvard Business Review*, February, pp.80-90.（鈴木泰雄訳［2008］「企業とNGOの共創モデル」『DIAMONDハーバード・ビジネスレビュー』1月号、64-78頁)。
Brunnermeier, Markus [2001], *Asset Pricing under Asymmetric Information: Bubbles, Crashes, Technical Analysis and Herding*, Oxford University Press.
Caddy, Ian [2000], Intellectual Capital: Recognizing both Assets and Liabilities, *Journal of Intellectual Capital*, vol.1, no.2, pp.129-146.
CAQ: Center for Audit Quality [2012], *Summary of Workshop on the Evolving Role of the Auditor.*
Carnell, Richard, Jonathan Macey, and Geoffrey Miller [2001], *Banking Law and Regulation*, Aspen Publishers.
Catlett, George, and Norman Olson [1968], Accounting for Goodwill, Accounting Research Study no.10, AICPA.

Campbell, John, Hsinchun Chen, Dan Dhaliwal, Hsin-min Lu, and Logan Steele [2011], The Information Content of Mandatory Risk Factor Disclosure in Corporate Fillings, Working Paper.

CDP [2013], *Global 500 Climate Change Report.*

CDSB: Climate Disclosure Standards Board [2012], *Climate Change Reporting Framework — Edition 1.1.*

CLRSG: Company Law Review Steering Group [1999], *Modern Company Law for a Competitive Economy: The Strategic Framework.*

COSO: Committee of Sponsoring Organizations of the Treadway Commission [1992], *Internal Control — Integrated Framework.*（鳥羽至英・八田進二・高田敏文訳［1996］『内部統制の統合的枠組み（理論篇）』白桃書房）。

—— [2013], *Internal Control — Integrated Framework.*（八田進二・箱田順哉監訳［2014］『内部統制の統合的フレームワーク（フレームワーク篇、ツール篇、外部財務報告篇）』日本公認会計士協会出版局）。

Cravens, Karen, Elizabeth Oliver, and Sridhar Ramamoorti [2003], The Reputation Index: Measuring and Managing Corporate Reputation, *European Management Journal*, vol.21, no.2, pp.201-212.

Cuganesan, Suresh [2005], Intellectual Capital-in-action and Value Creation: A Case Study of Knowledge Transformations in an Innovation Project, *Journal of Intellectual Capital*, vol.6, no.3, pp.357-373.

Deloitte [2011], *The Role of Internal Audit in Integrated Reporting: A Blend of the Right Ingredients.*

Dittmar, Amy, and Jan Mahrt-Smith [2007], Corporate Governance and the Value of Cash Holdings, *Journal of Financial Economics*, vol.83, no.3, pp.599-634.

Drucker, Peter [1993], *The Drucker Foudation Self-Assessment Tool for Nonprofit Organizations*, Jossey-Bass.（田中弥生訳［1995］『非営利組織の「自己評価手法」—参加型マネジメントへのワークブック』ダイヤモンド社）。

——, and Gary Stern [1999], *The Drucker Foundation Self-Assessment Tool : Participant Workbook, Process Guide*, Jossey-Bass.（田中弥生監訳［2000］『非営利組織の成果重視マネジメント—NPO・行政・公益法人のための「自己評価手法」』ダイヤモンド社）。

Eccles, Robert and Michael Krzus [2010], *One Report: Integrated Reporting for a Sustainable Strategy*, Wiley.

Edelman Worldwide [2002], Corporate Governance Study, July 10.

European Commission [2001], Green Paper, *Promoting a European framework for Corporate Social Responsibility.*

—— [2010], Green Paper, *Audit Policy: Lessons from the Crisis.*

—— [2011a], *A Renewed EU Strategy 2011-14 for Corporate Social Responsibility.*

—— [2011b], *Proposal for a Regulation of the European Parliament and of the Council on Specific Requirements regarding Statutory Audit of Public-Interest Entities.*

—— [2013], *Proposal for a Directive of the European Parliament and of the Council amending Council Directives 78/660/EEC and 83/349/EEC as regards disclosure of nonfinancial and diversity information by certain large companies and groups.*

European Savings Banks Group [2010], *ESBG Response to the European Commission's Consultation on Audit Policy.*

EU: European Union [2003], Directive 2003/51/EC of the European Parliament and of the Council of 18 June 2003 amending Directives 78/660/EEC, 83/349/EEC, 86/635/EEC and 91/674/EEC on the annual and consolidated accounts of certain types of companies, banks and other financial institutions and insurance undertakings, *Official Journal of the European Union*, vol.46, 17 July, pp.16-22.

FEE: Fédération des Experts Comptables Européens [2002], Discussion Paper, *Providing Assurance on Sustainability Reports.*

—— [2006], Discussion Paper, *Key Issues in Sustainability Assurance: An Overview.* (日本公認会計士協会訳 [2006]「サステナビリティ報告書の保証業務における主要な論点の概要」)。

—— [2008], Discussion Paper, *Sustainability Information in Annual Reports: Building on Implementation of the Modernisation Directive.*

—— [2009], Discussion Paper, *Auditor's Role Regarding Providing Assurance on Corporate Governance Statements.*

—— [2011], *Environmental, Social and Governance (ESG) Indicators in Annual Reports: An Introduction to Current Frameworks.*

Finnemore, Martha and Kathryn Sikkink [1998], International Norm Dynamics and Political Change, *International Organization*, vol.52, no.4, pp.887-917.

Fombrun, Charles, and Cees Van Riel [2003], *Fame and Fortune: How Successful Companies Build Winning Reputations*, Prentice Hall. (花堂靖仁監訳・電通レピュテーション・プロジェクトチーム訳 [2005]『コーポレート・レピュテーション』東洋経済新報社)。

FRC: Financial Reporting Council [2012a], *The UK Stewardship Code.*

—— [2012b], Discussion Paper, *Thinking about Disclosures in a Broader Context: A Road Map for a Disclosure Framework.*

Friedman, Milton [1970], The Social Responsibility of Business is to Increase its Profits, *The New York Times Magazine*, September 13. (in: Tom Beauchamp and Norman Bowie (eds) [1997], *Ethical Theory and Business, Fifth Edition*, Prentice Hall. (加藤尚武監訳 [2005]『企業倫理学１—倫理的原理と企業の社会的責任』晃洋書房))。

FSA and FRC: Financial Services Authority and Financial Reporting Council [2010], Discussion Paper, *Enhancing the Auditor's Contribution to Prudential Regulation.*

FSB: Financial Stability Board [2012], Press Release, *Enhancing the Contribution of External Audit to Financial Stability.*

Garcia-Parra, Mercedes, Pep Simo, Jose Sallan, and Juan Mundet [2009], Intangible liabilities: Beyond Models of Intellectual Assets, *Management Decision*, vol.47, no.5, pp.819-830.

Giuliani, Marco [2013], Not All Sunshine and Roses: Discovering Intellectual Liabilities "in action", *Journal of Intellectual Capital*, vol.14, no.1, pp.127-144.

Gowthorpe, Catherine [2009], Wider Still and Wider?: A Critical Discussion of Intellectual Capital Recognition, Measurement and Control in a Boundary Theoretical Context,

Critical Perspectives on Accounting, vol.20, no.7, pp.823-834.

Gray, Rob, Dave Owen, and Carol Adams［1996］, *Accounting and Accountability: Changes and Challenges in Corporate Social and Environmental Reporting*, Prentice Hall.（山上達人監訳／水野一郎・向山敦夫・國部克彦・冨増和彦訳［2003］『会計とアカウンタビリティ－企業社会環境報告の変化と挑戦』白桃書房）。

GRI: Global Reporting Initiative［2013］, *Sustainability Reporting Guidelines (G4)*.

Griffith, Emily, Jacqueline Hammersley, and Kathryn Kadous［2013］, Auditing Complex Estimates: Understanding the Process Used and Problems Encountered, Working Paper.

Grover, Steven and Douglas Prawitt［2013］, *Enhancing Auditor Professional Skepticism*.

Habisch, André., Jan Jonker, Martina Wegner, and René Schmidpeter (eds)［2005］, *Corporate Social Responsibility Across Europe*, Springer.

Hansen, Lars, John Heaton, and Nan Li［2005］, "Intangible Risk," in: Carol Corrado, John Haltiwanger and Daniel Sichel (eds), *Measuring Capital in the New Economy*, National Bureau of Economic Research, University of Chicago Press, pp.111-152.

Hardin, Garrett［1968］, The Tragedy of the Commons, *Science*, New Series, vol.162, no.3859, pp.1243 - 1248.（in: Shrader Frechette (ed)［1991］, *Environmental Ethics*, Boxwood Press.（京都生命倫理研究会訳［1993］『環境の倫理（下）』晃洋書房））。

Harvard Law Review Association［2002］, Should the SEC Expand Nonfinancial Disclosure Requirements?, *Harvard Law Review*, vol.115, no. 5, pp.1433-1455.

Harvey, Michael and Robert Lusch［1999］, Balancing the Intellectual Capital Books: Intangible Liabilities, *European Management Journal*, vol.17, no.1, pp.85-92.

Hendriksen, Eldon［1977］, *Accounting Theory, Third Edition*, R.D.Irwin.

IASB: International Accounting Standards Board［2010a］, *Conceptual Framework for Financial Reporting*.

――［2010b］, *IFRS Practice Statement Management Commentary, A Framework for Presentation*.

――［2013］, Discussion Paper, *A Review of the Conceptual Framework for Financial Reporting*.（企業会計基準委員会訳［2013］「『財務報告に関する概念フレームワーク』の見直し」）。

IAASB: International Auditing and Assurance Standards Board［2012a］, *International Standard on Assurance Engagements（ISAE）3410, Assurance Engagements on Greenhouse Gas Statements*.（日本公認会計士協会訳［2013］「国際保証業務基準第3410号『温室効果ガス報告に対する保証業務』」）。

――［2012b］, *International Standard on Auditing 610 [Revised], Using the Work of Internal Auditors*.

――［2012c］, *Basis for Conclusions Prepared by the Staff of the IAASB, ISA 610 [Revised], Using the Work of Internal Auditors, and ISA 315 [Revised], Identifying and Assessing the Risks of Material Misstatement through Understanding the Entity and Its Environment*.

――［2013a］, Exposure Draft, *Reporting on Audited Financial Statements: Proposed New and Revised International Standards on Auditing [ISAs]*.

—— [2013b], *International Standard on Assurance Engagements (ISAE) 3000 Revised, Assurance Engagements Other than Audits or Reviews of Historical Financial Information.*

—— [2014], *A Framework for Audit Quality.*

ICAEW: Institute of Chartered Accountants in England and Wales [1989], *The Solomons Report: Guidelines for Financial Reporting Standards.*

—— [2003], *Preparing an Operating and Financial Review: Interim Process Guidance for UK Directors.*

—— [2009], Audit Quality, *Evolution: Changes in Financial Reporting and Audit Practice.*

IFAC: International Federation of Accountants [2009], *Developments in the Financial Reporting Supply Chain: Results from a Global Study among IFAC Member Bodies.*

IFIAR: International Forum of Independent Audit Regulators [2012], *Summary Report of Inspection Findings.*

IIRC: International Integrated Reporting Council [2011], Discussion Paper, *Towards Integrated Reporting, Communicating Value in the 21st Century.*（日本公認会計士協会仮訳［2011］「統合報告に向けて―21世紀における価値の伝達」）。

—— [2013], *The International <IR>: Framework.*

—— [2014a], *Assurance on <IR>: an Exploration of Issues.*

—— [2014b], *Assurance on <IR>: an Introduction to the Discussion.*

Kanodia, Chandra [2006], Accounting Disclosure and Real Effects, *Foundations and Trends in Accounting*, vol.1, no.3, pp.167-258.（佐藤紘光監訳／奥村雅史・鈴木孝則訳［2011］「会計ディスクロージャーと企業行動―市場の価値評価は経営にどのような影響を及ぼすか」中央経済社）。

Kaplan, Robert, and David Norton [1996], *The Balanced Scorecard: Translating Strategy Into Action*, Harverd Bussiness School Press.（吉川武男訳［2011］『バランス・スコアカード（新訳版）―戦略経営への変革』生産性出版）。

Konar, Shameek, and Mark Cohen [2001], Does the Market Value Environmental Performance ?, *The Review of Economics and Statistics*, vol. 83, no.2, pp.281-289.

KPMG [2010], *Carrots and Sticks: Promoting Transparency and Sustainability.*

—— [2011], *KPMG International Survey of Corporate Responsibility Reporting 2011.*

Leuz, Christian [2010], Different Approaches to Corporate Reporting Regulation: How Jurisdictions Differ and Why, *Accounting and Business Research*, vol.40, no.3, pp.229-256.

Lev, Baruch [2001], *Intangibles: Measurement, and Reporting*, Brookings Institution Press.（広瀬義州・桜井久勝監訳［2002］『ブランドの経営と会計』東洋経済新報社）。

——, and John Hand [2003], *Intangible Assets: Values, Measures, and Risk*, Oxford University Press.（広瀬義州ほか訳［2008］『無形資産の評価』中央経済社）。

——, and Paul Zarowin [1999], The boundaries of financial reporting and How to Extend Them, *Journal of Accounting Research*, vol.37, no.2, pp.353-385.

——, and Suresh Radhakrishnan [2003], The Measurement of Firm-Specific Organization Capital, NBER Working Paper no.9581.

Mankiw, Gregory [2012], *Principles of Economics, 6the Edition*, Cengage Learning.（足立

英之・石川城太・小川英治・地主敏樹・中馬宏之・柳川隆訳［2014］『マンキュー入門経済学（第2版）』東洋経済新報社）。

Mautz, Robert, and Hussein Sharaf [1961], *The Philosophy of Auditing*, American Accounting Association.（近澤弘治監訳／関西監査研究会訳［1987］『監査理論の構造』中央経済社）。

Mayer, Collin [2013], *Firm Commitment: Why the Corporation is Failing us and How to Restore Trust in It*, Oxford University Press.（宮島英昭監訳［2014］『ファーム・コミットメント―信頼できる株式会社をつくる』NTT 出版）。

MERITUM: Measuring Intangibles to Understand and Improve Innovation Management [2001], *Final Report.*

—— [2002], *Guidelines for Managing and Reporting on Intangibles, Intellectual Capital Report.*

Morris, Richard [1987], Signalling, Agency Theory and Accounting Policy Choice, *Accounting and Business Research*, vol.18, no.69, pp.47-56.

Moville, Wig, and George Petrie [1989], Accounting for a Bargain Purchase in a Business Combination, *Accounting Horizons*, vol.3, no.3, pp.38-43.

Nakano, Makoto, and Pascal Nguyen [2011], Do Older Boards Affect Firm Performance? : An Empirical Analysis Based on Japanese Firms, Working Paper.

——, and—— [2012], Board Size and Corporate Risk-taking: Further Evidence from Japan, MPRA Paper no.38990.

——, and—— [2013], Why Do Firms with Larger Boards Have Lower Market Values? :Evidence from the Investment Behavior of Japanese Firms, Working Paper.

National Commission on Fraudulent Financial Reporting [1987], *Report of the National Commission on Fraudulent Financial Reporting.*（鳥羽至英・八田進二訳［1991］『不正な財務報告：結論と勧告―トレッドウェイ委員会報告書』白桃書房）。

Novo Nordisk [2013], Novo Nordisk Annual Report 2013: Financial, Social and Environmental Performance.

Ohlson, James [1995], Earnings, Book Values, and Dividends in Equity Valuation, *Contemporary Accounting Research*, vol.11, no.2, pp.661-687.

Ortiz, Axtle [2006], Intellectual Capital (Intangible Assets) Valuation Considering the Context, *Journal of Business and Economics Research*, vol.4, no.9, pp.35-41.

PCAOB: Public Company Accounting Oversight Board [2010], Standing Advisory Group Meeting, *ACAP Committee's Recommendation Relating to the Auditor's Reporting Model.*

—— [2011], *Concept Release on Possible Revisions to PCAOB Standards Related to Reports on Audited Financial Statements and Related Amendments to PCAOB Standards.*

—— [2013], News Releases, *PCAOB Proposes a New Auditing Standard to Enhance the Auditor's Reporting Model.*

POB: Public Oversight Board [2000], *The Panel on Audit Effectiveness, Report and Recommendations.*（山浦久司監訳／児嶋隆・小沢康裕訳［2001］『公認会計士監査：米国 POB「現状分析と公益性向上のための勧告」―監査の有効性に関する専門委員会報

告書』白桃書房）。
Porter, Michael and Mark Kramer [2006], Strategy and Society: The Link Between Competitive Advantage and Corporate Social Responsibility, *Harvard Business Review*, December, pp.78-94.（村井裕訳［2008］「競争優位のCSR戦略」『DIAMONDハーバード・ビジネスレビュー』1月号、36-52頁）。
――, and―― [2011], Creating Shared Value, *Harvard Business Review*, January-February, pp.62-77.（編集部訳［2012］「共通価値の戦略」『DIAMONDハーバード・ビジネスレビュー』6月号、8-31頁）。
Prakash, Prem and Alfred Rappaport [1977], Information Inductance and Its Significance for Accounting, *Accounting Organization and Society*, vol.2, no.1, pp.29-38.
Ricchiute, D. [2006], *Auditing, 8th ed.*, Thomson/South-Western.
Rosett, Joshua [2003], Labour Leverage, Equity Risk and Corporate Policy Choice, *European Accounting Review*, vol.12, no.4, pp.699-732.
SAICA: South African Institute of Chartered Accountants [2009], King Committee on Governance, *Summary of Report on Governance for South Africa — 2009* (King Ⅲ).
SASB: Sustainability Accounting Standards Board [2013], *Conceptual Framework.*
Sawyer, L., M. Dittenhofer, and J. Scheiner [2003], *Sawyer's Internal Auditing, 5th ed.*, Institute of Internal Auditors.
Schumpeter, Joseph [1912], *Theorie der wirtschaftlichen Entwicklung*, Duncker & Humblot.（中山伊知郎・東畑精一訳［1951］『経済発展の理論―企業者利潤・資本・信用・利子及び景気の回転に関する一研究』岩波書店）。
SEC: Securities and Exchange Commission [2010], *Commission Guidance Regarding Disclosure Related to Climate Change.*
Sen, Amartya [1977], Rational Fools: A Critique of the Behavioral Foundations of Economic Theory, *Philosophy and Public Affairs*, vol.6, no.4, pp.317-344.（大庭健・川本隆史訳［1989］『合理的な愚か者』勁草書房）。
―― [1985], *Commodities and Capabilities*, North Holland Press.（鈴村興太郎訳［1988］『福祉の経済学―財と潜在能力』岩波書店）。
Sirower, Mark [1997], *The Synergy Trap : How Companies Lose the Acquisition Game*, Free Press.（宮腰秀一訳［1998］『シナジー・トラップ―なぜM&Aゲームに勝てないのか』プレンティスホール出版）。
Snyder, Francis [1993], The Effectiveness of European Community Law: Institutions, Processes, Tools and Techniques, *Modern Law Review*, vol.56, no.1, pp.19-56.
Smith, Adam [1759], *The Theory of Moral Sentiments*, Printed for A.Millar, A.Kincaid and J.Bell.（水田洋訳［2003］『道徳感情論（下）』岩波書店）。
Solomon, Jill., Aris Solomon, Simon Norton, and Nathan Joseph [2000], A Conceptual Framework for Corporate Risk Disclosure Emerging from the Agenda for Corporate Governance Reform, *British Accounting Review*, vol.32, no.4, pp.447-478.
Spence, Michael [1973], Job Market Signaling, *The Quarterly Journal of Economics*, vol.87, no.3, pp.355-374.
Stam, Christiaan [2009], Intellectual Liabilities: Lessons from the Decline and Fall of the Roman Empire, *VINE*, vol.39, no.1, pp.92-104.

Toba, Yoshihide [2012], Constructing a Conceptual Framework of Professional Skepticism in Auditing, *Summary, International Symposium on Audit Research 2012 Co-organized by Waseda University Global COE, June 16*, pp.35-39.

UNEP FI: United Nations Environment Programme Finance Initiative [2007], *Demystifying Responsible Investment Performance: A Review of Key Academic and Broker Research on ESG Factors.*

UK [2012a], *The Kay Review of UK Equity Markets and Long-Term Decision Making, Interim Report.*

—— [2012b], *The Future of Narrative Reporting: A New Structure for Narrative Reporting in the UK.*

Veblen, Thorstein [1898], Why is Economics Not an Evolutionary Science?, *Quarterly Journal of Economics*, vol.12, no.4, pp.373-397.

Viedma, María [2007], In Search of an Intellectual Capital Comprehensive Theory, *The Electronic Journal of Knowledge Management*, vol.5, no.2, pp.245-256.

Vogel, David [2005], *The Market for Virtue: The Potential and Limits of Corporate Social Responsibility*, Brookings Institution Press.（小松由紀子・村上美智子・田村勝省訳[2007]『企業の社会的責任（CSR）の徹底研究：利益の追求と美徳のバランス—その事例による検証』一灯舎）。

Weber, Max [1920], "Die protestantische Ethik und der Geist des Kapitalismus," in: Max Weber, *Gesammelte Aufsätze zur Religionssoziologie*, Bd.1, J.C.B Mohr, SS.17-206.（大塚久雄訳[1988]『プロテスタンティズムの倫理と資本主義の精神』岩波書店）。

Whittington, Geoffrey [2008], Harmonisation or Discord?; The Critical Role of the IASB Conceptual Framework Review, *Journal of Accounting and Public Policy*, vol.27, no.6, pp.495-502.

Yilmaz, Kucuk and Ferziye Kucuk [2010], "The Reputation Crisis: Risk Management Based Logical Framework to the Corporate Sustainability," in; Maria Pomffyova(ed), *Process Management*, INTECH, pp.223-244.

Zambon, Stefano [2007], "Intangible" Developments in Business Reporting in the EU: Setting the European Scene, 3rd Workshop on Business Reporting for Intangibles. (http://www.f.waseda.jp/y8710h/presentation/Zambon.pdf)

初出一覧

本書の各章（書き下ろしの序章と終章を除く）は、2009年以降（多くは2013年以降）に発表した下記論稿を基礎として、現下の状況を踏まえ、論稿の集約や各章間の調整・組替えとともに大幅な加筆・修正を施している。

第Ⅰ部　社会価値的側面からの統合ダイナミクス

第1章：「CSR情報開示を巡るハードローとソフトローの射程―両者の機能、役割分担、関係性等を中心に」ソフトロー研究13号（東京大学GCOEプログラム、2009年）。

第2章：「CSR規範形成過程におけるNPOの機能と課題―戦略的CSR論を超えるソフロー構築の枠組み」ソフトロー研究17号（東京大学GCOEプログラム、2011年）。

第3章：「国際開示規範形成を促進する情報カスケード―NGO等非政府機関の関与の効用」社会関連会計研究24号（日本社会関連会計学会、2012年）。

第Ⅱ部　投資価値的側面からの統合ダイナミクス

第4章：「統合報告の論理とIR・制度開示との関係性」産業経理74巻1号（産業経理協会、2014年）。

：「統合報告のIR・会計制度への含意」日本インベスター・リレーションズ学会スタディ・グループ最終報告書『グローバル・ガバナンス時代におけるIR情報と会計情報の総合的な研究』（2015年）。

第5章：「PBR1倍割れと『負のインタンジブルズ』を巡る試論―ガバナンスを要とした統合報告の戦略的意義」企業会計66巻7号（中央経済社、2014年）。

：「インタンジブルズの負の側面に関する研究―経営力の動態的な統合報告に向けて」企業研究26号（中央大学企業研究所、2015年）。

第Ⅲ部　統合報告書の信頼性と監査・保証業務等

第6章：「ESG情報の報告形態と監査・保証を巡る一考察―統合報告における開示と監査・保証問題の特質」企業研究22号（中央大学企業研究所、2013年）。

：「ESG情報の統合開示と監査・保証業務」内藤文雄編著『監査・保証業務の総合研究』（中央経済社、2014年）。

第7章：「統合報告書の非財務情報に対する信頼性付与―戦略関連情報等の情報特性を踏まえて」月刊監査研究487号（日本内部監査協会、2014年）。

（第Ⅲ部補章）経営者不正に備えた事前的制度インフラ

補章1：「職業的懐疑心による反証的立証活動の適用局面―不正リスク対応基準を踏まえて」企業会計65巻6号（中央経済社、2013年）。

：「経営者不正への反証的アプローチによる監査の有効性と課題―職業的懐疑心の発現態様と適用局面に関する考察」企業研究24号（中央大学企業研究所、2014年）。

補章2：「銀行監督と会計業務の連携強化―金融危機後の議論を踏まえた改善策と課題」企業研究23号（中央大学企業研究所、2013年）。

：「金融検査・リスク計量モデル審査業務」内藤文雄編著『監査・保証業務の総合研究』（中央経済社、2014年）。

索　引

[さ行]

[た行]

[な行]

[は行]

[ま行]

[や行]

[ら行]

[わ行]

[アルファベット]

［著者略歴］

越智信仁（おち のぶひと）

京都大学博士（経済学）、筑波大学博士（法学）

1961年 愛媛県今治市生まれ。

1984年 中央大学法学部法律学科卒業。同年、日本銀行入行。

—2015年3月までの間、大分支店次長、金融機構局企画役、金融研究所企画役等の職務に従事。中央大学大学院法学研究科修士課程修了、大分大学大学院経済学研究科修士課程修了。公認会計士試験合格、日本証券アナリスト協会検定試験合格。

2008年 筑波大学大学院ビジネス科学研究科博士課程修了、博士（法学）。

2012年 中央大学企業研究所客員研究員を兼職。

2013年 京都大学から博士（経済学）の学位を授与される。

2013年 放送大学非常勤講師を兼職。

2014年 尚美学園大学・尚美総合芸術センター特別研究員を兼職。

2015年 尚美学園大学教授に就任（4月1日～）。

［主要著書等］『IFRS公正価値情報の測定と監査』（国元書房、2012年）（日本会計研究学会「太田・黒澤賞」受賞、日本内部監査協会「青木賞」受賞）、『銀行監督と外部監査の連携』（日本評論社、2008年）、『IFRSにおける資産会計の総合的検討』（税務経理協会、2014年、共著）、『監査・保証業務の総合研究』（中央経済社、2014年、共著）、「IFRS導入と公正価値評価への対応」（国際会計研究学会年報、2011年）（国際会計研究学会「学会賞」受賞）他、学術論文・学会報告等多数。

持続可能性（じぞくかのうせい）とイノベーションの統合報告（とうごうほうこく）
—非財務情報開示のダイナミクスと信頼性

2015年3月1日 第1版第1刷発行

著　者 越智信仁
発行者 串崎 浩
発行所 株式会社 日本評論社
〒170-8474 東京都豊島区南大塚3-12-4
電話 03-3987-8621 FAX 03-3987-8590
振替 00100-3-16 http://www.nippyo.co.jp/
印刷所 平文社
製本所 松岳社
装　幀 山崎 登
検印省略 ©Ochi Nobuhito 2015

ISBN978-4-535-52075-2 Printed in Japan